张建安 著

辽宫英后
萧太后

上海人民出版社

目录

自序：揭开更多的历史谜团

同样的历史人物，不同的书写者会有不同的表现方式。

我也如此，总希望自己的作品能有新的突破。即便是一本科普历史书，也希望尽可能多地发现并解开更多的历史谜团，能在扎实运用史料、文物乃至进行田野作业时，通过对比、寻找、排除、推测等多种方式方法，得出或旧或新的属于自己的见识，并以尽可能新颖的角度切入、书写，从而赋予作品较为持久的生命力。

这便是撰写此书的初衷。

与以往任何一本萧太后的传记不同，眼前的这本书，一开始便从一个案子着手。

这个案子，以前很少有人深度挖掘，然而它确实极大地影响了辽朝的政局，尤其是非常强烈地刺激了本书的主人公——当时已贵为皇后的萧燕燕。

案子似乎很快就被破获了，而实际上，背后的主谋仍长期活跃于辽朝的政坛，并受到皇帝的重用，乃至于萧皇后花了整整八年时间才把主谋绳之以法，为父亲萧思温报了仇。

没错，该案的受害人正是萧太后的父亲萧思温。而萧思温本人，同样隐藏着众多令人疑惑的谜团。

他难道真像传统史书所评价的那样，在战场上完全是一个白富美的窝囊废？而这样的窝囊废居然能培养出三位叱咤风云的女儿，尤其是培养并全力支持小女儿成为辽朝的国母；这样的窝囊废居然还能在关键时刻一下子就拥立起一位新皇帝，而且未雨绸缪地为女儿培养了最“硬核”的支持者……这些反差太大了，不能不让人对权威的定论产生怀疑？此中真相究竟如何？需要历史工作者认真分析史实，得出更经得住考验的结果。

除了这些，还有更多的问题需要解决。

比如，萧太后受父亲的影响极大，对父亲也怀着最真挚的亲情，可是她为何能痛下杀手，将父亲的另外两位女儿——她的两位亲姐姐一一铲除，这背后究竟有着怎样的恩仇？牵涉到哪些势力？

萧太后与丈夫辽景宗感情深厚，生了很多儿女，并将辽朝从低谷拯救出来，可是，辽景宗早逝，萧太后与儿子马上陷入“主少国疑”的危险处境，萧太后是如何渡过难关的？

萧太后与韩德让究竟是不是情人？她又是如何处理与儿女们（尤其是当了皇帝的辽圣宗）的关系？

还有，辽朝的上层究竟存在怎样错综复杂的关系？有哪些长

期堆积的历史难题？萧太后又是如何处理这些关系和难题的？

再有，萧太后的对手是什么样的角色？辽宋之间究竟是谁先开启了战争？双方的较量如何展开？宋朝皇帝如何处理与辽朝的关系？他们的前后态度有何不同？幽云十六州、关南之地究竟应该归谁所有？著名的澶渊之盟究竟是不是好盟约，它是怎样一步一步产生的？萧太后怎样处理党项、高丽等问题，它们之间又有哪些内在的关联？……

很多事情都需要重新看待，而正确看待这些事情的基础，首先便是掌握并熟悉《辽史》等第一手资料，从旧典的蛛丝马迹中寻找真相。今人的著作只能作为参考。

如此，笔者便在翻阅各种资料的过程中提出一个又一个问题，然后再致力于这些问题的解决，本书的情节也便这样得到层层推进，从萧太后出生之前，一直到其病逝……

二十多年以来，笔者比较侧重于从人物入手，以点到面，书写广阔而悠长的历史画卷。这本传记，同样如此。希望这样的写作能得到读者喜欢。

序末，感谢孙瑜兄的约稿。

感谢上海人民出版社与本书的责编郭立群老师。

感谢关永礼先生、张苏先生与“萧太后河文化馆”的帮助。

张建安

2020 年 7 月 17 日

01 引子：是否天下第一女？

翻开二十四史中的《辽史》，我们会发现辽朝太后除一位述律氏之外都姓萧，都可称之为萧太后。可是，当世人提到萧太后时，基本上都是特指本书的主人公萧燕燕。

这是为什么？

原来，在所有的萧太后中，萧燕燕最广为人知，她的一生也最富有传奇色彩。她是辽景宗的皇后、辽圣宗的母亲，而且力挽狂澜地把辽朝带出低谷，迈向鼎盛；她曾亲自统领数十万铁骑南征，最终以战促和，成就了中华大地南北方之间一百多年的太平；她也是民间传说中长年与杨家将打仗，却又成为杨四郎岳母的那位争议人物……

从五代十国到宋辽并存的二百多年时间里，如果评一位最叱咤风云、影响力最大的女性，此人非萧燕燕莫属。

熟悉历史的读者朋友不妨细想一下，在那个时代，你能想到几位女子的名字？

也许会想到西蜀的花蕊夫人或是南唐的小周后，可是她们的影响偏于一方，甚至只在宫廷之内，而且后来均成为亡国之君的夫人，怎么能与叱咤风云、统治辽朝达四十多年、后又被宋朝皇帝尊为叔母的萧太后相比呢？

也许你还会想到德高望重的佘太君和武艺超强的杨门女将，但她们是小说演义中的虚构人物，与真实历史无关。

再进一步，在萧太后生活的那个时代，即便放眼整个世界，加上西方的神圣罗马帝国、西阿拉伯帝国乃至塞尔柱王朝，又有哪个女子的实力与声望能与萧太后相比？

如果聊到这个程度了，读者诸君还不甘心。那么，不妨继续将视野放宽到中国乃至世界的历史长河中，试着将萧太后与历史上其他最显赫的女性比较一下，看看结果会如何。

比如，我们将萧太后与吕后、武则天、孝庄太后、慈禧太后比较一下。

这五人当中，从生前的尊贵来看，萧太后、吕后、武则天、孝庄太后、慈禧太后都在她们的时代成为地位最高、权力最大的人，无人能够超越。然而，不需要幕后主持或垂帘听政，而是直接全权决断一国朝政者，只有武则天和萧太后。

然后，再把武则天与萧太后比较一下。武则天常被世人称为中国唯一的女皇，这似乎比萧太后要尊贵。不过，如果联系到武则天晚年遭受颠覆，被儿子拘禁起来，却远不及萧太后自始至终地位尊崇。这样一比，好像还是萧太后的人生更令人羡慕。

如此，在很多情况下，萧太后都堪称天下第一女。

当然，这个结论是否正确，还有待读者朋友们进一步论证。

另外，还有一些人是没有可比性的。比如，萧太后与居里夫人就没有可比性，萧太后与孟子的母亲也没有可比性……

但无论如何，萧太后是人类历史长河中的一位巅峰人物，绝对值得读者了解。而她的时代以及隐藏在历史各个方位的谜题，则需要我们共同探秘，一起解读。

02

盘道岭谋杀案

突发的恶性事件，对受害者的至亲，必定是重大的劫难——要么劫后重生，更加强大，有更大的作为；要么遭受毁灭性打击，对生活失去信心，一蹶不振，完全沉沦。

我们的这个历史故事，便从一个关键时期的谋杀案讲起。

这个谋杀案，让本书的主人公一下子从美丽的天堂跌入残酷的现实。

公元 970 年，温暖的五月，辽朝最有实权的大臣萧思温，在跟随皇帝到医巫闾山狩猎、大军驻扎于盘道岭时，突然间被强盗所杀。

对于此案，《辽史 · 萧思温传》有一行字："从帝猎闾山，为贼所害。"

《辽史 · 景宗本纪》记载得略微详细些："二

年春正月丁未，如潢河。夏四月，幸东京，致奠于让国皇帝及世宗庙。五月癸丑，西幸。乙卯，次盘道岭，盗杀北院枢密使萧思温。”

辽代官员出行图（萧太后河文化馆藏）

这两处记载没有矛盾，可以互相补充，得出萧思温一行的路线图：

这个庞大的队伍以当时的皇帝辽景宗、皇后萧燕燕为核心，正月初五到达潢河（今西拉木伦河），四月到达东京（今辽阳），祭奠了辽景宗的祖父耶律倍及父亲辽世宗。五月十三日，向西巡幸或打猎，然后到达绵延起伏的医巫闾山。

医巫闾山是北方名山，与千山、长白山齐名，而名位又在二山之上。《全辽志》记载：“山以医巫闾山为灵秀之最”。早在春秋战国时期，南方诗人屈原便写下“朝发轫于太仪兮，夕始临乎于微闾”的诗句，道出对此山的无限神往之情，乃至梦见自己坐着龙车，早上从帝庭的太仪山出发，晚上才来到神山医巫闾山。

医巫闾山对辽朝的意义更为独特，是其帝王发祥之地、栖神之所、生命之山，也是帝王们常常祭祀、巡幸、狩猎的所在。

此时的辽朝，虽有上京、东京、南京三个都城，但皇帝在都城的时间并不多，而是仍旧按照契丹人“转徙随时，车马为家”的游牧传统，实行春夏秋冬在不同地方的四时捺钵制度。捺钵，契丹语，就是皇帝的行营、行在。而现在，这支行动着的队伍，其实就是流动着的中央政治中心，御帐亲军、主要臣属皆护从跟随，有着最高等级的层层护卫，本该是最安全的。

没想到，这支队伍路过盘道岭驻扎下来后，不幸事件突然爆发——掌管辽朝军政大权的萧思温被杀。

究竟是怎么被“害”被“杀”的？“盘道岭”“盗”“杀”，这些字眼，都容易让我们联想到当时的场景可能是手持兵器的盗贼将萧思温杀害，顿时鲜血四溅。但也可能是盗贼用毒药毒杀萧思温，或者用什么其他稀奇古怪的手法作案。

史书的记载如此简略，我们无法得知细节。是什么样的凶手将萧思温杀掉的？我们也无从知晓。

在重要的史书中，杀掉萧思温的强盗并不重要，即便武功再高、手段再了得，充其量不过是某些权要的工具。所以杀害萧思温的凶手是什么样的人、什么名字、怎么处置，《辽史》《契丹国志》等史书均没有一字提及。

《辽史》书影

重要的是策划谋杀案的主谋者，他们是什么人？胆敢在这个时候干这样的事情？

更重要的是，作为当时辽朝政权最核心的人物萧思温，他的突然被杀，让刚刚稳定一点的辽朝马上变得特别紧张起来。

而对于刚刚当上皇后不久的萧燕燕而言，更是当头一棒。

萧燕燕，正是萧思温的爱女，本书的传主。

03 萧燕燕生日之谜

五月初五，对中国人来说是一个重要的节日。这一天，不仅是端午节，也是纪念爱国诗人屈原去世的日子。但很少有人知道，这一天似乎也是萧燕燕的生日。而且，因为这一原因，曾出现世界上最隆重的“庆生典礼”，乃至于数万人的生命得到拯救。

《辽史》中明确记载了一件战争史上的奇事：

统和四年（986 年），宋、辽之间发生一场重大战事。最早是宋军北伐，一路攻城略地，打了不少胜仗。然而，当萧太后率领的辽朝大军南下增援、重新部署后，战局迅速发生逆转，宋军死伤越来越重。到了五月初三，这场战事中最激烈的大战在岐沟关展开。

战争场面异常血腥，耶律休哥所率的辽师大败

曹彬、米信所率的宋军，而且一直追到水流湍急的拒马河。面对辽朝虎狼之师，宋军争先逃命，也不管河水是深是浅，以至于溺死河里者不可胜数。活下来的宋兵继续逃奔，到达高阳，但仍没能躲开噩运，辽军再次冲击，宋军死者数万，丢弃的戈甲就像丘陵一样，惨不忍睹。紧接着，辽军铁骑如疾风一般，迅速包围了岐沟城。

当时，数万宋朝后勤军兵正藏匿在城里。对于他们而言，城外乌压压的辽军，仿佛是无数青面獠牙的勾命鬼，随时都可以带着死神的请帖，降临在他们眼前。可是就在这个时候，奇迹出现了，不知什么缘故，突然间，辽军竟然主动撤退。这令宋军大惑不解——难道是自己的援军到了吗？根本没有！紧接着，城内的宋军听到辽军向他们喊话，声称放他们一条生路。

虽然还有疑虑，但这是唯一的机会，与其坐着等死，还不如冒险一试，很快便有人出城了。看到前面出去的人安然无恙，剩余的人紧随其后，数万生灵重获生机，可以看到第二天的太阳了。

这一天，正是五月五日。

事后，人们才知道，只因为这一天是辽朝皇太后萧燕燕的生日，辽军主帅便下令：将城中宋人全部放生。

这样破天荒的大事，似乎让我们确定无疑地了解到：萧燕燕的生日是五月初五。

可是，《辽史》还有两则记载。

第一则记载，发生在统和元年（983年），称：“五月丙辰朔，国舅、政事门下平章事萧道宁以皇太后庆寿，请归父母家行礼，而齐国公主及命妇、群臣各进物。”

另一则记载，发生在统和二十三年（1005年），称：“五月戊申朔，宋遣孙仅等来贺皇太后生辰。”

“朔日”即初一。按照这两则记载，萧燕燕的生日是五月初一。

那么，萧燕燕的生日究竟是五月初一，还是五月初五?

笔者倾向于“五月初一”。

因为“五月初五”为孤证，而且发生在特殊的战争时期，选择这个日子，可能有其特殊用意。

04 一出生便自带光环

萧燕燕的生日固然有不同的说法，其出生年则没有任何争议，为辽应历三年（953 年）。

萧燕燕的另一个姓名是萧绰。当时的契丹人一般有两个名字，一为契丹名，一为汉名，所以有一种说法：燕燕是她的契丹名，绰是她的汉名。而另一种说法是：燕燕是她的小名，绰是她的大名。

笔者以前从未见过萧燕燕的真面貌。2019 年春季，笔者曾在浙江诸暨历代名媛馆见过萧燕燕的塑像，但那是后人根据自己的想象制作。至于景爱所著《历史上的萧太后》中有一画像，据说是出自河北民间的萧太后像，究竟是真是假，不好判定。

直到 2020 年 7 月 14 日，考古学家宋兆麟对

萧太后像（萧太后河文化馆藏）

笔者说："近日会有萧太后的像送来。"笔者就很是期待。等到了2020年11月，笔者终于从萧太后河文化馆张苏馆长处看到了萧太后画像。这幅画像上有"萧太后"三字，多半就是萧燕燕。这让我很欣喜。不过，这幅画像与我以前想像的不同，也许是她中年以后的画像吧。因为无论其名字中风姿绰约的"绰"，还是燕子的"燕"，都容易让人联想到这位女子年轻时修长灵动的风采。

尽管世上多有名字与体貌无法挂钩者，可是如果联系到本书主人公出身名门，后又被选为皇后，还曾多次统兵征战，很容易让人推想出：她在年轻时是何等的倾国倾城，且具有女军人的气质，可谓文武双全，绝代佳人。

如果再想到她小时候便曾生活在中国现在的首都北京（当时为辽朝南京），后来又主持辽朝国政数十年，最终使辽朝从内讧、战乱走向和平、鼎盛，这里面该有多少的故事！

正因为如此，虽然辽朝早已灭亡，就连她所在的契丹族也已消失无踪，但无数的中国人仍然知道中国曾有位了不起的萧太后。

直到今日，中国北方仍有一些地方被传为萧太后的梳妆台，还有一些地方则被称为萧太后的点将台。而在距笔者住处不远的北京市通州区台湖镇，还有一条河流也是以萧太后的名字命名的，它就是萧太后河……

萧太后河（摄于 2019 年 3 月）

虽然史书中关于萧太后的直接文字并不很多，而且比较分散，但只要认真搜寻、仔细研究，还是会获得很多关于萧太后的真实往事。现在，我们便从她一出生开始说起。

那时候，她的父母习惯上叫她的小名——燕燕。

萧燕燕一出生，便天然具备这样一些身份：

（1）她是契丹族的一位女性。

（2）她是辽朝后族的成员。

（3）她的父亲萧思温是熟读书史的林牙，是大有前途的当朝驸马。

（4）她的母亲燕国公主耶律吕不古，是前朝皇帝辽太宗的长女。

（5）她的亲舅舅是当时的辽朝皇帝辽穆宗。

不谈别的，单是这样的身份，便使萧燕燕长大后有可能成为辽朝高层的重要人物。

05

本性懦弱，还是另有玄机？

对萧燕燕影响最大的人物，当属她的父亲萧思温。

萧思温，有些史书称他为萧守兴、挟力宰相。《辽史》记载："萧思温，小字寅古，宰相敌鲁之族弟忽没里之子。通书史。太宗时为奚秃里太尉，尚燕国公主，为群牧都林牙。"这些文字透露出的主要信息是：

一是萧思温出身高贵，是辽朝后族宰相家族的成员；这使他从小便具备政治方面的基本常识。

二是萧思温喜欢读书，通晓书史，而且担任过群牧都林牙；林牙是辽朝的"专属"文职，相当于翰林院翰林，非通晓书史、文才出众者不能就任此职。通晓书史的人往往熟知历史的兴亡，善于从历史中借鉴经验。

三是萧思温当过地方干部——奚秃里太尉。奚族习俗与契丹族相似，虽臣服于大辽，但也还有一些自己的相对独立性。萧思温出任奚秃里太尉，既要管理奚族居住地的军事事务，也要处理奚区各族（包括奚族以及迁徙到奚区的契丹、汉人、渤海人）的关系，以及地方与中央的关系，自然需要较强的能力，而且，这一职务也使他有机会熟知地方基层的那些事儿。

四是萧思温娶了辽太宗的女儿燕国公主，成为当朝驸马，这使他有了更强硬的政治靠山，从而更容易博取上位。所以，即便军队中的很多将士认为他太重仪表，没有将帅之才，但他还是很快担任了辽朝的"封疆大吏"——南京留守，紧接着兼任了兵马都总管。

辽朝的南京，位于现在的北京城西南部，下辖很多地区。萧思温当了南京留守，意味着辽朝人口最多、经济最富庶的一大片土地上，基本上是他说了算。这是一个权高位重、令人羡慕的职务，然而，萧思温上任后，偏偏遇到了来自中原王朝的军事威胁，处于风口浪尖。他会如何行事?

第一阶段，萧思温当上南京留守不久，想要有所作为，于是在应历八年（958年）夏季四月，带兵攻下沿边的一些后周州县，受到辽穆宗的犒劳。当时与辽朝同时期的中原王朝是五代时期的后周，其皇帝是具有宏图伟略的柴荣。柴荣手下有一大批能干的将领，其中便有文武双全的赵匡胤。五六月的时候，

后周军队以强劲的攻势，攻陷辽朝束城县，萧思温本想反攻，只是见到周军强大，不敢轻举妄动，马上奏请皇帝辽穆宗增加兵力，并乞请辽穆宗亲自驾幸燕地。而辽穆宗已经到拽剌山打猎去了，直到九月，都在诸山射鹿，不理朝政。

第二阶段，应历九年（959 年）夏季四月，后周军队展开了新一轮的攻势。柴荣亲自率领大军北伐，兵锋直指辽朝南京。辽穆宗任命萧思温为兵马都总管，授予他统一指挥南部军兵的大权，全力抗击周军。而萧思温见对方来势更猛，还没有出兵对抗，便先请皇帝增兵支援；自己率领军队迎战时，又故意放缓行动。后周军队数日不动，他也绝对不动，告诉手下："等周军疲惫了再打。"

第三阶段，在萧思温不抵抗政策下，益津关、瓦桥关、淤口关、莫州、瀛洲守将相继投降，后周兵不血刃将关南之地全部拿下，继续水陆并进，进攻幽州（辽南京）。形势危急，人心惶惶，幽州及其周边民众都被吓得逃遁到西山。这种情况下，契丹将士们群情激愤，踊跃请战，可是萧思温仍然不出兵，而且无论属下如何请战，就是不同意。当事态糟糕到萧思温害怕朝廷怪罪自己时，他又一次上表，请求皇帝亲征。整日酗酒的辽穆宗得到瀛、莫等州失陷的消息后，也不责怪，甚至对极力请求用兵的大臣说："此三关之地本属汉人之地，如今还给汉人，有什么可惜的?!"在这种情况下，萧思温保持既定战略。

直到后周军队因柴荣突然病重、不得不退兵时，萧思温仍然没有乘势攻击，反而退到益津，并睁着眼说瞎话，假装不知道后周军队的所在，令很多契丹将士感到羞愧，暗地里咒骂不已。之后，一直等到后周因政变而灭亡的消息传来，辽穆宗也终于亲自率军南下，辽朝南京地区的居民才开始安定下来。萧思温见天下太平了，也就班师回城。

这些事，似乎把萧思温在军事上的极端无能表露无遗。史书中“思温不知计所出”的文字，也明显有贬义。

契丹军马向来以骁勇好斗出名，而且在冷兵器时代，契丹骑兵常常占据非常有利的位置。可是，令人跌破眼镜的是，在萧思温的统领下，契丹铁骑不仅不能在战场上一展雄姿，而且根本没有与对方作战的机会。

更可气的是，即便后周军队不得不撤退了，这正是契丹将士建功立业的大好机会，机不可失，时不再来，可是，这样的大好机会也都被“懦弱无能”的萧思温剥夺了。就连敌对的后周军兵都感到疑惑不解，明明很多辽军就在身边，可他们就是不发动进攻，真是无语。

可是，真相究竟如何？

许许多多不合常理的举措后面是否有着其他隐情？比如：萧思温为何甘愿当缩头乌龟，并且让手下将士也不折不扣地当缩头乌龟？为何在完全可以立功的时候仍然放弃机会？

这背后的原因，是否与辽朝本土的局势有关？是否与辽朝上层的内部斗争有关？

这些内幕，萧思温会向他的女儿讲述吗？

辽代仪仗雕像（萧太后河文化馆藏）

06 萧家有女初长成

在一个电视节目中，有位科学家称他会给女儿发一些励志的微信文章，并举例说："我会给她发'不会做家务的孩子，将来不能做大事'。"他还说这是有科学依据的。这让我马上想到了萧思温的女儿。

萧思温共有三个女儿：大女儿胡辇，后来成为皇太妃，也曾统领大军，是个叱咤风云的人物；二女儿姓名不详，后来成为王妃，个性也很好强；萧燕燕是家中最小的女儿。

"三岁看小，七岁看老"，这句中国的老话，表明一个人的童年对其一生何等重要。可惜，重要史书记录的主要是大事，即便历史上响当当的人物，其早年经历往往也是非常简略。

关于萧燕燕小时候的事情，《辽史》中只有一

行字的记载：

早慧。思温尝观诸女扫地，惟后洁除，喜曰："此女必能成家！"

就是说：萧燕燕小时候就聪明有智慧。她的父亲萧思温曾观察女儿们扫地，只有萧燕燕扫得最好，既干净，又把污物清除得非常彻底。萧思温因此十分欢喜，说："我的这个女儿，必能成就我家！"

那么，为什么萧思温从扫地这么小的事情上，独独看好小女儿呢？

笔者在读这段文字时写了如下读后感：

对萧燕燕小时候的概括，用了"聪慧"二字。就是不仅聪明，而且有智慧。既然这样，就不是那种强硬的性格。在与两位姐姐扫地的过程中，他父亲萧思温发现只有这个小女儿能够将屋子扫得干干净净，达到"洁除"的程度。"洁"，就是清洁。这是一般性的。"除"就厉害了，有根除、非常干净的意思。这就不是一般的扫好地、擦干净桌子那么简单了，是指能把不容易清理到的旮旯角落都能清除干净。这涉及的不仅是态度，还有意识、眼光、习惯，还有是否会动脑筋、是否有能力等方方面面。

萧思温是当朝驸马，萧燕燕的母亲是辽太宗的女儿。这个家本来就是权贵之家。那么，萧思温欢喜地认为"此女必能成家”，就是已经意识到此女非凡女，当是比她母亲更厉害的角色。萧燕燕的母亲，终其一生，就是公主。女子中，比公主更高的当是国母。

所以，我们千万不要小看洒扫应对这样的小事，这些小事常常含有巨大的信息量。中国经典名著《论语》中即记载这样一段话：

子游曰：子夏之门人小子，当洒扫应对进退则可矣，抑末也。本之则无，如之何？

子夏闻之曰：噫。言游过矣。君子之道，孰先传焉，孰后倦焉，譬诸草木，区以别矣。君子之道，焉可诬也。有始有卒者，其惟圣人乎。

史书中也有“一屋不扫何以扫天下”的普遍认识。各个时代，不乏志大才疏之人，空有天大的梦想，但不把事情一件一件做实、做好，结果不要说成就宏业了，就连身边的小事都做不好。这样的人实在太多了。萧思温深知这个道理。所以他从萧燕燕能够把地扫得干干净净这件小事中，看到了这个女儿的素质和前程。

当然，我们可以进一步猜想和推测：萧思温的结论，既与这次“家庭作业”直接相关，也定是与他长时间的观察联系在一起的，而且将女儿的成长与辽朝局势的变化及存在的问题连在一起，认为萧燕燕可能是解决辽朝主要问题乃至辽朝困局的

最佳人选。

正因为如此，当机会来临时，萧思温会毫不犹豫地将小女儿推到最佳位置，而不是她的两个姐姐。

这显然是一个政治家的必然选择。

辽鎏金银冠（公主用品，奈曼旗陈国公主墓出土）

07

皇权争夺战

应历十九年（969年）二月二十二日，辽朝第四位皇帝辽穆宗前往怀州打猎，并因为打中一只熊非常高兴，摆宴喝酒，一醉方休，然后返回行宫。当天夜里，一件震动朝野的大事发生了——宫中近侍小哥、盥人花哥、庖人辛古等六人谋反，将辽穆宗弑杀。

辽穆宗一死，皇位顿时空缺，最激烈的皇权争夺战即刻展开。

此时此刻，时间成为最珍稀的法宝。

辽穆宗没有儿子，他的同胞弟弟太平王罨撒葛、早就觊觎皇位的赵王喜隐，还有辽朝第三任皇帝辽世宗的儿子耶律贤，都有资格争夺皇位。

这样的关键时刻，谁能最早获得辽穆宗的死讯，谁能抢先一步占得先机，谁就可能成为新皇。

《辽史·景宗本纪》记载了当时的情形：

二月二十二日，穆宗被弑杀。耶律贤率飞龙使女里、侍中萧思温、南院枢密使高勋带领铁甲骑兵千人奔赴行宫。黎明时分，到达穆宗所在地，放声恸哭。群臣劝其登基，于是在穆宗的灵柩前即皇帝位。百官为他上尊号为天赞皇帝。紧接着便是大赦天下，改元保宁。以殿前都点检耶律夷、右皮室详稳萧乌里只没有保护好穆宗为由，将他们斩杀。

三月初九（即位十几天以后），成为皇帝的辽景宗到达上京，任命萧思温为北院枢密使。太平王罨撒葛逃亡到沙陀。十二日，夷离毕粘木衮因为暗中依附罨撒葛被诛杀。十六日，罨撒葛入朝进见。十七日，令北院枢密使萧思温兼任北府宰相。二十二日，封南院枢密使高勋为秦王。

夏季四月初一，进封太平王罨撒葛为齐王，改封赵王耶律喜隐为宋王，封耶律隆先为平王，耶律稍为吴王，耶律道隐为蜀王，耶律必摄为越王，耶律敌烈为冀王，耶律宛为卫王。

五月初二，将贵妃萧氏立为皇后。

这些文字中，我们可以明确地了解到，萧思温当时已不是南京留守，而是担任侍中。按照《穆宗本纪》的记录，应历十一年（961年）三月二十二日，萧思温奏称老人星出现，请求赦免犯人。辽穆宗听从了他的建议，六月份赦免犯人。那时候，人们对星象还是很重视的。老人星代表吉祥，萧思温和辽穆宗因此有宽赦犯人的举措。这是萧思温的名字在《辽史·穆宗本纪》中最后一次出现。不久之后，南京留守就变成高勋了。萧思温被任命为侍中。那么，这一调任意味着什么呢？

据《辽史》中关于邢抱朴的记载：他先后任过政事舍人，知致诰，并升任礼部侍郎，翰林学士等官职。统和四年即升为户部尚书，后累迁翰林学士、参知政事、南院枢密使。死后，官赠侍中。如果这样看，侍中应该比南院枢密使更为尊贵。

所以，萧思温调任为侍中，成为中央官员，地位也算尊贵。然而，比起南京留守而言，实权反而大大降低。这估计是辽穆宗因萧思温战场上的表现而做的调整，只是为了顾全萧思温的面子，采取了明升实降的措施。这种微妙的变化，萧思温焉能不知。

在这之后，很多人都不看好萧思温，以为他将慢慢“退休”了。没想到，他时刻关注着朝中的细微变化，暗中布局，乃至在辽穆宗被杀的突发事件之后，成为拥立新皇帝的重要人物，而且成为获得利益最大的功臣。当他的女儿萧燕燕成为皇后之后，他的地位更加无可撼动。他也决定在蛰伏多年后，好好干一番惊天动地的大事，完全改变往日的不好形象。只可惜，喜剧背后紧接着就是悲剧。盘道岭被杀，超过了所有人的想象。

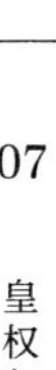

究竟是谁谋杀了萧思温？

除了萧思温之外，拥立辽景宗的功臣还有飞龙使女里和南院枢密使高勋。二人自然也受到了重用。不过，相比于萧思温在最短的时间成为北院枢密使、北府宰相、当朝国丈，他们的提升就不免有些逊色。

辽朝实行胡汉分治的北、南面官制。北面官制，是契丹族官制，以契丹官治理契丹人，由大于越府、宰相府、诸帐官、部族与属国之官组成。大于越府的名位虽高，但属于皇帝的咨询顾问机构。最高实权官府为宰相府。宰相府设两府、两院，两府指北府和南府，其长官分别为北府宰相、南府宰相；两院指北院和南院，其长官为北院大王、南院大王。这些长官都参与中枢政事，其中以北府宰相权位最高，可称之为“首相”。组成宰相府的五院一司，则相当于“六部”：北枢密院相当于兵部，南枢密院相当于吏部，北南大王相当于户部，宣徽北南院相当于工部，夷离毕院相当于刑部，敌烈麻都司相当于礼部。这些部门的官员当中，枢密使权位极重，除军事外也能参与国政，并听决狱讼。萧思温既以“首相”之名总揽国事，又以北院枢密使之职掌握军政大权，真正称得上一人之下、万人之上。

高勋也是枢密使，但他属于南面官制系统。辽朝的南面官制是汉人官制，以汉官治理汉人，最高首领为南院枢密使。虽然随着辽朝汉人的增多以及在辽朝事务中所起的作用越来越大，南院枢密使的职权也在不断提高，但还是很难与北院枢密使、北府宰相相比。

在权力的博弈中，战友也可能变为仇敌。

当萧思温水涨船高之时，女里、高勋是否会对萧思温不满？

而在萧思温死去，辽景宗对他们的倚重程度明显加强，高勋依然是治理汉人的首席大臣，女里则在不久后被晋封为契丹行宫都部署。如果他们与萧思温案有关，是否会继续威胁到萧皇后的安危？

08 杀父之仇就这样报了么？

萧思温的死，不仅让萧皇后悲愤，也让辽景宗失去了最重要的臂膀。他感到十分危险，迅速返回上京。

与此同时，在皇帝的铁令下，破案工作迅速展开。

案件发生在五月，当年九月有了结果。

《辽史》记载："九月辛丑，得国舅萧海只及海里杀萧思温状，皆伏诛，流其弟神睹于黄龙府。"

显然，萧思温之死，牵扯到同为后族的国舅。在最高权力的博弈中，即便是同族同姓，依然残酷而激烈。只是国舅萧海只及海里的详细情况，史书中没有记载。

此案因此告一段落，谋杀者得到了应有的

惩罚。

然而，杀父之仇就这样报了么？

这一牵动辽朝政局的谋杀案，其幕后主持之人是否还有其他更重要的人物？

失去了父亲，皇后萧燕燕面临着前所未有的挑战。

很多人都在猜测：失去了萧思温这个巨大的靠山，当朝皇帝还会像以前一样善待皇后吗？萧燕燕的皇后之位能否稳固？

毕竟，萧燕燕之所以成为皇后，一多半的原因是由于萧思温帮助耶律贤成为了皇帝。

答案显然是否定的。

皇后的父亲被杀，不仅没有削弱辽景宗对皇后的感情，反而增强了。根据史料，我们很容易可以推想到：皇后的丧父之痛，会勾起辽景宗同样的伤痛。

辽景宗生于天禄二年（948 年），比萧燕燕大 5 岁，是辽世宗的第二个儿子，母亲为怀节萧皇后。天禄五年（951）九月初一，辽世宗率领大军南伐。初三到归化州祥古山。初四在行宫祭祀让国皇帝耶律倍，然后大宴群臣，群臣都喝醉了，没想到野心家察割乘机反叛，杀死了辽世宗，然后又杀死了怀节萧皇后，紧接着又到处找他们的儿子，想要斩草除根。那时候，辽景宗只有四岁，然而记忆是深刻而痛苦的，他也因受到巨大的恐吓而留下病根，以至于常常生病。《契丹国志》中记录此事：

“景宗自幼年遭火神淀之乱，世宗与后同时遇害，帝藏积薪中，因此婴疾。”所以，当辽景宗看到萧皇后因为父亲突然被杀而悲痛欲绝时，他也感受到了切肤之痛。

命运就这样把同样的伤痛给了这对伴侣，同样也让二人的感情连得更深更紧。

不过，尽管萧燕燕很受辽景宗宠信，但这个婚姻终究是一个政治婚姻。

突然失去父亲后，萧燕燕具有了非常强烈的危机意识，她显然意识到杀父之仇还没有完全报，只有自己更强大、更有能力的时候，那些潜藏在幕后的隐秘黑手才能够被揪出。

不仅如此，她更意识到自己的地位乃至生命也在看似安全的处境中潜藏着种种致命的危险。她必须重新全盘审视辽朝政局，掌握历史与现实中所有重要情报以及不能忽视的细节，随时做多方面的考量，谨慎而大胆地走好自己的每一步路……

这虽然很不容易，好在她有很好的基础，她很小的时候，已经在父亲的影响下，了解到自己所在的民族——契丹族，知道自己的祖先如何一步步在刀光血剑中创建并发展了契丹国与大辽，清楚了辽朝皇族、后族内部错综复杂的关系，乃至辽朝对内对外面临的种种问题……

09 炎帝后代——契丹起源与早期变迁

萧燕燕是契丹的一名成员。

“契丹”和“契丹人”的称呼曾在世界盛行。中世纪的很长时间，西方文本中的“契丹”“契丹人”，实际上就是“中国”和“中国人”。

公元1247年，柏朗嘉宾在《蒙古行记》中提供了欧洲视野中关于中国最早的传说，但里面的用词都是“契丹”和“契丹人”，称：“契丹人都是异教徒，他们拥有自己特殊的字母，似乎也有《新约》和《旧约》，同时也有使徒传、隐修士和修建得如同教堂一般的房舍，他们经常在其中进行祈祷。他们也声称拥有自己的圣人，崇拜惟一的一尊神，敬重我主耶稣——基督，信仰永恒的

生命，但却从不举行任何洗礼……”

公元 1257 年，法国人鲁布鲁克在出使蒙古后写出的《东行记》提供了更多的所谓“契丹人”的信息：

“还有大契丹，我认为其民族就是古代的丝人。他们生产最好的丝绸（该民族把它称为丝），而他们是从他们的一座城市得到丝人之名。”“这些契丹人身材矮小，他们说话中发强鼻音，而且和所有东方人一样，长着小眼睛。”“他们是各种工艺的能工巧匠，他们的医师很熟悉草药的性能，熟练地按脉诊断；但他们不用利尿剂，也不知道检查小便。”“在契丹有十五个城镇中居住着聂思脱教徒。他们在称作西安的城市里有一个主教区，但其余的却完全是偶像教徒。上述诸族的拜偶像的和尚，都身穿红色宽僧袍。据我所知，他们那里还有一些隐士，住在森林和山里。他们生活清苦，使人赞叹。”“他们还告诉我如下的真事（不过我不相信）：在契丹的那边有一个省，不管什么年龄的人进到里面去，他的年龄将永远和进去时一样……”

最负盛名的《马可·波罗游记》同样称“中国”为“契丹”，并信誓旦旦地说：“东方契丹，光辉灿烂，读起来让人感到荒诞不经，实际上我所讲述的，都是事实。”《马可·波罗游记》曾极大地影响西方世界，直到 16 世纪后期，马可·波罗在西方世界的“契丹神话”才告结束，拉达神父在《记大明的中国事情》中介绍：“我们通称为中国的国家，威尼斯人马可·波罗叫做契丹，或许因那时是这样称呼的，因为他 1312 年左右到达那里时，它是在鞑靼人的统治下……然而今天它的本名是大明，这个名字是洪武皇帝取的，他把鞑靼人赶出了中国，犹如过去不同的时代它有其他的名字：汉唐、宋元、东胡、契丹。”

在了解了西方世界中的“契丹”后，我们还是从中国的史书中了解真正的“契丹”是怎么回事吧。

契丹贵族驼车出行图

“契丹”一词最早出现在《魏书》，本意为“钢铁”，取“坚固”之意。契丹族是中国北部古老的游牧民族之一，原属东胡族系，是东部鲜卑的一支。

关于契丹的起源，有个古老的传说：很久很久以前，有位男子，骑着白马，嘚嘚嘚嘚地从土河大麻（老哈河）而来；有位女子架着青牛车，吱吱呀呀地自潢河（西拉木伦河）而来；两条河流在木叶山合流，这一男一女也便在合流处相遇。男女相悦，正如此河彼水之相互交融；他们结为配偶，便有八个儿子诞生。此后，子生孙，孙又生子，子子孙孙，不断繁衍，逐渐发展成八个部落。对于这个起源传说，契丹人很是信奉，他们都尊奉自己最早的祖先为奇首可汗，而奇首可汗的远祖则是炎帝。正如《辽史》所载："辽之先，出自炎帝，世为审吉国，其可知者盖自奇首云。"如此看来，契丹人也是炎黄后代。只不过他们一开始没有名称，直到北魏时期才正式出现了"契丹"名号，《魏书·契丹传》还记载了契丹最早的八个部落，分别为"悉万丹部、何大何部、具伏弗部、郁羽陵部、日连部、匹絜部、黎部、吐六于部"，这便是"古八部"。他们的联系是较为松散的，大家各自逐水草生活，随遇而安，力量也不强大，不得不先后归附北魏、隋，也曾长期被突厥、回鹘所统治。为抵御欺凌、增强实力，再加上唐高祖、唐太宗有意加强契丹的力量，以便牵制北方的劲敌突厥，于是在唐朝初期，这些出自同一祖先的契丹人联合起来，形成了契丹部落联盟。

部落联盟形成后，"古八部"变成"旧八部"，分别为达稽部、纥便部、独活部、芬问部、突便部、芮奚部、坠斤部、伏部。每三年通过八部酋长聚议，选出联盟首领。不过，从联盟形成后的一百多年时间里，联盟首领都是从大贺氏氏族内部产生，这便形成了大贺氏世选联盟长的特权，被称为大贺氏部落联盟时期。

本来，契丹是臣服于突厥的，唐贞观二年（628 年），契丹首领摩会率部脱离突厥，依附唐朝，从而与中原王朝的交往更加密切。当然，矛盾也不时出现，双方时战时和。武则天统治时期，被赐名为李尽忠的大贺氏联盟长因不满唐朝的一些政策，掀起大规模的反唐战争，战败后契丹联盟迅速衰落，大贺氏的领导地位也一再受到挑战，到开元十八年（730 年），大贺氏最后一位联盟首领李邵部被杀，大贺氏部落联盟宣告终结。之后，统领迭剌部的贵族涅里乘势崛起，经过激烈的冲突，流血混战，最终掌握了契丹的兵马大权，选立遥辇氏家族的祖里为新的联盟长，仿效突厥首领的称号，称联盟长为祖午可汗。这样，契丹历史又进入遥辇氏部落联盟时期。

由于大贺氏联盟时期一百多年的变迁，以及遥辇氏联盟首领的登台，契丹部落名称又有变化，除八部外，另有遥辇部与迭剌部，合称契丹十部。当时还有二十部的说法，《辽史·营卫志》记载："遥辇阻午可汗二十部：耶律七部、审密五部、八部。涅里相阻午可汗，分三耶律为七，二审密为五，并前八部为二十部。三耶律：一曰大贺，二曰遥辇，三曰世里，即皇族也。

二审密：一曰乙室己，二曰拔里，即国舅也。其分部皆未详；可知者曰迭剌，曰乙室，曰品，曰楮特，曰乌隗，曰突吕不，曰捏剌，曰突举，又有右大部、左大部，凡十，逸其二。”也就是说，大贺氏这样的家族虽然不再掌握最高领导权，但在地位上仍然居于高位。真正掌握大权的是遥辇氏和世里氏。

这里怎么又冒出个世里氏？笔者认为，“世里氏”可以看作“迭剌部”的另一种称呼。契丹人起初没有姓氏，后来大多以该部兴起的地方名字作为姓氏。《辽史·国语解》解释：“有谓始兴之地曰世里，译者以世里为耶律，故国族皆以耶律为姓。”可以这么认为：迭剌部的兴起之地在世里，所以称“世里氏”。将“世里”翻译成汉语，取其谐音为“耶律”，所以也被称为“耶律氏”。迭剌部的人都姓“世里”，只是后来大家都称其为“耶律”，而不称“世里”了。

再归纳一下，重新组合后的契丹贵族，虽然各种关系错综复杂，但核心内容是：遥辇氏家族享有了最高首领的世选权，迭剌部世里氏（耶律氏）则享有最高军事首领夷离堇的世选权。从此时开始，虽然内外斗争不断，但从涅里开始，迭剌部历经七代，始终掌握军权，代代相传，强不可制。到了耶律阿保机的时候，契丹人将迎来前所未有的划时代的变局。

10 耶律阿保机的崛起

耶律阿保机是萧燕燕的太姥爷。萧燕燕虽然没见过，但从小不知道多少次听过太姥爷的传奇故事。耶律阿保机带领契丹走向崛起的英雄事迹，总会令年少的萧燕燕热血沸腾。

契丹人骑马雕像
（张苏收藏，引自《辽代金银器粹珍》）

耶律阿保机，出生于唐咸通十三年（872 年），姓耶律，名亿，字阿保机，小字（如名）啜里只，是契丹迭剌部霞濑益石烈乡耶律弥里人。他是迭剌部世里家族的成员，出身高贵，但由于契丹贵族间的斗争激烈，祖母害怕孩子被害，常常把他藏匿在别的屋子里，并且涂抹他的面容，不让别人见到。

年龄稍长，耶律阿保机便具备了文韬武略，总是言及国家大事。伯父执掌契丹军政，有疑问的时候总喜欢向他咨询。

成人后，耶律阿保机身高九尺，额头丰满，脸颊瘦削，目光凌厉，能开三百斤的大弓。担任挞马沙里时，小黄室韦不肯依附，耶律阿保机便用计谋降服。又攻打越兀、乌古、六奚、比沙各部，战无不胜，于是在契丹人的心目中有了崇高的地位，大家都称他为阿主沙里。

在不断的攻伐与拓展中，耶律阿保机所在的迭剌部更加强大。

唐天复元年（901），遥辇氏痕德堇可汗即位，以耶律阿保机为统领本部军马的夷离堇，专门负责对外征讨。耶律阿保机战无不胜，接连攻破室韦、于厥以及奚帅辖剌哥，俘获众多。冬季十月，耶律阿保机因军功成为大迭烈府夷离堇。这一年，他的行踪主要是在关外。

第二年七月，耶律阿保机率领四十万大军攻击中原王朝的北部边境。他连攻九郡，获取九万五千俘虏，驼马牛羊不计其数。九月，在潢河之南建龙化州城，开始建开教寺。这样的战争，不仅使耶律阿保机获得了更大的军功和财富，而且使他见识到中原先进的农耕文明。他开始注重文化，建立新城，建造寺庙。这使他有别于他的祖先。

下一个年头，耶律阿保机先是在春季北征，讨伐女真，将其打败，俘获三百户人口。九、十月份，又攻下河东、怀远等军，攻战到唐朝蓟北一带，俘获大量人口物品返回，在饶乐的清河一带创立了奚迭剌部，并汲取中原政府沿袭的郡县制经验，将奚迭剌部分为十三县。如此一来，无论是政治、军事还是经济，迭剌部各方面的实力都远远超过其他部落，耶律阿保机因此被拜为于越，负责整个契丹部落联盟的军国大事。

这一时期，曾经强大的回鹘早已因内乱和天灾分崩离析，有的南迁，有的西移，不复为契丹的劲敌；曾经无比辉煌的唐朝也进入日落西山的晚境，不仅无法对契丹造成威胁，就连自己的地方政权也无法管束，藩镇割据愈演愈烈，尤其是北部的卢龙等藩镇，拥有强大的军队，早在唐中期的安史之乱后便一直处于半独立状态，到了唐朝末期更是完全自治。公元 884 年，唐末黄巢起义失败之后，唐朝基本上名存实亡，新旧藩镇互相争斗，战争不休。契丹所在的中国北部更成为没有强敌的真空地带，耶律阿保机乘机拓展，左右逢源，雄心勃勃地要造就一代伟业。

本来，契丹族作为北部少数民族，向来被中原王朝的军阀所轻视。然而，由于耶律阿保机的赫赫战功，尤其是多次大胜卢龙节度使刘仁恭的军队，使其迅速受到中原两个最大军事巨头李克用和朱温的重视。

公元904年秋季，耶律阿保机讨伐黑车子室韦，刘仁恭发兵数万，派遣养子赵霸率领，支援黑车子室韦。赵霸到武州的时候，耶律阿保机已事先从间谍那里获得情报，在桃山下埋伏精兵，并派遣一位名叫牟里的室韦人，诈称自己是酋长派来的，约赵霸在平原相见。赵霸率兵到桃花山下，四面伏兵突然出现，赵霸被活擒。耶律阿保机不仅歼灭赵霸手下军兵，而且乘胜大破黑车子室韦。此一役，是契丹首次与中原王朝的大型藩镇正面交锋，而且以大获全胜告终。卢龙藩镇向来以军马强悍著称，从中唐到晚唐，一直称得上藩镇中的霸主，它的惨败显示出契丹的强大。

正在中原逐鹿的唐河东节度使李克用迅速向耶律阿保机递出橄榄枝，请求结盟。公元905年冬季十月，耶律阿保机率七万骑兵，与李克用在云州（今大同）相会，二人大摆宴席，大碗喝酒。酒酣之际，李克用提出借兵请求，要为木瓜涧之役向刘仁恭报仇，耶律阿保机答应。二人互换衣服坐骑，结拜为兄弟。李克用明显想利用耶律阿保机的力量，而耶律阿保机何尝不利用李克用。借着李克用，耶律阿保机又一次进兵攻打刘仁恭，拔取数州，将其民众尽数迁徙过来。

如此一来，中原最大的军事霸主朱温也不由得高看耶律阿保机，特地派出使者，通过海路来见耶律阿保机，奉上书币、衣带、珍宝。耶律阿保机的身份和地位水涨船高，也使得契丹扬眉吐气，进入一个从未有过的新时代，彻底摆脱了以往总是依附大国的被动局面。

紧接着，耶律阿保机派出偏师，迫使奚、霫各部以及东北女真族中还没有归附的人全部降服，成为契丹族从未有过的盖世首领。当遥辇氏痕德堇可汗于906年去世后，契丹各部没有继续从遥辇氏世族中选举继位者，而是推举耶律阿保机为可汗。耶律阿保机因此成为真正的契丹第一首领。

公元907年发生了两件大事：一件事，朱温废除唐朝皇帝，自立为皇帝，国号梁，史称后梁。中原王朝从此进入五代时期。另一件事，这一年春季正月十三，耶律阿保机举行燔柴礼，在熊熊燃烧的大火前祭拜上天，即皇帝位。尊母亲萧氏为皇太后，立皇后萧氏。北宰相萧辖刺、南宰相耶律欧里思率领群臣上“天皇帝”的尊号，皇后被尊为“地皇后”。就这样，耶律阿保机实现了契丹历史上重大的突破，耶律氏取代了遥辇氏，历史的车轮也仿佛完全迈入了耶律阿保机的黄金时代。然而，也许只有耶律阿保机自己最清楚，对他而言，真正的突破还没有开始，而他想要更大的突破，便需要强大的稳固的联盟。

皇族与后族

太祖二年（908年）正月初一，耶律阿保机御临正殿，接受百官及各国使节朝贺。初九，第一次设置惕隐职务，典管皇族宗室事务，任命皇弟撒剌担任惕隐。河东李克用死，其子李存勖即位，耶律阿保机派遣使者前去吊唁慰问。

正殿、皇族、朝贺、惕隐，这些新名词的出现，展现出耶律阿保机的改革正在进行。如果说，以前的契丹部落联盟完全是游牧民族的政权联合体，那么，耶律阿保机成为可汗后，有意识地引进了中原农耕政权的先进制度，并结合契丹传统，进行了全方位的改革。

皇族，名义上仍包括大贺氏、遥辇氏和耶律氏，而实际上，真正的核心是耶律氏。而耶律氏的核心，则是耶律阿保机这个家族。

契丹最为尊崇的是“横帐”与“横帐三房”。“横帐”是指耶律阿保机的直系后代。“横帐三房”分孟父房、仲父房和季父房，是指耶律阿保机两位叔叔以及他的数位兄弟的后裔。

耶律阿保机专门设置惕隐职务来管理皇族宗室事务，是皇族更加庞大和强大的标志，也是耶律阿保机为加强集权所进行的崭新的制度建设。他虽然以武崛起，但真正的强大绝不是只靠武功就能完成的。

太祖三年（909年）三月，沧州节度使刘守文受到刘守光攻击，派人前来，乞求耶律阿保机派军队讨伐。刘守文、刘守光都是耶律阿保机原来的死对头刘仁恭的儿子。耶律阿保机成为契丹可汗的那一年，刘仁恭被儿子刘守光囚禁起来。刘守光自称幽州卢龙军节度使，并迫使他的兄弟们臣服。这种压力下，刘守光的兄长平州刺史刘守奇率先投奔耶律阿保机，被安置在平卢城。现在，刘守文也向契丹求救了。这正是耶律阿保机愿意看到的。中原王朝内部的每一次内斗，都可能为他的进一步发展带来机会。

耶律阿保机迅速命皇弟舍利耶律素、夷离堇萧敌鲁派兵，与刘守文在北淖口会合，然后进军至横海军近淀，一鼓作气将刘守光击败。胜利后，耶律阿保机将两军会合的北淖口改名为会盟口，不久后又诏令左仆射韩知古在龙化州大广寺建碑，以纪功德。

五月二十，耶律阿保机在炭山北面设置羊城，作为市场，互通贸易。显然，军事胜利之后，文化建设、经济贸易也要随之跟上，这正是耶律阿保机的整体规划。

最重要的规划之一，是通过创立和强化“后族”，使其成为皇族强大的稳固的联盟。太祖四年（910 年）秋季七月初一，耶律阿保机以皇后兄长萧敌鲁为北府宰相，“后族”随之诞生。

在契丹族的发展史上，“后族”其实是有基础的。遥辇氏部落联盟时期，就有“三耶律”“二审密”的说法。“三耶律”是皇族，“二审密”是国舅族，包括乙室已氏（有时称“乙室氏”）和拔里氏。顾名思义，国舅族就是专门与皇族联姻的族群。而耶律阿保机专门成立“后族”，则不仅强化了国舅的概念，强化了“后族”与“皇族”相互通婚的传统，强化了只有后族女性才有可能成为皇后的制度，也通过只有后族成员才能担任“北府宰相”的制度强化了皇族与后族的政治联盟。这是一个重大的决策，本书的传主萧燕燕之所以能成为萧皇后，她的父亲萧思温之所以能担任北府宰相，均与此有关。

说起来很有意思，因为契丹皇族的人都姓耶律，后族的人都姓萧，所有的契丹人都因为羡慕这两族，不知不觉地便将自己的姓改为“耶律”和“萧”了，所以也就不再有什么大贺氏、遥辇氏、拔里氏之类的姓氏了。乃至于后来的契丹族基本上只有两个姓，便是“耶律”和“萧”。

本来，耶律阿保机的皇后是述律皇后，并不姓萧，然而在她之后，“后族”的人都姓“萧”。之所以姓“萧”，有两种说法。

《辽史·国语解》称：“有谓述律皇后兄子名萧翰者，为宣武军节度使，其妹复为皇后，故后族皆以萧为姓。”

《契丹国志》称：“萧翰，本国人，述律太后之兄子也，其妹复为太宗后。翰始以萧为姓，自尔契丹后族皆称萧氏。”

《新五代史》称：“以萧翰为宣武军节度使。翰，契丹之大族，其号阿钵，翰之妹亦嫁德光，而阿钵本无姓氏，契丹呼翰为国舅，及将以为节度使，李崧为制姓名曰萧翰，于是始姓萧。”

《旧五代史》称：“萧翰者，契丹诸部之长也。父曰阿巴。刘仁恭镇幽州，阿巴曾引众寇平州，仁恭遣骁将刘雁郎与其子守光率五百骑先守其州，阿巴不知，为郡人所绐，因赴牛酒之会，为守光所擒。契丹请赎之，仁恭许其请，寻归。阿巴妹为安巴坚妻，则契丹主德光之母也。翰有妹，亦嫁于德光，故国人谓翰为国舅。契丹入东京，以翰为宣武军节度使。契丹比无姓氏，翰将有节度之命，乃以萧为姓，翰为名，自是翰之一族皆称姓萧。”此处的安巴坚，即耶律阿保机。安巴坚妻，即述律太后。

这些文字无一不说：从述律太后的侄子萧翰开始，述律太

后的娘家本族人便全部姓“萧”，并成为后族中最显赫的部分。萧思温、萧燕燕都是述律太后的族人。这是一种说法。

《辽史·后妃传》对萧姓的来历有不同的解释：“后族唯乙室、拔里氏，而世任其国事。太祖慕汉高皇帝，故耶律氏兼称刘氏，以乙室、拔里比萧相国，遂为萧氏。”就是说，因为耶律阿保机非常钦慕汉高祖刘邦，所以把自己的姓氏也称为“刘”姓，而把另外两个部落“乙室、拔里”的姓称为刘邦忠臣萧何的姓。契丹“萧”姓便由此得来。

不管怎样，由于耶律阿保机的推动，契丹“皇族”与“后族”共治天下，成为整个国家建设的坚石。为了强化这一联盟，耶律阿保机颁发明确的法律规定：“王族唯与后族通婚，更不限以尊卑。其王族、后族二部落之家，若不奉国主之命，皆不得与诸部落之人通婚。”而且从耶律阿保机开始，每一年都形成皇族与后族互相宴请的礼仪和习俗，从而不断加强双方的联盟。这种现象在中国历朝历代的发展史上非常独特，所以给后世史家留下深刻的印象，称：“《辽史》耶律、萧氏，十居八九，宗室、外戚，势分力敌，相为唇齿，以翰邦家。”

12 皇族内斗的开始

由于契丹后族的特殊背景，这个家族非常重视女性的培养，即便有“重女轻男”的举措也是可以理解的。

萧思温家中都是女儿，对女儿们的培养就甭说多用心了。

在武的方面，契丹人以游牧为生，女子也要从小学习骑射，欧阳修在一首咏契丹的诗中写“儿童能走马，妇女亦腰弓”，便反映了这样的事实。萧燕燕自然更是如此。从她日后能亲统大军南征北战，可以看出她在走马骑射方面有很好的童子功。

在文的方面，萧燕燕更有得天独厚的条件。在当时，契丹贵族普遍不重视文化，契丹人想要取得功名，均不需要参加什么科举考试。而萧燕燕

则有一个当过林牙的父亲，使她从小受到文化的熏陶。萧燕燕很小的时候，萧思温便向她讲述契丹的辉煌史，讲先辈的精彩传奇，传播积极的正能量。而当女儿渐渐长大，也将逐步进入辽朝的政坛中心之时，那就必然要求她从天真转向成熟，需要她全面地了解历史的真相，包括那些冷峻而残酷的内部纷争以及纷争背后的博弈……

这些事说来就话长了。辽朝的内部斗争，可以追溯到耶律阿保机和他的弟弟们的纷争。

在契丹的历史中，耶律阿保机无疑是一个开天辟地的伟人。然而，要想完全突破契丹既往力量的束缚，成就更大的伟业，他还需要更大的实力与坚忍的意志，蹚出一条通往强大帝国的血腥之路。他应该是有这个心理准备的，然而，他可能没有想到，真正的较量常常发生在内部阵营，而他最大的、最顽固的障碍和对手是他的弟弟们。

耶律阿保机在家中排行老大，他有五个弟弟，依次为耶律剌葛、耶律迭剌、耶律寅底石、耶律安端、耶律苏。前面四位和他都是同父同母，老六耶律苏与他同父异母，年龄也小很多。除了老六，其他四个弟弟都深深卷入了与大哥的内部斗争当中。

最初的时候，耶律阿保机兄弟之间关系很好。耶律阿保机当契丹可汗，也得到了弟弟们的鼎力相助。然而，当耶律阿保机从契丹长远发展出发，决心学习中原先进制度，想要以世袭君权为核心的封建帝制替代每三年一选的契丹世选制时，他的弟弟们不赞成了。因为如果按照契丹传统的世选制，这些弟弟中会有人代替耶律阿保机，成为新可汗。如此，兄弟间的斗争在所难免。

太祖四年（910年），已经当了三年可汗的耶律阿保机，故意没有采取任何选举活动，继续当他的可汗，遭到很多的质疑。大家都在等他安排世选，但一年过去了，没有任何动静。第二年的五月，耶律阿保机的弟弟剌葛、迭剌、寅底石、安端终于明白大哥根本就不打算退位了，他们非常不满，于是铤而走险，密谋造反。这个情况被安端的妻子粘睦姑知道后，马上告发。耶律阿保机试图以温和的方法解决矛盾，所以没有抓捕四位弟弟，而是和他们谈心，讲清楚契丹的内外情况，认为契丹还走老路，只能倒退和变弱，受制于人。这几位弟弟似乎接受了兄长的解释，耶律阿保机就与他们一起登山，祭告天地，发下兄弟间和睦相处的誓言，然后便赦免了他们的罪行。

可是，内斗并未停止。刚刚过了一年，剌葛、迭剌、寅底石、安端便正式反叛了。剌葛本来奉阿保机之命，攻打平州，然而，等他将平州攻破后，觉得自己有了更大的资本，返回后便与迭剌、寅底石、安端等人一起反叛，声称选汗仪式必须在今年完成，并在阿保机远征返回途中起兵阻击。阿保机避开危险，抢先回到本部，举行了选汗王的燔柴仪式，造成事实连任。

当这几位弟弟派人前来谢罪的时候，阿保机又一次准予他们改过自新。

太祖七年（913 年）正月十一日，王师驻扎赤水城，弟弟剌葛等请求投降。耶律阿保机身穿素服，乘赭白马，由将军耶律乐姑、辖剌仅阿钵当御者，撤去兵器、严整侍卫，接受弟弟们的投降，并加以抚慰晓谕。剌葛等人引兵撤退，阿保机又数次派遣使者加以抚慰。他真希望兄弟间的争斗到此结束。可是，更大的斗争显然在后面。

臂鹰出猎图（辽墓壁画，敖汉旗博物馆藏）

三月初十，耶律阿保机带兵驻扎芦水，弟弟迭刺图谋担任奚王，与安端率千余骑兵前来，诳称入觐。耶律阿保机一下子就看清了二人的面目，大怒道：“尔等先前图谋逆乱，朕特予宽恕，让你们改过自新。可你们还是这样反复无常，将不利于我！”于是迅速将二人拘捕，并将他们所率的部卒分给各军。紧接着，迭剌部最大的叛乱发生了。

剌葛率领手下兵马到达乙室堇淀，陈设天子旗鼓，准备自立为可汗，皇太后暗地派人命令他离开。正赶上有人传言耶律阿保机马上就要赶到，剌葛部众惊慌溃散，掳掠居民北逃。剌葛转而派寅底石领兵直接进攻行宫，焚烧辎重、庐帐，而且纵兵大杀。述律皇后急忙派人救援，结果仅仅得到天子旗鼓。紧接着，剌葛党人神速姑再次劫掠西楼，焚烧明王楼。

不利的消息一再传来，到达土河的耶律阿保机却停下了脚步，下令喂马休兵，仿佛根本不把叛军放在心上。众将领请求火速追击，耶律阿保机说：“等他们走远了，都要怀恋故土。怀恋故土的心情急切了，人心就必然离散。那时候，我军再乘机进攻，打败他们就是必然的了！”然后，将先前所获的全部资产牲畜分赐将士，留下夷离毕直里姑总理政务。到四月初六的时候，耶律阿保机才下令向北追击剌葛。

无论在能力还是威望上，剌葛等人都根本无法与耶律阿保机相比。通过“侦察兵”和“间谍”，耶律阿保机对剌葛军队的

动向掌握得一清二楚。他先派出室韦以及吐浑酋长拔剌、迪里姑等五人，分兵埋伏在叛军将要前往的道路，然后任命北宰相迪里古为先锋，发动正面进攻。剌葛率兵迎战，迪里古以轻兵迫近，他的弟弟遏古只在阵前射毙数十人，叛军不敢向前。双方相持到申时，敌众方才溃败。逃到柴河，剌葛焚烧自己的车乘庐帐逃跑，前面遇到拔剌、迪里姑等率领的伏兵，剌葛军兵大败奔逃，把所夺的神帐留在路上。

耶律阿保机见到神帐后进行拜奠，并令军队继续追击。五月十三日，前方传来捷报：剌葛、涅里衮阿钵已被擒拿，前北宰相萧实鲁、寅底石自杀未死。这场内战由此结束，耶律阿保机以黑白羊祭告天地。

这是一场惨烈的内战，将近一年的时间，阿保机最终击败叛军，解除了他们的武装，但自己的大军在外日久，粮草接济不上，士兵们只好煮马驹、采野草为食，新生牲口十之七八死于道路，物价上涨十倍，器物、服饰之类被到处遗弃，数百里散乱不堪。最可恶的是，叛军们无所不为，涂炭生民，剽掠财产。民间原先有马万匹，战乱后却只能徒步行走了。面对这样的局面，耶律阿保机不能不痛下杀手，在契丹内部进行了规模宏大的铁血清洗：逆党主要成员雅里、弥里被活埋；耶律阿保机自己的养子涅里思也因参加叛乱，被鬼箭射杀；服从诸皇弟反叛的军事首领——夷离堇涅里衮被令投崖自尽；逆党 29 人被处以车裂的酷刑，他们的妻女被赐给有功将校；跟从反叛的乙室府人迪里古、迷骨离部人特里被绞杀；参与反叛策划的前于越赫底里之子解里、剌葛妻辖剌已被诛杀；参与谋反的各族帐300余人交有关部门审理后，全部被处死……

不过，有些方面，阿保机仍不能不“怀柔”处理，当他亲自审理怖胡、亚里只等17名逆党时，因很多供辞牵连皇族宗室以及被胁持之人，所以只是杖杀首恶，其他人便从宽释放了。对于这次反叛的主要人物剌葛、迭剌，因为他们是自己的亲弟弟，阿保机仍未忍心处死他们，只是判处杖责后释放。另两位弟弟寅底石、安端，阿保机认为他们本性软弱，受到剌葛的指使，所以宽恕了他们的罪过。这样，来自契丹皇族内部的第一次规模浩大的内斗得以结束。耶律阿保机捍卫了自己的权威，也通过胜利后的清洗，进一步推动契丹走向封建帝制。

反叛耶律阿保机的四个弟弟，其结局各有不同：四年后，剌葛再次背叛，向南逃到幽州，但已掀不起什么风浪了，很快被人所杀；剌葛南逃的第二年，迭剌也试图南逃，被发觉，亲戚们为他求情，耶律阿保机再次赦免，再往后便没什么记载了；寅底石后来倒是听话，曾被派往耶律阿保机的长子东丹王身边辅佐，可惜被述律皇后派人将其杀于途中；只有安端，隔几年后继续受到耶律阿保机的重用，屡立军功，尤其在耶律阿保机之子耶律德光继位以及后来辽世宗初立时，有定策、辅佐大功，

地位如日中天，简直无可撼动。可惜的是，他的儿子察割再次掀起皇族杀戮后，他也不能不受到牵连，最终老死田里。

这便是契丹皇族早期的一些内幕，而皇族的内斗势必会将后族乃至整个国家牵连进去……

或许在白天，或许在晚上，或许在傍晚时分的草原，或许在大山之旁的帐篷，当萧思温慢慢将这些辽朝往事讲给萧燕燕的时候，通往政治中心的道路便慢慢地在萧燕燕内心打下了地基。

可以推测，小的时候，当萧燕燕知道这些内幕时，会免不了感到震惊和不理解——亲兄弟之间何至于此？！然而，当她后来也经历过残酷的你死我活的最高权力之争、经历过父亲惨死、自己和儿子的性命随时可能被谋害等诸多事情以后，她那柔软的心也会变硬吧。

13 汉人、汉城与契丹立国

萧燕燕虽然是契丹人，但她对汉人一点都不陌生。

因为父亲担任南京留守，萧燕燕童年时便跟随父亲南下，到达现在的北京市丰台区一带住了下来，周围居民以汉人为多。当时的幽燕已经有韩、刘、马、赵四大汉人家族，其中韩氏家族分指韩延徽、韩知古两家。由于父亲与韩氏家族交往甚多，萧燕燕与韩家的人也交往颇多，尤其对韩知古的孙儿韩德让很有好感。所以，当萧思温讲到耶律阿保机当年如何排除民族分歧、重用汉人、并利用汉城进行绝地反击的故事时，萧燕燕听得津津有味。

耶律阿保机之所以成为契丹的一代圣主，与他重用汉人官僚很有关系。最早的时候，耶律阿

保机属地的汉人多来自战争。晚唐时期，耶律阿保机便多次向南攻掠，俘回大量汉人，并按照唐朝县制给汉人们筑城，让他们继续从事农耕生产。到了五代时期，由于地方军阀草菅人命，民众苦不堪言，很多汉人开始主动投奔耶律阿保机，并将中原王朝的制度和文化传了进来。耶律阿保机想要建立世袭君权，便是在一个汉人的力劝下开始实施的。而当他的威权越来越大时，他便越不肯向契丹旧制妥协。

契丹的传统力量则是根深蒂固、非常强大的。《新五代史》记载："其（阿保机）立九年，诸部以其久不代，攻责诮之。阿保机不得已，传其旗鼓，而谓诸部曰：'吾立九年，所得汉人多矣，吾欲自为一部以治汉城，可乎？'诸部许之。"就是说，在契丹各部的联合攻责下，耶律阿保机曾不得不让出最高统治权。不过，他提出一个条件，便是让他自成一部以治理汉城。契丹各部觉得这不是什么问题，只要你交出可汗之位，区区汉城有什么不可以让你经营的呢？他们根本就不会想到，汉城正是耶律阿保机能够绝地反击的法宝。

汉城在炭山东南滦河之上，那里不仅有肥美的土地可以耕种，而且还有盐铁之利。耶律阿保机重用韩延嗣、韩知古等汉人官僚，引进幽州制度，建筑城郭，修建房屋，鼓励耕种，设立市场，使汉人安之，不复思归。而契丹军队继续保持原有武备，契丹人也继续保持原有的游牧生活，初步实行以汉法治理汉人、契丹法治理契丹人的做法，使得汉城之人各自安居乐业，汉城经济迅猛发展。尤其是汉城所产的盐，不仅供应本地，也成为契丹其他各部的必需品。

绝地反击的机会一步步趋于成熟。有一天，耶律阿保机的妻子述律策给丈夫出了一个主意，使得丈夫兴奋得不得了。没几天，耶律阿保机便按照妻子计策，派人遍告契丹诸部大人，说："我有盐池，诸部同食。只知道食盐之利，却不知答谢主人，这样行吗？你们都应该来犒劳我。"契丹诸部大人觉得有道理，均来面见阿保机。阿保机设下酒宴款待众人。然而，酒酣耳热之际，阿保机的伏兵突然冲出，将诸部大人全部杀掉。

这样残酷的斗争之后，耶律阿保机最终摆脱契丹旧制的约束，可以全方位地实施新制了。

公元 916 年，耶律阿保机仿照中原王朝体制，正式称帝建国，国号契丹，建元神册，尊号为大圣大明天皇帝，立长子耶律倍为太子。一个统一的契丹王朝真正崛起。

此时，中原地区仍旧战乱不断。军阀头子朱温、李克用均已死去，李克用之子李存勖正与后梁军队作战，无暇旁顾。耶律阿保机抓住机会，收编了李存勖在山北的八个军镇，势力进一步增强。接着，耶律阿保机的视野也很自然地投向了广阔的中原大地，同时加紧汲取汉人先进文明，加强契丹国的内部建设。

神册三年（918年）五月初三，耶律阿保机诏令建造孔子庙、佛寺、道观。

神册四年（919年）八月初三，耶律阿保机隆重拜谒孔子庙，命皇后、皇太子分别拜谒寺、观。

神册五年（920年）五月，契丹大字被创制出来，这是大臣们按照耶律阿保机的指令仿照汉字偏旁创制的。其后，耶律阿保机又让弟弟迭剌用回鹘文字创制契丹小字，表明契丹不仅汲取汉族的先进文化，也汲取其他兄弟民族的文化，进而建立自己特色的文化。

契丹文为“和昌永固、乾统统宝”的金币
（张苏收藏，引自《辽代金银器粹珍》）

耶律阿保机也开始法律建设。神册六年（921年），成文法《治契丹及诸夷之法》得以制定。同一年，阿保机做出规定：自此以后，南府宰相由宗室出任。这样，原契丹八部合并为北南二府后，两府的宰相就全部由皇帝直接任命的后族和皇族担任。契丹原有的旧制被完全清除，家天下的世袭君权彻底巩固，契丹内部高度统一起来。

神册六年（921年）冬季十月，新州防御使王郁率所部山北兵马前来归附，这使得耶律阿保机再次动了南下的念头。二十四日，他亲自率大军进入居庸关，攻下古北口，然后分兵攻掠檀、顺、安远、三河、良乡、望都、潞、满城、遂城等十余城，将其民众俘虏后迁入契丹国内。

后唐李存勖不乐意了，与耶律阿保机之间展开大战。第一年，双方各有胜负。第二年再次较量，耶律阿保机却被打得大败，被迫远逃百余里。当时正值连旬大雪，契丹人、马没有食物，死者相望于道，惨不忍睹。这使得耶律阿保机意识到：要想得到幽、云等地，还需要更加强大的国力。于是改变战略，转而北上，征服了东北部的渤海国，国力、军力因此大增。这显然对后唐造成了巨大压力。天显元年（926年），后唐使者姚坤拜见耶律阿保机，耶律阿保机称："如果将大河之北给我，我将不复南侵。"表达了他想得到幽州、云州等汉地的意图。然而，人生总有尽头。同年夏，耶律阿保机病死。

能够建立强大统一的契丹国，已是耶律阿保机完成的最大历史使命。获取幽云之地的愿望，只能由其继位者完成。

契丹女性史中的首位硬角色

14

在所有故去的先人当中，能给萧燕燕留下最深印象的，应该是述律太后。

纵观契丹国（或辽朝）的历史，最有能力、影响力最大的女子，一位是萧燕燕，另一位是她之前的述律太后。

也许是巧合，也许是某种宿命，萧燕燕出生的那一年，述律太后正好去世。

述律太后是辽太祖耶律阿保机的夫人，萧燕燕的曾外祖母，一位影响契丹历史的关键人物。

述律太后，回鹘人，名平，小名月理朵。她简明持重，遇事果断，有雄才伟略。她曾到辽河、土河的交汇处，见到一位乘坐青牛车的女子后，赶紧仓猝避路。可是，那位女子忽然间就不见了。不久后，童谣传开：“青牛妪，曾避路。”当时的俗语，“青牛妪”即为“地神”。辽太祖即位，述律平成为淳钦皇后，群臣为她上“地皇后”的尊号。神册元年（916年），举行大册礼，增加尊号为应天大明地皇后。

述律平是位女中豪杰，在耶律阿保机统率部众行军打仗时，她也常常参与谋划。尤其是，当阿保机的几个弟弟发动大规模叛乱，由寅底石率军攻打可汗大帐，抢夺象征可汗权位的旗鼓时，留守可汗大帐的述律平据险以守，保住了天子旗鼓。还有一次，耶律阿保机越过沙漠进攻党项，黄头、臭泊二部室韦乘虚袭击。述律平整军等待，奋力出击，将对方打得大败。从此，述律皇后的威名震慑各部。

《辽史》还特地记载两件事，以展示述律皇后的英明。

第一件事是收复汉人韩延徽。

韩延徽本来是幽州刘守光的部下，被派为使者，向耶律阿保机求援。但是，见面时，韩延徽就是不行跪拜礼。耶律阿保机因此大怒，将其扣留，让他牧马。述律皇后颇有主见，对丈夫说：“此人能坚守节操，不屈服，是贤者，应该待之以礼，想办法归我们所用。”耶律阿保机听后，特地召韩延徽交谈，很谈得来，十分高兴地将其作为主要谋士。

第二件事是关于武器与战争的。

有一次，吴主李昪向耶律阿保机进献猛火油，这种猛火油是一种重要的武器，用水浇它会越浇越旺。阿保机打算选三万

骑兵攻打幽州。述律皇后说："哪有为试验油性而去进攻别国的道理？"一边说，一边手指帐幕前的树，问："它没有皮还能活吗？"阿保机回答："不能。"述律皇后说："幽州有土地有人民，和这棵树是一样的。我们以三千骑兵抢掠它的周围，不过几年，它便会因困顿而归顺我们，又何必这样征伐呢？而且，万一失败，还要被中土取笑，我们的部落不也面临解体的危险吗？"说得阿保机频频点头。后来，耶律阿保机平定渤海，也有述律皇后的谋划。

由上可知述律皇后在契丹政治中的作用和影响力是何等巨大。

更重要的是，述律皇后还直接掌握着强大的属珊军。《辽史·兵卫志》记载："辽太祖宗室盛强，分迭剌部为二，宫卫内虚，经营四方，未遑鸠集。皇后述律氏居守之际，摘蕃汉精锐为属珊军。""属珊军，地皇后置，二十万骑。"

正因为如此，当辽太祖耶律阿保机去世后，成为太后的述律平摄政，完全掌握了契丹国的大权，乃至于由其所好地决定了新皇帝的人选。这件事完全改变了她的儿子们的命运，也搅动起辽朝皇族的百年纷争。

本来，耶律阿保机驾崩后，已被册立为太子的耶律倍理应承继父位。然而，述律太后不大喜欢这个大儿子。所以，当她认为自己想怎样就怎样的时候，便悍然地将二儿子耶律德光立为新皇帝。这件事激起了巨大的波澜。

辽太祖是在天显元年（926 年）七月去世的，而下一任皇帝辽太宗在第二年冬天十一月十五日才继位。也就是说：没有皇帝——这么重大的事件，竟然长达一年零四个月之久，可见其内部分歧之大。

这个期间，述律太后牢牢地掌握着生杀废立大权，杀死了拥护耶律倍的南院夷离堇迭里、朗君耶律匹鲁等人，展现出极端的强悍。不仅如此，为达到目的，述律太后还砍断自己的一只手腕。

好奇是人的本性。也许，年龄稍长的萧燕燕，在听父亲讲述述律太后强腕政治的时候会问："她真的把自己的手臂砍了吗？"如果是这样，萧思温会如何回答呢？

《辽史》记载，辽太祖驾崩后，地皇后临朝称制，暂时摄理军国大事。等到辽太祖下葬时，她想要以身殉葬，被亲戚百官全力劝谏阻拦，于是自断右腕放入灵柩。太宗即位，被尊为皇太后。会同初年，为其上尊号为广德至仁昭烈崇简应天皇太后。这样的记载显然隐藏了很多内容。

还是再看看《契丹国志》的记载：

> 是月，太祖于夫余城崩。述律后召诸酋长妻，谓曰："我今寡居，汝不可不效我。"又集其夫泣问曰："汝思先帝乎？"对曰："受先帝恩，岂得不思？"后曰："果思之，宜

往见之。”遂杀之。

述律后左右有桀黠者，后辄谓曰：“为我达语于先帝。”至墓所，则杀之。前后所杀者以百数。最后，平州人赵思温当往，不肯行。后曰：“汝事先帝常亲近，何故不行？”对曰：“亲近莫如后，后行，臣则继之。”后曰：“吾非不欲从先帝于地下，顾嗣子幼弱，国家无主，不得往耳。”乃断其一腕，令置墓中。思温亦得免。

是月，述律后中子德光立。

也就是说，为了实施自己的计划，排除障碍，述律太后借着契丹人殉旧俗杀了上百人。赵思温以其人之道还治其人之身，说：“与先帝亲近的人，谁也比不了太后。您如果先去跟从太祖，我就紧跟。”这句话一下子把强势的述律太后逼到死角，让她不得不自找台阶，以自己一腕保全性命和名誉。

之后，当那些不依从她的人都被镇压后，机会成熟，她又导演了这样一出好戏：

天显二年（927 年）十一月十五日，述律太后把酋长、官员们召集起来，令长子耶律倍、次子耶律德光均乘马立于帐前，然后对大家说：“这两个儿子都是我的爱子，我不知道该立他们哪个当皇帝。你们可以按照自己的意愿选择，选中哪位就到他那边拿住他的马辔。”众人都知晓太后的意思，争着奔到耶律德光的马前，拿住马缰绳，欢呼道：“愿事元帅太子！”耶律德光被辽太祖任命为天下兵马大元帅，所以大家有这样的称呼。这种场面下，述律太后顺势说道："众之所欲，吾安敢违?!"

就这样，述律太后最终实现了自己的目标，将二儿子耶律德光立为皇帝，但也开启了契丹皇族新一轮的纷争。

述律太后是否真的断腕?《辽史·地理志》有这样的文字："应天皇后于义节寺断腕，置太祖陵。即寺建断腕楼，树碑焉。"就是说，断腕的地点是在一个寺庙当中，放置的地方是在太祖的陵墓。因为这件事，寺庙中还专门建了断腕楼，并建碑纪念。看来，述律太后对自己也真能下得了狠心，是断腕太后，也是不折不扣的铁腕太后!

耶律三兄弟

15

小山压大山，
大山全无力；
羞见故乡人，
从此投外国。

这是辽太祖长子耶律倍所写的一首诗。辽太祖驾崩后，深受汉文化影响的耶律倍受到了母亲和弟弟的双层压力，最终让位于二弟耶律德光，之后又在二弟的重压下离开北方，前往中原。

辽太祖耶律阿保机与述律太后一共有三个儿子：大儿子耶律倍、二儿子耶律德光、三儿子耶律李胡。

《辽史》记载了三人年少时的一件小事。一个非常寒冷的冬日，辽太祖命三个儿子去采集木柴，相当于给他们出一道考题。测试的结果是：二儿子耶律德光最先回来，只是所拾柴火中有干的，有湿的；

大儿子耶律倍紧接着回来，他是挑选干木柴回来的；三儿子李胡最后回来，拾取得最少，而且返途中便把很多木柴丢掉了。对此，辽太祖评价："长巧而次成，少不及矣。"意思就是："长子巧，次子有所成，小儿子比不上两位兄长。"后来，有人还把这件事与述律太后联系起来，称："太祖曾说太宗必定会使我家兴盛，太后想令皇太子耶律倍回避，太祖便册立耶律倍为东丹王。"

辽太祖的三个儿子当中，耶律倍受汉文化影响最深。他精通经史、擅长丹青，对于音律、医学均有很高的造诣。神册元年（916 年）春季，耶律倍被立为太子。有一个广为流传的故事是，有一天，辽太祖问旁边的侍臣："受命之君王，当事奉上天、敬奉天神，还应该祭祀历史上有大功德的人。你们认为该最先祭祀哪一位？"当时，佛教已在契丹广泛传播，深入人心。侍臣们都说："应该祭祀佛祖。"辽太祖摇摇头："佛非中国教。"耶律倍马上说："孔子大圣，万世所尊，应该先祭祀他。"辽太祖听后非常高兴，当即决定建孔子庙，诏令皇太子耶律倍春秋二季行释奠礼。

耶律倍曾随辽太祖征讨乌古、党项，担任先锋都统；又治理过燕地，留守过京师，能力相当全面。天显元年（926 年），耶律倍随辽太祖征讨渤海国。攻下扶余城后，辽太祖想要检括户口，耶律倍提出自己的意见："如今刚得到土地就清查人口，百姓一定不安宁。不如趁势直捣忽汗城，攻下它不成问题。"辽太祖听从后，由耶律倍、耶律德光任前锋，夜围忽汗城，迫使渤海

国王投降。等占领渤海国后，辽太祖改其国号为东丹，任命耶律倍为人皇王及东丹国主，还赐给他天子冠冕、服饰，建元甘露，即位执政。由此可见辽太祖对耶律倍的重视，又立他为太子，又立他为人皇王、东丹王，明显就是打算让他做自己的接班人。

至于耶律德光，他虽然在天赞元年（922 年）被授予天下兵马大元帅，不久诏令统领六军向南攻城略地，还跟随辽太祖东征西战，击破于厥里诸部，平定党项，攻下山西各镇，攻取回鹘单于城，在平定渤海国、击破达卢古部的战争中均立有战功，但辽太祖在世时，没有任何迹象要让他继承皇位。

所以，如果没有强势的述律太后，辽太祖之后的辽朝皇帝应为耶律倍。这是大家心照不宣的。

耶律德光当了皇帝后，耶律倍继续当他的东丹王。然而，一山不容二虎，一朝不容二主，耶律德光不能不非常猜忌耶律倍，一再削弱其势力，并暗中监视。这使得耶律倍很憋气、很难受。

耶律倍不仅是辽朝的东丹王，而且名声已传播到中原。当时的中原王朝是后唐。唐朝之后，中国的中部和南部进入五代十国时期。五代，是指定都中原地区前后交替的五个朝代，依次为后梁、后唐、后晋、后汉、后周。十国，是指其他一些割据政权，分别为前蜀、后蜀、南吴、南唐、吴越、闽、楚、南汉、荆南、北汉。耶律德光初为皇帝时，后唐的皇帝是李嗣源。耶律德光曾派大军南下，结果多次被李嗣源的军队打败。尤其在重要将领铁剌战死后，耶律德光认为出兵不合时宜，十分后悔。李嗣源也不愿意与契丹作战，多次派使者来访，耶律德光因此询问左右，大家都回答："唐每次派使者来，都是因为惧怕天威。不过，我们不要轻举妄动，有机可乘时再动干戈。"耶律德光深以为然，于是南北双方出现和平局面。也就是在这个阶段，耶律倍的书画作品传到了中原，深受后唐宫廷的喜欢。李嗣源得知耶律倍对汉文化有强烈的兴趣，又了解到他在国内的处境，于是两次派使者邀其南下。

辽李赞华（耶律倍）绘的《东丹王出行图》(局部)

一方是重压，一方是盛情邀请。长时间的权衡后，天显五年（930 年）十一月，耶律倍最终携宠妃高美人由海上逃往中原。出逃前，耶律倍感叹道："我把天下都让给他了，还受到他的疑忌。不如前往他国，以成吴太伯之名。"并命随从在海边立一木牌，木牌上所写，便是本节开头的那首诗。

投往中原的耶律倍，受到了李嗣源最高的礼遇。李嗣源以天子仪式迎接耶律倍，还先后委任他为怀化军节度使、虔州节度使等高位。然而仅仅过了三年，李嗣源就病逝了，其子李从厚很快又被李嗣源的养子李从珂弑杀，耶律倍的处境很是尴尬。在这样的处境下，耶律倍却仍是想着契丹的大事，他已抛开了对耶律德光的私怨，特地写信告诉弟弟：现在是南下进攻的好机会。

当时正值石敬瑭向耶律德光求援，耶律倍的来信进一步推动了耶律德光率辽军南下。然而，耶律倍的行为受到了李从珂的仇恨，在石晋瑭的军队攻入后唐首都洛阳之前，李从珂先杀死耶律倍。

耶律倍本该是契丹皇帝，最后却客死他乡，这样的结局怎能不让耶律德光负疚？

后唐被灭后，耶律德光得知兄长的尸骨由一位僧人收殓安葬，马上派人去找，运回本土，安葬在兄长生前最喜欢的医巫闾山，立其陵墓为显陵。对于耶律倍的儿子，耶律德光也是着力培养。这样，他们兄弟间的恩怨与纷争似乎也就此结束了。其实不然，他们都还有后代呢，而且还有一个野心勃勃的弟弟李胡……

可以说，耶律三兄弟及其后代的纷争，一直要延续到萧太后时代。

16 幽云十六州

耶律德光是萧燕燕的姥爷。

在耶律阿保机去世后，耶律德光继承父志，也将目光关注到契丹南面丰饶肥美的中原。虽然曾受到李嗣源军队的挫败，但耶律德光养精蓄锐，随时等待着机会。

天显十一年（936年），最好的机会突然就来临了。后唐发生内乱，先是后唐明宗李嗣源病死，其子李从厚继位，接着其养子李从珂发兵夺取皇位，并派兵讨伐李嗣源的女婿——河东节度使石敬瑭，石敬瑭实力不足，派遣使者向契丹求救，上表称臣，认耶律德光为父，许诺一旦事成，将割让卢龙一道及雁门关以北诸州作为酬谢。耶律德光大喜，对述律太后说："李从珂弑君自立，人神共愤，我们应替天行道，出兵讨伐。"他牢牢抓

住这个千载难逢的良机，亲率五万骑兵，号称三十万，进入雁门关，在忻州祭祀天地，然后到达太原，紧接着便与后唐高行周、符彦卿所率军队展开大战，斩杀敌军数万。十一月，耶律德光在太原册立石敬瑭为帝，国号晋，史称后晋。闰十一月，石敬瑭攻入洛阳，后唐灭亡。紧接着，石敬瑭迁都汴州（今河南开封），然后按照事前约定，竭力讨好耶律德光，不仅向耶律德光称臣称帝，每年供奉金帛三十万，所奉玩好珍异不绝于道，更将中原北部与契丹接壤的大片肥沃土地割让给契丹——这便是著名的“幽云十六州”（也称“燕云十六州”）。

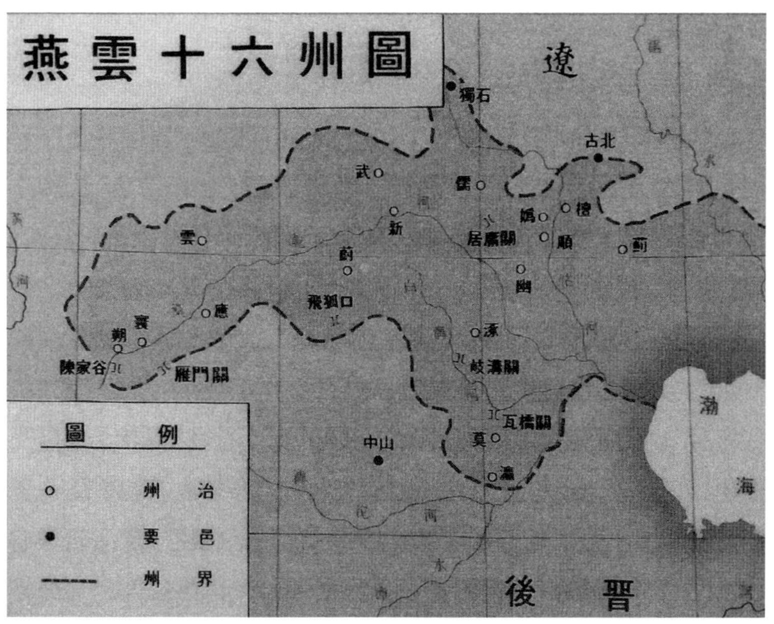

燕云十六州地图（摄于北京档案馆）

幽云十六州，东西绵延约六百公里，南北约二百公里，包括幽州（今北京市区西南）、顺州（今北京市顺义区）、儒州（今北京市延庆区）、檀州（今北京市密云区）、蓟州（今天津市蓟州区）、涿州（今河北省涿州市）、瀛州（今河北省河间市）、莫州（今河北省任丘市北）、新州（今河北省张家口市涿鹿县）、妫州（今河北省张家口市怀来县）、武州（今河北省张家口市宣化区）、蔚州（今河北省张家口市蔚县）、应州（今山西省应县）、寰州（今山西朔州市东）、朔州（今山西省朔州市区）、云州（今山西省大同市云州区），相当于现在的北京、天津全境，山西和河北的北部地区。其北部为崇山峻岭、长城关隘、军事要地；南部则多是适合农耕的平原、高原。

对中原政权而言，这块土地向来意义重大。早在春秋战国时期，为了抵御北方游牧民族的侵扰，诸侯国便在这一代的崇山峻岭之间修筑长城。而这一地区一旦划归契丹，中原北部再无高山、险关可守，契丹铁骑纵马南下，可以迅速到达中原腹地，对中原政权产生巨大的压力。

对于契丹来说，这一地区同样重要，不仅能让契丹在军事上取得攻守自如的有利地位，而且富庶的土地以及世世代代居住在这里的汉人，为契丹提供了大量的物产资源，并使先进的农耕文明更加广泛地融入契丹国，促使契丹国的政治、经济、文化展现出新的气象。

之前，契丹国只有皇都与南京。等幽云十六州纳入版图后，耶律德光下诏，以皇都为上京，升幽州为南京，改原来的南京为东京。这样就有了最初的辽三京。

官制方面也做了改革。会同元年（938 年）升北、南二院及乙室夷离堇为王。麻都不改为县令，并制定其他官制，均有汉化的趋势。

会同三年（940 年），耶律德光下诏有司教民播种纺绩。废除契丹旧有的姊亡妹续的风俗。诏令契丹人授汉官者，从汉仪，听与汉人婚姻。这样促进了农耕生产，促进了国内契丹人与汉人的融合。

耶律德光还像汉人的皇帝一样，对于自己祖先的历史，不再满足于契丹人以前的口耳相传，而是诏令有关部门编《始祖奇首可汗事迹》。

可以说，尽管契丹的军马胜于中原，但在文化方面，则始终是先进的影响落后的，这是历史的规律。

17 辉煌与陨落

耶律德光最辉煌的时候，是在大同元年（947年）。

会同五年（942年）五月，对契丹主百依百顺的后晋国主石敬瑭死去，他的侄儿石重贵即位。石重贵不愿意向契丹称臣，派使者送给耶律德光的书信中也是称“孙”不称“臣”。耶律德光派人责备，后晋使者称：“先帝是圣朝所立，今主则是我国自己册立。作为邻国，今主在辈分上可以称孙，但奉表称臣就不可以了。”耶律德光很不满意，于是便有了南伐之意。

双方并不是马上就决裂的。会同五年（942年）九月，耶律德光派使者祝贺石重贵嗣位；十二月，石重贵派使者来谢；会同六年（943年）二月，石重贵派使者向耶律德光进献先帝石敬瑭的

遗物；五月，耶律德光派使者向石重贵致生辰礼；八月，石重贵派儿子石延煦到辽朝拜见耶律德光……这一时期，表面上看，双方礼尚往来，而暗地里都在为下一步行动做准备。

石敬瑭像

会同六年（943 年）十一月，上京留守耶律迪辇抓获一名后晋的间谍，这件事为辽朝出兵制造了借口。十二月，耶律德光到达南京，揭开了讨伐后晋的序幕。不过，战事并不像很多人想当然那样容易。别看石敬瑭一直小心谨慎地侍奉着耶律德光，生怕契丹国主怪罪，但后晋毕竟是中原政权，具有相当的实力。耶律德光即便发动大军，亲自出征，也不可能马到成功，一下子吃掉后晋。会同七年（944 年）、会同八年，双方展开多次激战，契丹军占据优势，石重贵派使者求和，但耶律德光已有更大的企图，所以不会答应。会同八年（945 年）三月的一场战役，后晋军兵借着铺天盖地的风沙，马步兵皆奋勇出击，将契丹军打得大败。耶律德光被迫乘奚车撤退十余里，而后晋军兵追杀甚急，耶律德光最后骑一橐驼逃回。这次失败，可把耶律德光气坏了，返回南京后，杖责战斗不力者各数百。经过一段时间的整顿后，会同九年（946 年）八月，耶律德光再次将诸道军马集结起来，大举南伐，势在必得。

石重贵也不示弱，任命杜重威为北面行营都招讨使、李守贞为兵马都监，率大军迎击契丹。为鼓舞士气，石重贵特地下敕榜公之于众："专发大军，往平黠虏。先去瀛、莫，安定关南；次复幽燕，荡平塞北。"又以重金悬赏："有能擒获虏主者，除上镇节度使，赏钱万缗，绢万匹，银万两。"杜重威等人于是引兵北上，并屡次以深入北境为由请求增加兵力，石重贵将身边的禁军也派给他，京城宿卫因此空虚。

九月初五，契丹军与后晋张彦泽部在定州交战，将其击败。十一月，双方主力展开遭遇战。杜重威、张彦泽率兵据守中渡桥，契丹将领赵延寿率步兵逼近。杜重威派王清出兵，但很快败退。契丹高彦温乘势率骑兵发动强大攻击，晋军死者数万，王清被斩杀。杜重威等退守中渡寨。晋义武军节度使李殷举城投降。契丹军继续前进，在距离中渡寨三里的滹沱河两岸安营扎寨，分兵包围晋军主力。此后，耶律德光实施了三个主要策略：

一是命令大内惕隐耶律朔骨里以及赵延寿继续分兵包围；耶律德光自己则率领骑兵乘着夜色渡河，从后面攻下栾城，招降数千骑兵。

二是下令军中预备干粮，三天内不得举烟火，只要俘获晋人，就在他们的脸上黥墨，然后放走。晋军后方运送粮草军兵见到大量被黥墨的人后，都感到很害怕，弃粮而逃。于是晋军

内外隔绝，食尽势穷。

三是耶律德光乘势向杜重威等人诱降。尤其向杜重威许诺：“你如果投降，以后中原的皇帝就让你当。”这个诱惑，一下子就完全将杜重威征服了。

十二月初十，杜重威、李守贞、张彦泽等率领二十万军兵投降。耶律德光勒马受降，授杜重威为守太傅、邺都留守，李守贞为天平军节度使，其余诸将各领旧职。将投降的人马，半数让杜重威统领，半数让赵延寿统领。

此后，继续征伐的事情，都用不着耶律德光的契丹军动手了。杜重威大军一投降，其他城中的军兵也无心再守，恒州、易州相继投降。耶律德光率契丹大军继续南下，派降将张彦泽为先锋。张彦泽投降了新主子后，立功心切，率军倍道疾驰，攻入后晋都城汴京（今开封），控制晋帝石重贵，并仗着自己有功，纵兵大掠，杀人取货，无所不为。

十二月二十六日，耶律德光率军到达赤冈，晋主石重贵赤裸着上身，用草绳将自己捆绑，举族跪等耶律德光。对此，耶律德光竟不忍临视，命令改驻于封禅寺。后晋百官均身着缟衣，跪在地上请罪。耶律德光说：“你们的主上辜负了我的恩德，你们这些做臣子的有什么罪呢？”命令他们仍然担任原来的职务。

大同元年（947年）正月初一，耶律德光最辉煌的时候到来了。他以中原皇帝的仪式进入汴京，御临崇元殿接受百官朝贺。

他没有杀石重贵，而是将其降为崇禄大夫、检校太尉，封其为负义侯。还派三百骑兵，将石重贵以及他的母亲李氏、太妃安氏、妻冯氏、弟石重睿、子石延煦和石延宝等人送到黄龙府安置，依旧以原来的宫女五十人，内宦三人、东西班五十人、医官一人等随从。这自然很好地体现了耶律德光的怀柔政策。随意滥杀无辜的张彦泽反而被耶律德光处以极刑。处刑之日，被张彦泽毒害的汴京百姓争割其肉。对已经投降的杜重威，耶律德光没有让他像石敬瑭那样当新皇帝，因为这一次，耶律德光要自己当中原的皇帝了。

二月初一，耶律德光将契丹国号改为大辽，大赦天下，雄心勃勃地要建立囊括中原的无比辽阔的大王朝。可惜的是，他失算了。

由于举措失当，中原各地纷纷反叛。

辽李赞华（耶律倍）绘的《骑射图》

只维持到四月初一，耶律德光便不得不离开汴京。

到达赤冈的当夜，外面有雷响之声。耶律德光从帐中走出，仰视天空，见大星再一次陨落在旗鼓前，心中不禁凄然。

辉煌与陨落竟然如此之快。耶律德光心想：究竟是什么举措导致了悲剧呢？

四月初十，当军队渡过黎阳渡后，耶律德光向身边侍臣总结教训："我此行有三处过失：其一，放纵军兵抢掠粮草；其二，搜括百姓财物；其三，没有立即派遣各节度使返回镇所。"

这些话与耶律德光刚入汴京时的怀柔举措是不一致的。那些怀柔举措，说明耶律德光想长期入主中原，而且也意识到要善待大臣、善待百姓方可长久。可是为什么又有放纵军兵抢掠粮草、搜括百姓财物等事呢？

这就不能不从契丹游牧民族的兵制传统找原因。据《辽史·兵制》记载："辽国的军事制度规定，凡是年满十五岁以上、五十岁以下的百姓，都属于兵籍。每一名正军，配备三匹马以及筹集粮草、守护营铺的家丁各一人。每名正规的士兵，要配备铠甲等九件用品，马的鞍鞯、辔头、护身，用皮还是用铁，根据各自的能力而定。要自己配备四张弓，四百支箭，长短枪、斧、钺、小旗、锤子、锥子、火刀石、马盂、干粮袋、搭钩、厚布伞各一，一斗干粮，二百尺套马绳。（官方）不供应人和马粮草。由筹备粮草的家丁每天骑马四处掳取掠夺来供应。”也就是说，契丹全民皆兵，作战时，他们的供给不是由军队来提供，而要靠家丁每天骑马到处掳取来供应。出兵前如此，打了胜仗更是如此。这种“打草谷”的传统使得契丹军兵如野狼一般，加强了他们的战斗力，却让无数生灵涂炭。这是契丹人所能理解的，却是中原百姓仇恨的。而当时的耶律德光并没有意识到，或者即便意识到也无法阻拦。所以就有了无法调和的矛盾。一方面他对已经投降的后晋大臣说：“自今不修甲兵，不市战马，轻赋省役，天下太平矣。”另一方面，当赵延寿请给契丹兵粮草食物时，耶律德光又说：“吾国无此法。”于是仍然纵兵四出，到处剽掠。战争之后，他又想赏赐三十万契丹兵，但战乱之后的官仓、府库已经空虚，所以接受命令的官员便派兵向老百姓搜刮，于是内外怨愤，想要将契丹军驱逐出中原。

还有一点，耶律德光没有及时地将投降他的节度使分派回镇所，导致了各地军兵迅速失控。所以，当未在京城的河东节度使刘知远自立为帝后，其他各地纷纷响应。耶律德光在中原的统治迅速瓦解。

在发出“我不知中国之人难制如此”的叹息后，耶律德光只想回到北方。然而，他的内心并不愿意认输。所以，当皇太弟李胡派遣使者询问军前事务时，耶律德光回复：“这一次，先是降服杜重威、张彦泽二十万军兵，攻下镇州。进入汴京后，裁去徒有名义的官属，任用才当其任者。官属虽然保存，官吏

都被废除或怠惰了，犹如雏鸟飞离之后，只剩空巢。久经离乱，以至于到了这个地步。所到之处盗贼聚集，土木建筑没有停息，不能按时发放供给，百姓无法承受命令。河东至今尚没有归顺，西路的酋长、军帅也互相结党依附，我日夜都在思考制服他们的办法，结论是：要想制服他们，只是推己及人地对待官民、协调好军情、安抚好百姓三件事而已。”

他又说："现在所归顺的共七十六处，得一百零九万零一百一十八户。如果不是汴州炎热，水土不服难以居住，只要一年时间，就可以轻而易举达到太平。已改镇州为中京，为巡幸做准备。想要讨伐河东，姑且留待日后计议。这就是军前事务的大概情况。”

显然，耶律德光还希望汲取教训，日后再临中原。然而，这已是他的一厢情愿了。

十三日，耶律德光到达高邑，病情加重，危在旦夕。二十二日，耶律德光在栾城驾崩，时年四十六岁，史称辽太宗。

18 述律太后：继续搅局的悲剧

作为辽太宗的母亲，述律太后非常强势。她有至高的地位，有奠基立业、将辽太宗扶上皇位的不世之功，有自己统领的多达二十万骑的属珊军，还有强大的家族势力为后盾；再加上述律太后天生强硬的性格，女性在契丹族中发号施令也是司空见惯，就连勇武的辽太宗也常常受太后制约，在应石敬瑭之请决定南下时，还不得不以“梦见神人令送石郎为中国帝”作借口，排除太后的阻拦；而对于太后所在的家族，辽太宗则无奈地称：“太后族大如古柏之根，不可移也。”不过，大自然的规律是任何人都无法破坏的。物极必反，当述律太后一定要将她的强势进行到底的时候，她便迟早会受到惩罚。

大同元年（947年）四月二十二日，当辽太

宗死于北返途中时，随行的辽国将领顿时陷入巨大的恐慌当中。他们倒不是害怕敌军，而是担心回国后如何面对那个断腕太后和她的残暴的小儿子李胡。

辽八曲连弧形金盒
（陈国公主墓出土）

旧皇帝去世，马上面临的必然是确立新皇帝人选。那个勇悍多力、动不动就发怒、经常把下人投到水火之中的李胡，当时正担任天下兵马大元帅。以述律太后的喜好，新皇帝必然是由李胡来当，新政权也必然由述律太后和李胡共同来掌管。于是大家不约而同地想到当年辽太祖驾崩后，述律太后曾按照契丹人殉的旧俗，不知杀死多少人。如今辽太宗死于途中，又该轮到谁来当陪葬鬼了？

在恐惧的氛围当中，不愿意认命的辽军将领们开始寻找生的希望。在秘密商谈当中，他们将目光聚集到队伍中的耶律阮身上。

耶律阮，小名兀欲，辽太宗的侄子，仪表堂堂，外表威严，内心宽厚，擅长骑射，喜欢做善事。辽太宗很喜欢他，就像对自己的儿子一样。会同九年（946年），耶律阮跟随辽太宗讨伐后晋。大同元年（947年）二月，耶律阮被封为永康王。

大家之所以聚焦于耶律阮，更因为他是耶律倍的长子。所有的人都知道，当年辽太祖驾崩后，王位本应该由太子耶律倍来坐，只因述律太后搅局，皇帝换成了辽太宗。如今，辽太宗驾崩，于情于理都应该由耶律倍的长子来继承大统。

而对于当时的辽朝将领而言，只要耶律阮当新皇帝，他们就基本上可以避开述律太后和李胡的魔掌，摆脱死亡的威胁，更可以获得拥立之功。

大家的意见非常一致，事情进展得也相当快速。辽太宗去世后的第二天，耶律阮便在镇阳即位，成为新皇帝。他就是辽世宗。

消息传到北方，述律太后大怒，马上派遣李胡率兵讨伐。

六月初一，辽世宗的军队到达了南京。五院夷离堇安端、详稳刘哥积极响应，派人快马来报，请求担任大军的前锋。安端，就是辽太祖耶律阿保机的五弟。刘哥，则是辽太祖四弟寅底石的儿子。他们均率领着一支强悍的军队，合兵一处，成为辽世宗的先锋。紧接着，这支队伍便在泰德泉与李胡的军队打了起来，一番激战后，李胡军败退。

战场上失利后，李胡将世宗臣僚的家属全部抓捕，对看守说："如果我不能在战斗中取胜，就先杀了这些人！"这让所有的人都惶恐不安，说："如果真打起来，那就是父子兄弟互相残

杀了！”

这时候，述律太后也亲自率军南下，与李胡军队会合，来到潢河横渡，与辽世宗带领的军队隔岸相持。

更大的内战即将爆发。

双方相比，述律太后的力量要弱一些，但她不可一世惯了，怎愿意服输？辽世宗军队的力量大，但几乎所有官员的家属都被李胡关押，投鼠忌器，在这种情况下，即便辽世宗再怨恨述律太后，也不敢轻举妄动。

关键时刻，一位名叫耶律屋质的大臣起了关键作用。

耶律屋质，字敌辇，族系出自辽太祖伯父一房。他学问渊博，通晓天文，天性简朴沉静，有器度有见识，重承诺守信誉，遇到突发事件，也能从容处理，让他人无法揣测。当时，耶律屋质正跟随着太后，担任惕隐职务。

辽世宗知道耶律屋质擅长筹谋，打算用离间之计，便写了一封书信，提及耶律屋质，以此试探太后。

述律太后得到书信，让耶律屋质看。

耶律屋质很是从容，读完后不慌不忙地说：“太后辅佐太祖平定天下，所以臣愿意为您竭尽死力。如果太后怀疑臣，臣就是想尽忠，能办到吗？为今之计，不如谈判和解，事情必定能成；否则就应该马上交战，以决胜负。人心一旦动摇，举国祸害不浅，请太后裁决。”

太后释然道："我如怀疑你，怎么可能让你看书信呢？"

耶律屋质继续说："李胡、永康王都是太祖的子孙，皇位并没有转移到他族，有什么不可以和谈呢？"

太后问："可派遣哪位出使？"

耶律屋质回答："太后如不怀疑我，就请让我去。万一永康王听从劝解，那就是宗庙社稷之福了。"

太后点头，然后便派耶律屋质给辽世宗送信。

辽世宗接见耶律屋质，看了太后的信，便马上让宣徽使耶律海思回信，言辞中多有不敬。

耶律屋质在旁边劝谏："如果书信中便这样意气用事，国家的忧患将没有终止。如果能够放下怨恨来安定社稷，臣以为没有比和好更妥善的了。"

世宗不屑地说："不过是乌合之众，怎么可能胜得了我？"

耶律屋质劝说："即使他们打不过您，那些骨肉兄弟，您该如何处置？更何况还不知谁胜谁败。再说，如果您幸运取胜，被李胡关押的大臣家属也将没有活路，这是您愿意看到的吗？只有和解才是好出路。"

辽世宗身边的大臣听了，想到自己的家人还在对方手中，无不失色。

辽世宗也不得不多想了，想了很长时间，才问耶律屋质："如何才能和解？"

耶律屋质回答："与太后见面，各自解除埋怨和恼怒，要和解就不难了；如果不行，再决战也不晚。"

世宗认为他说得有道理，于是派耶律海思到太后处交涉。往返数日，双方终于定下了和解议程。

然而，当太后与辽世宗一见面，马上互相指责，简直没有一点和解的意思。

太后转头对耶律屋质说："你该为我筹划。"

耶律屋质进言："太后与大王如能不再互相埋怨，我才敢说我的想法。"

太后说："你只管说。"

耶律屋质借来拜谒者的筹具，执于手中，对太后说："当初人皇王在，为何要立嗣圣皇帝？"

太后说："立嗣圣，那是太祖的遗旨。"

耶律屋质又对世宗说："大王为什么擅自即位、不禀告至尊的亲人？"

世宗说："人皇王当立而没有被立，所以我就不愿意禀告。"

耶律屋质正色道："人皇王舍弃父母之国而奔往唐国，为子之道应当这样吗？大王见到太后，没有一点点谦逊，只是一味怨恨，这应该吗？"

见世宗无语。耶律屋质又对太后说："太后被偏爱所牵，假托先帝的遗命，妄自传授神器，如此怎么指望和解呢？还是迅速开战吧！”

然后，他便把筹具扔掉，退了下去。

耶律屋质的话说到了述律太后的痛处，她终于有点撑不住了，哭泣着说：“从前太祖遭遇弟弟们的叛乱，天下百姓饱受荼毒，现在创伤仍未平复，怎么可以让悲剧重演呢？”边说，边取了一个筹签。

见此情景，世宗也退一步说：“父亲不做，儿子却做了，又是谁的罪过呢？”同时也取一个筹签握于手中。

左右之人见情况有所缓和，均感激不已，放声大哭。

太后再次看向耶律屋质，说：“和议既已确定，帝位究竟归谁？”

耶律屋质回答：“太后如果授予永康王，顺乎天意，合乎人心，又何必迟疑呢？”

旁边的李胡不乐意了，厉声道：“有我在，兀欲怎能继立？”

耶律屋质据理力争：“礼制规定要传位给嫡长子，而不传给弟弟。当年嗣圣皇帝被立时，大家尚且认为不对，何况您暴虐残忍，结下了很多怨恨。现在万口一辞，都愿立永康王，这是无法强行改变的。”

述律太后知形势无法逆转，便对李胡说：“你也听到这话了吗？现在的结果，实际上就是你自己造成的！”

就这样，述律太后也承认了辽世宗的皇帝之位。双方各自

休兵，前往上京。

本来，事情就可以这样完满结束了。可是，述律太后自大惯了，仍心有不甘。没过多久，辽世宗得知述律太后和李胡又有反心，于是将他们的心腹杀掉，并将二人迁到祖州。

实际上，述律太后的晚年是在拘禁中度过的。

这就是述律太后的两次搅局。第一次成功，第二次失败。

可以想到，一向在辽朝拥有至高无上地位与权力的述律太后，最终却被囚禁，她的痛苦可想而知。不知她可曾有过反悔：一个人即便再强大，如果不能刚柔相济，终究摆脱不了悲剧的命运。

这给了萧燕燕很多借鉴。

辽代彩绘妇女图木椁板（北京辽金城垣博物馆藏）

19 辽世宗被刺案

翻阅辽朝早期的历史，可谓一个重案接着一个重案。

很多重案又与辽太宗兄弟乃至辽太祖兄弟的后代有关。

在讲下一个重案之前，大家不妨先看看下表，以便心里有个整体的印象：

辽太祖兄弟	姓　名	儿　子
老大	辽太祖	耶律倍（辽世宗之父）、辽太宗（辽穆宗之父）、李胡（喜隐、耶律宛之父）
二弟	耶律剌葛	
三弟	耶律迭剌	
四弟	耶律寅底石	刘哥、盆都
五弟	耶律安端	察割
六弟	耶律苏	

发生在天禄五年（951年）的这个重案，直接指向了辽朝的最高统治者，又一次强烈地影响了辽朝的历史。

案件的发生地点是在辽世宗大举南伐的路上。

辽世宗为什么在这个时候大举南伐呢？

原来，自辽太宗北返后，本来已纳入辽朝版图的中原地区不久便全部丢失，进入后汉政权的版图。辽世宗当上皇帝后并不甘心，总想恢复辽太宗鼎盛时期的辉煌。只是前三年，年年都有谋反事件，辽世宗不得不忙于应对。第四个年头上，谋反事件没再发生，辽朝内部似乎稳定了许多，辽世宗开始南伐，并攻下了不少城池，获取了很多战利品，满载而归，这增强了他继续南下的信心。天禄五年（951年），中原地区发生郭威弑杀后汉皇帝，然后自立后周的事件，紧接着，刘崇在太原建立北汉政权，不久遣使向辽世宗称侄，而南方的南唐政权也派出使者，祈求辽朝出兵一起打击后周。这样多的有利条件合在一起，促使辽世宗决

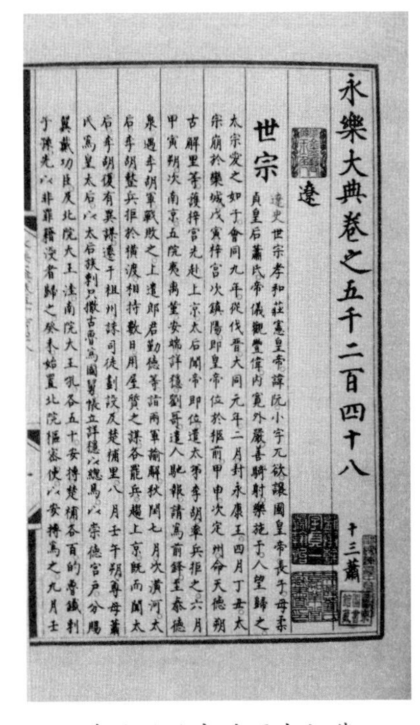
永樂大典卷之五千二百四十八　十三蕭

遼

世宗　遼史世宗孝和莊憲皇帝諱阮小字兀欲讓國皇帝長子母柔
貞皇后蕭氏帝儀觀豐偉內寬外嚴善騎射樂施予人望歸之
太宗愛之如子會同九年從伐晉大同元年二月封永康王四月丁丑太
宗崩於欒城戊寅梓宮次鎮陽即皇帝位於柩前甲申次定州命天德朔
古解里等護梓宮先赴上京太后聞帝即位遣太弟李胡率兵拒之六月
甲寅朔次南京五院夷离堇安端詳穩劉哥遣人馳報請爲前鋒至泰德
泉遇李胡軍戰敗之上遣郎君勤德等詣兩軍諭解秋閏七月次潢河太
后李胡整兵拒於橫渡相持數日用屋質之謀各罷兵趨上京既而聞太
后李胡復有異謀遷于祖州誅司徒劃設及楚補里八月壬午朔尊母蕭
氏爲皇太后以太后族剌只撒古魯爲國舅帳立詳穩以總焉以崇德宮戶分賜
翼戴功臣及北院大王洼南院大王吼各五十安搏楚補各百的魯鐵剌
子孫先以非罪籍沒者歸之癸未始置北院樞密使以安搏爲之九月壬

关于辽世宗的历史记载

定大干一把，亲自率大军南伐。

然而，不幸的事情接着便发生了。九月初四，当军队到达归化州祥古山，辽世宗在行宫祭奠让国皇帝耶律倍之后，群臣均喝醉，蓄谋已久的泰宁王察割乘机造反，将辽世宗弑杀。

叛乱的原因有很多，其中一项很重要的因素就是：作为管理者的辽世宗，在识人方面出现了重大失误。

我们每个人的一生都会和很多人打交道，在这个过程中会出现很多选择，选择什么样的人成为你的合作者或朋友，会很大程度上决定你日后事业的成败。这就涉及识人用人。

辽世宗也是如此。他有很多优点，但他重用察割，等于亲手为自己找了一个掘墓人。

察割，字欧辛，辽太祖五弟安端的儿子。此人出身高贵，有很强的办事能力，擅长骑射，又总是很恭顺。这类人总是会受到领导喜欢的，可契丹人向来重视勇气，所以当察割处处表现出十分恭顺的样子时，有些契丹贵族就看不上他，觉得他太懦弱了，娘们兮兮的，一辈子注定窝窝囊囊。辽太祖耶律阿保机善于识人，看出了察割面孔下隐藏的东西，下断语：“他是凶顽，不是懦弱。”

有一次，安端安排察割向辽太祖奏事，辽太祖对近侍说：“此人的眼睛似风骆驼的眼睛，面有反相。朕如一个人独处，不许他入宫门。”察割转来转去的眼睛暴露了他的内心，堆笑的面

容也不经意地暴露了反相。辽太祖是何等人物，第一次见面就能把察割看个透心凉，所以要防着他。这方面，辽世宗根本无法与辽太祖相比。

察割是善于抓住时机、善于钻营的人，所以一定会在改朝换代的关键时刻，做出判断，站在对自己最有利的路线上。当初辽世宗刚即位时，安端本打算保持中立，察割马上对父亲说："皇太弟为人猜忌刻薄，如果他当了皇帝，怎么可能容得下我们！永康王为人宽厚，而且与刘哥相处很好，现在应该前往刘哥处商议。"

安端于是和刘哥筹谋，归附于世宗。等辽世宗与述律太后、李胡达成和议后，察割因拥戴有功被封泰宁王。如果仅凭这一点，并不能判断察割的人品。而下面这件事就可以显示此人的真面目了。

辽世宗对察割的父亲安端是有防心的，因为安端曾反叛过自己的兄长辽太祖。不过，由于安端的辈分高，本来就拥有很大的权力，当时正担任西南面大详稳（相当于西南军区总司令）的要职，更何况在争夺皇权的路上有力地支持了自己，所以辽世宗再有防备，也不能把安端怎么样。双方的关系是面和心不和，只有局中人方知底细。察割自然是局中人之一，于是就在这方面做文章。

为了引起辽世宗的青睐，察割假装被父亲厌恶，暗中派人告知辽世宗。辽世宗马上召见他。到了辽世宗面前，察割极尽表演之能事，哭诉着自己的“遭遇”，以至于无法控制自己的哀伤。辽世宗顿时产生怜悯之情，将察割留了下来，委任其统领女石烈军。此后，察割出入于禁宫，多次受到世宗的恩遇。每逢辽世宗外出打猎，察割便借口手疾，不使用弓箭，只是拿着练锤奔驰，在辽世宗面前表现自己的忠心。他还屡屡将家中的小事讲给辽世宗听，使辽世宗觉得他很诚实，是个“憨铁牛”，不再对他有什么戒备。

察割确实不是一般人，他的心机很深，又有能力，为了目标能做他人不能为之事，可是这种人也是非常不安分的，他越恭顺，越隐藏着天大的不可告人的欲望与秘密。他本来与诸多族属混杂居住，但如果总是这样，就不能得逞自己所愿。于是，他渐渐地将庐帐迁移到紧接行宫的地方。

耶律屋质察觉到察割的奸邪，上表列举他的表现，揭露他的图谋。辽世宗不信，将耶律屋质的奏表让察割看。察割又流眼泪又流鼻涕地说：“耶律屋质这是嫉恨我。”一副很伤心的样子。辽世宗见状，马上心软，说：“我本来知道没有这些事，你又何至于如此哭泣？”这件事就这么过去了。

耶律屋质仍然防备着察割，察割便不时地埋怨耶律屋质。耶律屋质说：“我可能过分怀疑你了。你不要做不合道义的事就好了。”但过了一段时间后，耶律屋质又请辽世宗处理察割紧邻

行宫之事。辽世宗说："察割舍弃他的父亲来侍奉我，我可以确保他没有异心。"耶律屋质反问："察割既然能对自己的父亲不孝，又怎么会对皇帝忠心呢？"

对自己的父母都不好，还能对你好吗？这是判断一个人为人的基本原则。但辽世宗竟然听不进去。他不可能不知道这个道理，只是受察割的影响太深了。

天禄五年（951 年）七月，辽世宗临幸太液谷，在那里居住饮宴三日，察割原打算谋乱，但没能实现。没过多久，辽世宗南伐后周，到达详古山，在行宫祭祀文献皇帝，然后举行酒宴，大臣们都喝醉了。察割反叛之心再起。

起了歹意后，察割马上去见寿安王耶律璟，邀他一起谋反。寿安王没有答应。察割并不甘心，接着去找耶律盆都。

耶律盆都是辽太祖四弟寅古底的另一个儿子，也是刘哥的弟弟。辽世宗刚当上皇帝时，刘哥、盆都曾联合安端，一起率兵当辽世宗的先锋，立下汗马功劳。可是第二年，刘哥、盆都的野心就膨胀了，密谋造反，打算敬酒时刺杀皇帝，结果被人告发。辽世宗讯问刘哥是否打算谋反，刘哥发誓："臣若有反心，必生千顶疽而死。"辽世宗因此免除其死罪。耶律屋质一再谏诤，认为刘哥、盆都罪在不赦，但辽世宗仍然下诏免死，将二人流放出去。没过多久，刘哥竟然毒誓应验，得千顶疽而死。盆都虽然免于不再流放，却更加仇恨辽世宗。这些内情，察割自然非常清楚，所以被寿安王拒绝后，马上去找盆都。盆都果然立刻响应。

当天傍晚，二人便率兵到了行宫。因为没有戒备，辽世宗也许都没有明白发生什么事，就被察割刺杀了。紧接着，察割又弑杀了皇太后；对于不附从自己的官员，就把他们的家属抓起来。然后，察割便自称皇帝了。

这一历史上著名的辽世宗被刺案，对后来的萧燕燕是有直接影响的，因为萧燕燕的丈夫辽景宗正是辽世宗的儿子，并因此受到惊吓，落下了毛病。

渔翁在后的寿安王

20

寿安王耶律璟是辽太宗的嫡长子。如果按照世袭制，辽太宗驾崩后，应该由他继承皇位，而不是由辽世宗与李胡争夺皇位。因此，辽世宗时代，寿安王内心不可能没有想法，察割也把他视为同路人，平日里免不了多有来往，而且必定有密谋，所以当察割打算叛乱时，首先便找寿安王，只是寿安王并没有听从。

这件事给人很多疑点。察割蓄谋已久，为什么在将要动手时还需别的力量？可见他还是有致命的缺陷。这也必然造成他虽然成功地杀害了辽世宗，但很快又被镇压，而且死得很惨。而另一点可能更重要：他也许被寿安王利用了！——应该说，寿安王早已察觉到察割有野心却无法成大事，欲望深而天机浅，便将其作为棋子利用。

果然，察割弑杀皇帝的当夜便到内府查阅物品，见到一个玛瑙碗，很喜欢，说："这是稀世珍宝，现在是我的了！"不仅如此，他还把这个物件拿到妻子面前显摆。没想到他的妻子感到很恶心，恨恨地说："寿安王、耶律屋质都在，我们都无法活命了，还有什么可高兴的？这东西有什么好？！"

察割不以为然，说："寿安王年幼，能成什么气候？耶律屋质不过是统领数名奴仆，有什么可担心的？明天我就责让他们来朝见。"

正说着呢，同伙人矧斯慌慌张张地跑进来报告："寿安王、耶律屋质率兵把外面包围了。"

原来，寿安王就等着察割造反呢。鹬蚌相争渔翁得利，他愿意当那个渔翁。他当然也很擅长找到合适的合伙人，那就是耶律屋质。这是察割根本没预料到的。

所以，听到寿安王、耶律屋质这么快就行动，察割心里顿时一惊，感到一股寒气直透心窝，但他哪能甘心，硬装出一副完全操纵局面的样子，竟然派人在世宗灵柩前杀死皇后，紧接着仓皇出阵。

双方僵持的时候，寿安王派人晓谕察割等人："你们既已弑杀皇上，还要怎样呢？"

这个时候，夷离堇划者率兵接受寿安王的调遣，其他人望见，也逐渐前往。寿安王的队伍越来越大了。

没过多久，察割便明白自己不行了，便将官员们的家属抓起来，手执弓箭威胁道：“最多不过把他们全杀！让他们陪我一起死！”接着喝令军士，立即将这些家属推出斩首。

当时，林牙耶律敌猎也被抓捕，生死存亡之际，他急中生智，对察割说：“如果没有辽世宗被废除，寿安王靠什么兴起呢？如果按照这种说辞，你们还是可以被赦免的。”

察割本来以为必死无疑，耶律敌猎却深悉双方利害与心理，一句话便打动了察割，让察割认为自己对新势力是有帮助的。

契丹人牵骆驼雕像（张苏收藏，引自《辽代金银器粹珍》）

这便救了自己，也救了众多官员的家属。察割快要崩溃的神经一下子抓住了稻草，点头同意，问："果真如您所言，该派谁作为使者与对方谈判？"

耶律敌猎请求让自己与罨撒葛一同去谈判，察割依从了他的计谋。可他没想到，耶律敌猎与寿安王是一条心，寿安王反过来命令耶律敌猎诱骗察割过来。

等察割过来后，寿安王一声令下便将察割捆绑起来，而且施以脔杀的酷刑。察割的所有子女均被诛杀。其同伙盆都，也被凌迟处死。

寿安王就是后来的辽穆宗，这个人不简单，所以他成了新的皇帝。不过，他的残酷也在对待察割、盆都时显示了出来。

21 神秘的辽穆宗

辽穆宗当皇帝的时间不短，从公元 951 年到 969 年，整整当了 18 年的皇帝。

萧燕燕出生于 953 年，此后一直到 16 周岁，这个渐渐懂事、逐渐成人的过程，是在辽穆宗统治时期度过的。

也许，作为自己的亲舅舅，辽穆宗在萧燕燕心目中的形象曾经亲切和蔼。作为一国的皇帝，辽穆宗在萧燕燕心中也曾长期占据神圣威严的地位。然而，当萧燕燕日渐成熟，了解到越来越多关于辽穆宗的情况后，她的内心必定五味杂陈。

其实，岂止是萧燕燕。

在很多人的心目中，辽穆宗是一个具有多重性格、不好猜测的皇帝。他似乎把自己雪藏了多年，一点不显山露水，很少有人能关注到他，即便是寿安王时，多数人也只把他当做一个没有什么雄心的平庸王爷而已。然而等到辽世宗被杀，举朝大臣都受到逆贼察割的威胁时，这位王爷应势而出，迅速而果断地平定了乱局，成为真命天子。这让所有人都感受到他的城府与强大。当然，也有很多人心有不甘。

在辽朝的历史上，每到新旧皇帝更替的特殊时期，谋逆之事总是层出不穷。辽穆宗非常警觉地加强了禁卫，加大了情报搜集。果然，即位仅仅半年，便有太尉忽古质谋逆造反，被辽穆宗获知，迅速逮捕，不久后将其处死。

又过了五个月，国舅政事令萧眉古得、宣政殿学士李澣等人密谋逃奔南部国家，辽穆宗同样及时获知，诏令公布他们的罪状。眉古得等被杀，李澣被施以杖责后释放。

应历二年（952 年）七月二十一日，更大的一起谋反事件即将爆发。政事令娄国、林牙敌烈、侍中神都、郎君海里等密谋，想要谋反，辽穆宗再一次“先知先觉”，将这些人抓捕，予以审讯。这些人中，娄国称得上皇族核心成员之一，是耶律倍的儿子、辽世宗的弟弟，地位和身份都非同寻常。为此，辽穆宗亲自审问。娄国百般狡辩，称自己根本就没想着背叛朝廷。结果，辽穆宗说了一句话，顿时令娄国哑口无言，无法应对，接着被处死刑。

《辽史・逆臣列传》记载：“帝曰：‘朕为寿安王时，卿数以

此事说我，今日岂有虚乎？’娄国不能对。及余党尽服，遂缢于可汗州西谷，诏有司择绝后之地以葬。”原来，早在辽世宗时，娄国就有觊觎皇位之心，并拉拢寿安王，当时的寿安王简直胆小如鼠，让人觉得他是个扶不起来的废物，没想到寿安王把那些事情都记了账，等他当了皇帝后，旧事重提，娄国自然无言以对。从这件事上，也可以看出辽穆宗的城府有多深。

应历三年（953 年）冬季十月，又一谋反案被辽穆宗事先得知。李胡的儿子耶律宛与郎君嵇干、敌烈被抓，供辞中牵涉到太平王罨撒葛、林牙华割、郎君新罗等，于是将他们全部拘捕。不过，由于这一案件中牵涉到自己的亲弟弟罨撒葛以及叔伯弟兄耶律宛，辽穆宗没有赶尽杀绝，只是将参与谋反的华割、嵇干等诛杀，却释免了罨撒葛及耶律宛。

为什么每一次辽穆宗都能未卜先知呢？几个回合之后，人们对辽穆宗的“情报系统”深为忌惮，辽穆宗也用事实证明了自己对朝政的强大的把控能力，皇位得以巩固了。

然而没过多久，周围的人便普遍感觉到这个皇帝不仅懒，而且怪，喜欢喝酒，喜怒无常。

《辽穆宗本纪》记载，应历六年（956 年），也就是萧燕燕三周岁的那一年，辽穆宗好像没做什么事，只是拜谒了一次祖陵、一次太祖庙。而且起码一个月不上朝处理政事。其懒惰怠政可想而知。不过，也有大臣猜测，这里面是不是有什么隐情？他们捕捉着蛛丝马迹，尤其关注发生在辽穆宗身上的奇异事情。

应历七年（957 年）四月，辽穆宗一回上京，便迫不及待地射杀一位名叫肖古的女巫。这件事着实让许多人松了一口气。原来，这位女巫曾向辽穆宗献上一种延年药方，称这种药必须用男子体内的胆方能配置成功。辽穆宗信了女巫的话，数年内不知杀了多少无辜男子。可是，谎言终究会被识破。辽穆宗也不是傻子。由于长期没有效用，他终于发觉自己上当了，这才处死女巫。这些事本来是被遮掩着的，但随着女巫之死，辽穆宗吃男子胆的事情便秘密地传播开来。人们还联想到辽穆宗多年来没有子嗣，很自然地猜想：这个人的身体是不是有问题？

由于辽穆宗的耳目众多，情报系统很是厉害，所以即便是宗室大臣，大家对辽穆宗的种种异常行为，也只能暗中猜测。辽穆宗因此变得十分神秘。

在人们的猜想中，整整一个秋季，辽穆宗没有听政。到了冬季，他又忙着去七鹰山打猎去了。十二月初五，他突然诏令大臣：“有罪的人，应当依法处罚。朕如果在盛怒之下，罪及无辜之人，你们应直言上谏，不要表面顺从。”这一特别的诏令显示出辽穆宗自己的反省，他似乎想要上进了；同时，这个诏令透露出辽穆宗容易发怒，容易草菅人命，大臣们都很谨慎，不敢直言上谏。

备宴图（局部，辽张世卿墓壁画）

也就是这个时期，萧燕燕的父亲萧思温被任命为南京留守，而且到任不久便攻下沿边一些州县，辽穆宗为此还派人慰劳。只是辽穆宗很没定性，等后周军队攻陷束城县，萧思温请求辽穆宗增加兵力的时候，辽穆宗又去打猎、不理朝政了……萧思温之后的消极避战，应该是与辽穆宗的态度有关的。

辽穆宗之前的皇帝，从耶律阿保机到耶律德光到辽世宗，对于南方的中原，都是采取主动进攻的态度。而到了辽穆宗，不仅从来不主动，即便后周国主柴荣病逝、新君只是一位七岁的孩子，正是辽军可以收服关南之地的大好时机，辽穆宗也根本不去考虑。在这种皇帝的统治下，甭想有所作为！

辽朝开始走下坡路了——这也许是萧思温早就看透的。

应历十年（960 年），辽穆宗当上皇帝的第十个年头，外忧与内患接踵而来。

主要的外忧是：中原地区发生了陈桥兵变，后周大将赵匡胤被将士拥立为皇帝，建立宋朝。赵匡胤能征善战，他开创的新政权势必成为辽朝的劲敌，可是辽穆宗对此仍无所谓。好在赵匡胤当时的军事战略着重在南方，所以宋朝与辽朝暂时没有什么大的军事冲突。

主要的内患是：在辽穆宗长期昏庸怠政的情况下，新一轮的反叛重新冒头。对于这种背叛朝廷的事，辽穆宗倒是向来非常重视。七月二十三日，政事令耶律寿远、太保楚阿不等人谋反，辽穆宗迅速派人逮捕诛杀他们。十月初十，李胡的儿子耶律喜隐谋反，被辽穆宗抓捕审讯，供辞中牵涉到李胡。辽穆宗因此把李胡关入牢狱。李胡是辽穆宗的亲叔叔，当年还与辽世宗争夺皇权，虽然败了，作为宗室的核心成员，辽穆宗并没有想杀掉他。可惜昔日叱咤风云的李胡这时已年老体衰，没几天

竟然死在狱中。这一事件必定在皇族宗室中造成非常不好的影响，为了缓和矛盾，辽穆宗将喜隐释放。从这一结果看，辽穆宗处理宗室事件还是比较理性的。

然而也是在应历十年（960年），《辽史·穆宗本纪》中首次出现了辽穆宗亲手用石狮子砸死身边近侍的事件，却似乎预示着辽穆宗将一天比一天变态、失控。

22 死亡气息

应历十三年（963 年），萧燕燕十岁了，骑马、射箭、打马球的技术均已相当娴熟，文史知识也了解了一箩筐。这一年的史书中出现了“南京留守高勋”的记载，可以推出萧思温已非南京留守，而是到了辽穆宗身边，当了侍中。萧燕燕也就跟随着父亲北上，对宫廷的事知道得也就多了，而且应该有了警戒。

她的舅舅辽穆宗越来越反常，像商纣王一样，成了最有名的酒鬼和睡王，竟然九天九夜通宵达旦地喝酒，喝了睡，睡醒喝……同时，越来越多的人死在他的手中。

我们来看看《辽史》的记载：

应历十三年三月癸丑朔，杀鹿人弥里吉，枭其首以示掌鹿者。六月癸未，近侍伤獐，杖

杀之。甲申，杀獐人霞马。十二月戊子，射野鹿，赐虞人物有差。庚寅，杀彘人曷主。

十四年二月戊辰，支解鹿人没答、海里等七人于野，封土识其地。十一月壬午，日南至，宴饮达旦。自是昼寝夜饮。杀近侍小六于禁中。

十五年三月癸巳，虞人沙剌迭侦鹅失期，加炮烙、铁梳之刑而死。十二月甲辰，以近侍喜哥私归，杀其妻。丁未，杀近侍随鲁。

十六年春正月丁卯朔，被酒，不受贺。甲申，微行市中，赐酒家银绢。乙酉，杀近侍白海及家仆衫福、押剌葛、枢密使门吏老古、挞马失鲁。九月庚子，以重九宴饮，夜以继日，至壬子乃罢。己未，杀狼人褭里。

十七年五月辛卯，杀鹿人札葛。六月己未，支解雉人寿哥、念古，杀鹿人四十四人。冬十月乙丑，杀酒人粹你。十一月辛卯，杀近侍廷寿。壬辰，杀豕人阿不札、曷鲁、术里者、涅里括。庚子，司天台奏月当食不亏，上以为祥，欢饮达旦。壬寅，杀鹿人唐果、直哥、撒剌。十二月辛未，手杀饔人海里，复脔之。

十八年三月庚戌，杀鹘人胡特鲁、近侍化葛及监囚海里，仍剉海里之尸。夏四月癸丑，杀彘人抄里只。五月壬辰，获鹅于述古水，野饮终夜。丁酉，与政事令萧排押、南京留守高勋、太师昭古、刘承训等酣饮，连日夜。己亥，杀鹿人颇德、臈哥、陶瑰、札不哥、苏古涅、雏保、弥古特、敌荅等。六月丙辰，杀彘人屯奴。九月戊子，杀详稳八剌、拽剌痕笃等四人。十二月丁丑，杀酒人搭烈葛。

看看这些史书上的记录吧，也许没有被记录的会更多呢。然而，光看这些记录就让人瞠目结舌！

一是辽穆宗每年都要随意地杀戮身边的人，而且常常亲自动手；

手持骨朵武器的契丹人

二是数目众多，常常一次便杀数人；

三是常在打猎时或者喝酒后杀人；

四是手段极其残忍，用火烤、用铁梳、肢解、手杀后还要脔割……完全是变态。

可以想象，这样的变态事情越来越多，恐怖与死亡的气息也便从辽穆宗身边弥漫于整个辽朝。

有时候，辽穆宗似乎也能

意识到自己的问题，因此曾向太尉下诏：“朕醉的时候处事会有乖误，你们不要曲意听从。待朕酒醒以后，可以再次奏明。”但他仿佛被魔鬼完全控制了，还是继续不断地酗酒、杀人……有人说，辽穆宗杀人还是有分寸的，被杀者基本上是身边的小人物，很少祸及大臣。然而，他的这些根本无法自控的频繁而残酷的杀人行为，无形中就能使周围的其他人产生恐惧与害怕。

23 颠覆史官的评论

在变态皇帝辽穆宗的统治下，明智的大臣们生怕祸及自身，都尽量少说话、少办事。萧思温应该是这些人的代表。

对于这段时期的萧思温，后代史官在《辽史》中写道：“时穆宗湎酒嗜杀，思温以密戚预政，无所匡辅，士论不与。”责备萧思温为什么不在辽穆宗酗酒嗜杀的时候加以规劝。这些责备似乎不无道理。

可是，怎么规劝呢？

辽穆宗那样的情况，旁人能规劝得了吗？恐怕不只是萧思温无法规劝，所有的人都没有办法。

当时似乎只有三条道路可选：要么谋反被镇压，要么隐忍，要么跟着做坏事。所以即便对于权威史料，我们也应该带着自己的头脑去做判断。

因为史官们的有些说法，明显是旁观者站着说话不腰疼的评论。

《辽史·穆宗本纪》中，萧思温的名字最后一次出现是在应历十一年（961年）三月二十二日，我们无法从史书中看出萧思温当时是南京留守还是侍中，但可以知道，在这最后一次亮相中，萧思温以天上老人星出现为由，请求辽穆宗行赦免之事——这不就是一种劝谏吗？

然而，自此以后，萧思温基本上就销声匿迹了，史书中再见到他的名字已是八年之后辽穆宗即将死去之时。而这八年，正是萧燕燕早期成长的时期，是其价值观、人生观逐渐定型之时，是其进入政坛的长期准备时期。

可以想到，萧思温当时的状态必然对萧燕燕产生很大的影响，所以我们还是有必要做一些进一步的推想：

第一，担任南京留守时丢失关南之地，并被视为非常懦弱地不敢迎战，不仅使萧思温本人的形象受损，而且背上了骂名。从南京留守到侍中，萧思温的实权明显降低了；《辽史·穆宗本纪》中没有他的信息，也可以看出他在朝政中没什么作为；有可能他参与核心政治的事务已经很少；也有可能他所担任的“侍中”只是一个虚职，而他自己也已经蛰伏起来。

第二，萧思温毕竟是皇亲国戚，地位依然很高，潜在势力依然不小，而且依然能接触到辽穆宗。他也依然在密切地关注着朝廷的动态，能随时获知朝政中微妙的变化。

第三，在辽穆宗酗酒无度、滥杀无度、无法自控的时候，向来谨慎的萧思温更加谨慎了。

第四，对于熟读史书、有着丰富历史经验的萧思温，基本上能看到辽穆宗的最终结果，所以将希望寄托在辽穆宗死后，暗中结盟，为自己的东山再起、洗去往日黑锅做准备。

第五，作为后族成员，再加上自己的三个女儿一个比一个优秀，堪称人中之凤，萧思温必然把更多的精力投入到培养和训练三个女儿身上。当然，也会分精力培养他的养子。在这个过程中，萧燕燕必然经受过一些历练，只是史书中没有任何记录，无法推想。

辽代鹰嘴瓷器
（萧太后河文化馆藏）

第六，萧思温不仅培养自己的儿女，而且关注年轻一代的才俊，因为未来是他们的。他更是在宗室成员中寻找最值得辅佐的新的明主。耶律贤因此进入他的视野。

耶律贤是辽世宗的长子，父亲被察割刺杀后，没有子嗣的辽穆宗很关心耶律贤，甚至将他当自己的儿子看待。耶律贤年长后免不了会关心国家大事，然而有一次，当他与韩匡嗣谈论时势时，有位名叫耶律贤适的大臣

阻止了他。耶律贤马上悟到如此大谈时势，终究会给自己惹祸，从此不复多言，这样才避免了辽穆宗对他的怀疑。也许正是这一点，耶律贤让萧思温刮目相看，将其结为亲密的联盟。

24 暴君被谁所杀？

很多影响深远的历史重案，在史书中的记载却常常非常简略、讳莫如深。有的案子看似讲明白了，而其内幕远远没有揭开。

譬如，暴君辽穆宗究竟被谁所杀？

关于这个案子，《辽史》中的记载是很明确的，而且看起来也非常可信。

辽穆宗数年来不断地惨杀周围伺候他的人，导致大家非常恐惧，不知道什么时候噩运也会瞬间来到自己身边。尤其是辽穆宗喝酒后，更是草菅人命。在这种情况下，与其被杀，还不如拼死一搏，好歹把这个暴君拉下马。

在这种合乎情理的演绎中，辽穆宗虽然戒备森严（否则早被人杀了），但还是免不了被手下人所杀。

《辽史·穆宗本纪》记载：应历十九年（969年）二月十六日，辽穆宗打猎时又将两位前面带路的人杀害，并把他们的尸体铡碎后丢弃。二十二日，辽穆宗又去怀州打猎，然后又是一醉方休。当天夜晚，近侍小哥、盥人花哥、庖人辛古等六人谋反，辽穆宗被弑杀，终年39岁。

可以说，这个案子的作案人是非常明确的。事实俱在，就是近侍小哥、盥人花哥、庖人辛古等六人。不过，如果我们再深想一层，就会想到：难道作案人只有这几位手下人吗？他们的背后，难道就没有其他人吗？

然后，让我们来看看《辽史·景宗本纪》中的记载："二月二十二日，穆宗被弑杀。耶律贤率飞龙使女里、侍中萧思温、南院枢密使高勋带领铁甲骑兵千人奔赴行宫。黎明时分，到达穆宗所在地，放声恸哭。群臣劝其登基，于是在穆宗的灵柩前即皇帝位。百官为他上尊号为天赞皇帝。紧接着便是大赦天下，改元保宁。以殿前都点检耶律夷、右皮室详稳萧乌里只没有保护好穆宗为由，将他们斩杀。"

不知道读者诸君有没有注意到：辽穆宗夜里刚死，耶律贤、女里、萧思温、高勋便带领铁甲骑兵千人，于黎明时分奔赴穆宗所在地，其行动何其迅速！

当然，这里面似乎不一定与辽穆宗之死挂上什么关系。因为有很大的可能是，他们随时关注着辽穆宗方面的动静，第一时间接到了信息，于是马上行动。这当然是合理的。

不过大家有没有注意到另一个信息，就是在新皇帝登基后，对于辽穆宗被杀案，他首先做的是：“以殿前都点检耶律夷、右皮室详稳萧乌里只没有保护好穆宗为由，将他们斩杀。”那么，亲手杀掉辽穆宗的凶手到哪儿去了？这里并没有提及，而且很长时间都没有他们的任何消息。

区区几位身份低微的人，如果没有强大的外应，能这么快隐匿行迹、让所有的人都找不到？而直到五年后的保宁五年（973 年）十一月初一，“始获应历逆党近侍小哥、花哥、辛古等，诛之”。而杀掉这六个人，却没有牵连任何人。这是不是一个疑点呢？

笔者当时读到《辽史》中作案人被诛杀的文字时，忍不住写下了这样的读后感：

> 这件事令人惊叹！辽穆宗被近侍小哥等人杀死。这么大的事情，杀害皇帝的侍卫竟然在五年后才被捕获诛杀。在未见到这些文字的时候，猜想他们可能在辽景宗刚即位时已被正法。小小的侍卫，这背后的势力也是如此强大?！一方面，也许是辽景宗对此案并不重视；另一方面显示的是：辽朝宫廷的水，真是够深的！

读者诸君会不会与笔者有类似的感受呢？

辽穆宗被杀案，还有其他的疑点。

《辽史·景宗本纪》记载："应历十九年春二月戊辰，入见，穆宗曰：'吾儿已成人，可付以政。'己巳，穆宗遇弑，帝率飞龙使女里、侍中萧思温、南院枢密使高勋率甲骑千人驰赴。"也就是说：这一年二月二十一日的时候，还未成为皇帝的耶律贤去见辽穆宗，辽穆宗对他说："我儿已经成人，可以将朝政交付给你了。"——辽穆宗没有子嗣，辽世宗去世后，他便把耶律贤接到永兴宫抚养，十九年后，他也可能确实有传位给耶律贤的想法。——可是，辽穆宗还可以打猎，还和很多人喝酒，在这种情况下，他前一天跟耶律贤说"可以将朝政交给你了"，第二天便被人弑杀，然后耶律贤便成为新皇帝。这是不是太巧了?！难道是辽穆宗有未卜先知的特异功能，知道自己的噩运马上会来临？

排除了这种可能性，我们便不能不把怀疑的目光转向耶律贤。据此，笔者严重地怀疑，辽穆宗前一天所说的话，是辽景宗后来拟造的。当然，我们还不能就此认定辽景宗与辽穆宗被杀案有关。之所以有辽穆宗这句话，或许只是辽景宗及其助手为使其继位更加合理化而已。

可是，疑点并不只是前面两点。《辽史·穆宗本纪》中记载："己巳，如怀州，猎获熊，欢饮方醉，驰还行宫。是夜，近侍小哥、盥人花哥、庖人辛古等六人反，帝遇弑。"这里面没有提到，辽穆宗与何人喝酒。而《辽史·萧思温传》的记载可做补充："十九年，春蒐，上射熊而中，思温与夷离毕牙里斯等进酒上寿，帝醉还宫。是夜，为庖人斯奴古等所弑。"由此可知，辽穆宗是与萧思温等喝酒后出事的。萧思温理所当然是可疑之人。

联系到接下来的事便是萧思温辅助耶律贤成为新皇帝，其后萧思温又最受新皇帝器重，而且实权远远超过同时拥立耶律贤的女里与高勋。这就更容易让人产生怀疑。

综合前前后后的各项疑点，不能不让人想到：也许，萧思温和辽景宗，才是杀死辽穆宗的真正幕后指使人。即便不是幕后主使，也多半是他们暗中推动了这起杀害案。

暴君辽穆宗被杀，是值得庆幸的事情。否则，还不知多少无辜之人惨死在他手下；也不知道辽朝会在他的统治下堕落到什么程度。如此看来，萧思温长期表现出的懦弱，只不过是表象而已。

掰着指头做盘点

25

暴君辽穆宗死去，一个新的时代开始了。

由于压抑太久了，辽景宗、萧思温掌握国政后，辽人对他们普遍寄予厚望。他们二人也迫切希望有所作为，然而，辽穆宗已把整个辽朝拉下了低谷，各种潜藏的矛盾和危机非常严重，辽景宗、萧思温该如何处理？

和辽朝以前的历史一样，在皇权新旧更替之后，首先面对的问题，还是以皇族核心成员为中心的各种势力的激烈角逐。

因为皇帝只能是一个，而从辽太祖耶律阿保机确立世袭制之后，便只有皇族内部很少几人有此机会。而且由于辽太祖解决了他们兄弟间的问题，在他之后，除了察割作为辽太祖五弟安端的儿子试图登上皇座但没有成功外，再没有其他任何人有什么机会。也就是说，在辽穆宗死后，新皇帝的人选只能限定在辽太祖的直系后代身上。这个人选是能够掰着指头数出来的?

我们不妨逐层盘点一下。

首先看看第二代:

辽太祖和述律皇后的三个儿子耶律倍、辽太宗、李胡均已死去。另有辽太祖与宫人萧氏所生之子牙里果也已死去，所以均可以排除。

其次看看第三代:

耶律倍的四个儿子分别为辽世宗、耶律娄国、耶律隆先、耶律道隐。辽世宗已死，耶律娄国也因反叛辽穆宗而被处死，还在世的分别是耶律隆先与耶律道隐。

辽太宗的五个儿子辽穆宗、罨撒葛、天德、敌烈、必摄。辽穆宗已死，天德因反叛辽世宗被诛杀。还在世的分别为罨撒葛、敌烈、必摄。

李胡的两个儿子喜隐与耶律宛。

牙里果的两个儿子敌烈、奚底，虽然皆知名，但牙里果是宫人所生，为庶出，向来没有进入皇权的角逐，他的儿子们自然也没有这个资格。

再看看第四代:

辽世宗有三个儿子，分别是吼阿不、辽景宗、耶律只没。

由于吼阿不早薨，在世的还有辽景宗、耶律只没二人。

辽穆宗没有儿子。其他的第三代，要么自己还在世，其儿子自然不能进入皇位人选；要么因为反叛被杀，其后代就更不用说了。

所以这样一合计，辽穆宗死后，有资格能进入皇位人选的不过八人，分别为耶律隆先、耶律道隐、罨撒葛、敌烈、必摄、喜隐、耶律只没和辽景宗。

再将这八人分分类，可以看出：

“头房”耶律倍的后代是耶律隆先、耶律道隐、辽景宗、耶律只没，因辽景宗是辽世宗的嫡长子，可作为这一支的代表。

“二房”辽太宗的后代是罨撒葛、敌烈、必摄，以罨撒葛为代表。

“三房”的代表则是喜隐。

正因为如此，当辽景宗即位后，罨撒葛和喜隐是动作最大的。

罨撒葛时为太平王，他本来就不是省油的灯，久预国政，曾背叛自己的亲哥哥辽穆宗，好在被宽赦。而《辽史·景宗本纪》中记载：辽景宗二月份登上皇位，罨撒葛却于三月份逃亡到沙陀。为什么要逃亡呢？紧接着又记载：三月十二日，夷离毕粘木衮因为暗中依附罨撒葛被诛杀。十六日，罨撒葛入朝进见。

这中间的细节究竟是什么？史书上没有记载。但无疑是有事情的。

再说喜隐，《辽史·刑罚志》记载：辽穆宗死时，他还在牢狱中。得知辽景宗登位，自己擅自除去枷锁，求见辽景宗自辩。这种违法行为，本身就是一种挑衅。辽景宗对此作出反应，说："枉直未分，焉有出狱自辩之理？"毫不客气地将其再次囚禁。

不过，时代在变，人心在变。由于辽穆宗恶政产生的后果极其严重，所以辽景宗登基后，辽朝上下无不望治。辽景宗顺应时势与民心，全力改变皇权中的暴戾，所以也没有对这些皇族核心成员加以惩罚，而是采取笼络的政策。

不久之后，罨撒葛被宽恕，而且将其晋封为齐王；喜隐也很快被释放出来，他本来是赵王，不久改封其为宋王。耶律隆先、耶律道隐等人也分别被授予王位。如此，皇族核心成员各得其所，皇族内部得到了暂时的平衡。

辽景宗的这些措施，自然也与萧思温的幕后策划有关。萧思温因此被尊为定策第一功臣。

萧思温的功劳还不止这些。作为一个想要进取的政治家，作为后族代表，萧思温还试图以他的三个女儿为枢纽，下一盘稳固"皇族三房"的大棋。

三个女儿，一盘大棋

26

萧思温首先把自己最钟爱的小女儿萧燕燕嫁给了皇帝，使其成为皇后。

有一种说法是：在此之前，萧燕燕与汉人韩德让有婚约。这是有可能的。辽朝的规矩，皇帝必须娶后族之女，因为这是稳定王朝的基石；但没有规定，后族的女子必须嫁给皇族，也没有规定后族的女子不能嫁给汉人。韩德让出身名门，其祖父韩知古虽是汉人，但善谋有识量，早在辽太祖时即深受器重，当过彰武军节度使，后来又全面负责汉人司事，主持国家礼仪，将契丹国俗与汉人礼仪互相参照，制定出能够让国人易知而行的礼仪，最后还在征服渤海国时立下功勋，升迁为中书令，被誉为佐命功臣之一。韩德让的父亲韩匡嗣，擅长医术，契丹宫廷深为依仗，皇后视之如子，授予他很多特权。而韩德让本人更是文武双全，行事稳重，有智略，明治体，喜建功立业，这样的人受到萧思温的重视、萧燕燕的喜欢，也是合情合理的。不过，在萧思温这样的家族，政治必然是放在第一位的。即便萧燕燕再喜欢韩德让，也不能不进入皇宫。

至于为什么是萧燕燕嫁给皇帝，而不是她的两位姐姐，可以从两个方面推测。一方面应该是萧思温起了很大的作用；另一方面，辽景宗本人的态度当然更重要。北宋路振曾出使辽朝，并在《乘轺录》中记录："萧后幼时，尝许嫁韩氏，即韩德让也，行有日矣，而耶律氏求妇于萧氏，萧氏夺韩氏妇以纳之。"这些资料可以作为参考。

安排好萧燕燕的婚姻后，萧思温接着便将他的大女儿胡辇嫁给罨撒葛。这也是政治婚姻。罨撒葛时年36岁，胡辇嫁给他不过三年就守寡了。在我们现在看来，萧思温的这一决定，对大女儿是不公平的。不过，从另一个角度推测，也许他这个大女儿也是再嫁。

在将胡辇嫁给罨撒葛的同时，萧思温还将二女儿嫁给喜隐。

如此一来，萧思温的三个女儿与皇族"三房"全部联姻。萧思温更是借着这些联姻，完全成为后族的首脑，并稳定住皇族的内部，从而进一步实施自己的大略。

在朝政上，萧思温破格提拔后进。最有代表性的，是他向

辽景宗推荐耶律斜轸。耶律斜轸这个年轻人，非常聪明，但不事生产，放荡不羁，给人的感觉是一匹完全不受拘束的野马。辽景宗开始是反对的，所以提醒萧思温："朕知道耶律斜轸，他性格放荡，怎么可能受拘束呢？"萧思温非常肯定地回答："外虽佚荡，中未可量。"认为耶律斜轸的潜力不可估量。辽景宗登基后，遇到什么事都找萧思温商量，现在见老丈人如此力荐，就勉强召见耶律斜轸。没想到，耶律斜轸表现出与辽穆宗时代完全不同的面貌，应对得体，真诚恳切，辽景宗顿时改变了以前的看法，委以重任。

辽代棋盘（萧太后河文化馆藏）

可以说，在萧思温的统筹下，她的三个女儿、辽景宗、皇族、后族以及耶律斜轸等重臣，各得其位，辽朝政权迅速达到了一种新的平衡，萧思温也正要以此为基础，下一盘更大的棋，可惜突然飞来横祸，以至于无法洗去自己曾经不敢作战而失去关南之地的恶名。

27 多生娃——年轻皇后的首要任务

萧思温死去后，萧燕燕仍受到辽景宗的宠信，但从政治角度看，她的力量被大大削弱了。这个时候，要在辽宫中牢牢地坐稳皇后的宝座，最重要的还是要有自己与皇帝的骨肉。

萧燕燕当然是聪明人，于情于理，她都把“生龙子”看作自己的首要任务。

紧接着，我们就会看到萧皇后的肚子真是很争气。就在父亲被刺杀的同一年，萧皇后便生出一位公主，取名观音女，小字燕哥。

她和辽景宗当然更希望早得皇子。所以二人很是默契，抓紧办事，结果，萧燕燕的肚子马上响应，第二年便生出健康结实的长子，取名耶律隆绪。这个皇子一出生，不只在辽宫、辽朝是件大事，而且北汉也赶紧派遣使者来祝贺了。

辽景宗大喜过望，他本来总是担心自己的身体不好，子嗣方面会不会受到影响。等耶律隆绪一出生，所有的忧虑都过去了。这个儿子便是日后的辽圣宗。如此一来，辽景宗与萧皇后也就更贴心了，不仅追封皇后的父亲萧思温为楚国王，追封皇后的祖父忽没里为韩王，赠皇后伯父忽鲁古兼任政事令、尼鲁古只兼任侍中，而且处理朝政大事时，也总与萧皇后商量。

备茶图（宣化辽代墓壁画）

生长女的时候，萧皇后只有 17 岁；生长子的时候，萧皇后 18 岁，生产起来一点都不费事，身体恢复也很迅速，于是也用不着跟辽景宗商量，便继续在“生娃”的道路上义无反顾地走下去。

20岁，萧皇后生次子耶律隆庆，字燕隐；

22岁，萧皇后生三子耶律隆裕，字高七；

24岁，生次女延寿女。

26岁，生幼女长寿女。

这样的生娃节奏，三个健康的儿子加上三个健康的女儿，让萧皇后在辽宫的地位完全无可撼动。再加上萧皇后有政治家的素质，辅助辽景宗处理政事时也很稳妥，乃至在辽朝的地位也是如日中天。

萧皇后27岁那年的正月初一，她的儿女们纷纷被封：耶律隆绪被封为梁王，耶律隆庆被封为恒王，耶律隆裕被封为郑王，观音女被封为齐国公主，延寿女被封为越国公主，长寿女被封为吴国公主。

这样一来，便感觉怎么好运都让萧燕燕一人占上了，堪称再完美不过了。

而事实上，世界上是没有完美的。

27岁时，萧皇后遭遇了未曾预料的丧子之痛。她在三月份所生的皇子韩八,八个月之后竟然夭亡。

萧皇后如何难受，史书上没有记载。但我们可以从《辽史·地理志》看到，乾亨三年（981年），萧皇后在皇子韩八墓侧建永州。那儿正是契丹先祖最初的发祥地。相传有神人乘白马，自马盂山浮土河而东，有天女驾青牛车由平地松林泛潢河而下。至木叶山，二水合流，相遇为配偶，生八子。其后族属渐盛，分为八部。这便是最早的契丹八部。萧皇后为夭折的儿子取名为“八”，又葬于此地，似乎有一种深意。只是，为什么这个儿子的姓名中还有一个“韩”字呢？这里面是否另有一段隐藏的故事？这个事情我们后面再说。

韩八死后，萧太后再没有生育子女。

28 教好娃——“萧妈妈”的教子之道

中国当母亲的，向来把养育子女视为最大的责任，个个都是望子成龙，为培养子女耗尽心血。只不过，当下这个时代，很多当妈的往往太焦虑了，不仅让自己身心疲惫，而且让全家跟着难受，以至于有个传播很广的说法：我爱学习，我妈快乐。我妈快乐，全家快乐。

这个说法还成为一所学校的口号。可见中国式妈妈的影响力有多大。

说起来，从为儿女操心的角度，萧燕燕也是中国式妈妈的一类代表，不过，她的教子之道在辽朝宫廷教育中是划时代的，对于当下的读者也是有借鉴意义的。

萧燕燕教子的主要成就，集中地体现在培养出一位文武双全、在位时间最长的皇帝——辽圣宗。对于辽圣宗，《辽史》有这样的评价："辽之诸帝，在位长久，令名无穷，其唯圣宗乎！"对于辽圣宗所受的母教，《辽史》中也有明确的概括："圣宗幼冲嗣位，政出慈闱"，"圣宗称辽盛主，后教训为多"。

契丹儿童骑羊图（萧太后河文化馆藏）

为什么能达到这样的效果呢？辽圣宗早年接受的教育与其他人有何不同？

让我们仔细阅读一下《辽史》的本纪部分，互相对比，看看能够发现什么信息。

先来看辽朝开国皇帝辽太祖年少时的记载："及生，室有神光异香，体如三岁儿，即能匍匐。祖母简献皇后异之，鞠为己子。常匿于别幕，涂其面，不令他人见。三月能行；晬而能言，

知未然事。自谓左右若有神人翼卫。虽龆龀，言必及世务。时伯父当国，疑辄咨焉。既长，身长九尺，丰上锐下，目光射人，关弓三百斤。”

再看第二位皇帝辽太宗的早年记载：“唐天复二年生，神光异常，猎者获白鹿、白鹰，人以为瑞。及长，貌严重而性宽仁。”

再看关于第三个皇帝辽世宗的记载：“帝仪观丰伟，内宽外严，善骑射，乐施予，人望归之。太宗爱之如子。”

第四个皇帝辽穆宗的早年介绍为：“太宗皇帝长子，母曰靖安皇后萧氏。会同二年，封寿安王。”

继续看第五个皇帝辽景宗的记载：“世宗皇帝第二子，母曰怀节皇后萧氏。察割之乱，帝甫四岁。穆宗即位，养永兴宫。既长，穆宗酗酒怠政。帝一日与韩匡嗣语及时事，耶律贤适止之。帝悟，不复言。”

最后看看关于辽圣宗的记载：“圣宗文武大孝宣皇帝，讳隆绪，小字文殊奴。景宗皇帝长子，母曰睿智皇后萧氏。帝幼喜书翰，十岁能诗。既长，精射法，晓音律，好绘画。乾亨二年，封梁王。”

这样对比之后，我们很容易就会发现，无论是“幼喜书翰，十岁能诗”，还是“晓音律，好绘画”，这些字眼都是辽圣宗以前的皇帝根本没有的。此前的辽太祖、辽太宗、辽世宗、辽穆宗、辽景宗，只讲幼年时武功或全然不讲。

由辽圣宗年少时所受的文化教育，不仅可以看出萧燕燕的教子之道和思想倾向，也仿佛一下子把辽朝带入了一个崭新的时代。

如果说培养出一位“精射法”的辽圣宗，是继承游牧民族向来重视武功的传统，那么“喜书翰”“晓音律”“好绘画”，这便是新时代的新倾向了。一个重视“文武双全”的时代由萧皇后开启。

至于“圣宗称辽盛主，后教训为多”，则是说辽圣宗后来之所以成为辽朝盛主，主要原因是他的母后有很多很好的教训。这些教训究竟是什么？我们会在后文中逐渐展开。

萧燕燕对其他儿女的教育也是可圈可点的。例如，《辽史》中对萧燕燕三女儿延寿女的介绍为：“性沉厚，睿智皇后于诸女尤爱。甚得妇道，不以贵宠自骄。”这里面，“甚得妇道，不以贵宠自骄”是关键词，也是尤其值得当下很多贵富之人注意的：以皇家之尊贵，萧燕燕还要教育女儿“不以贵宠自骄”，而当下的一些富家子弟动不动“炫富自骄”，几成严重的社会弊病，实在是与父母的教育有关。

“教育的目的，首先是教孩子如何做人”，这显然是古今教育的一个根本。而要做好辽朝皇帝、皇后的儿女，还需要了解自己的民族，知道自己的祖先如何一步步创立并发展了这个王朝，要明白皇族、后族等各方面的基本状况和常识，也要逐步了解辽朝政坛的一些内情……

29 与萧皇后有关的皇族核心成员图

有时候用文字不好介绍的，运用图表，则非常简便，且一目了然。且看下图：

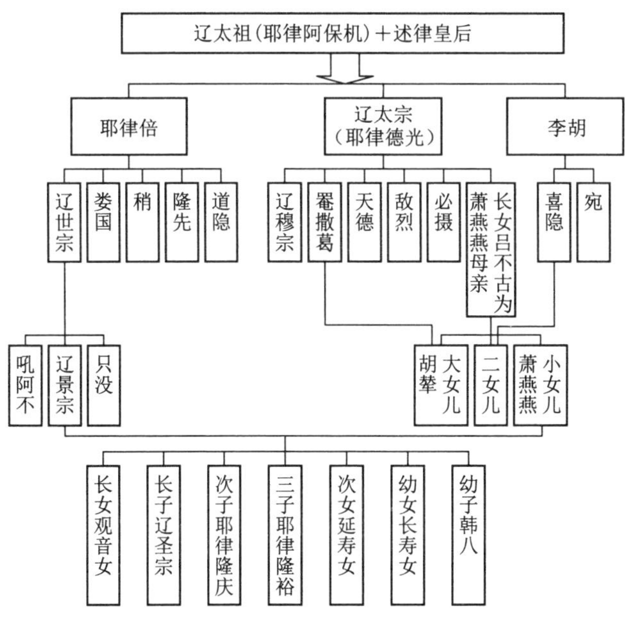

与萧皇后有关的皇族核心成员图

上面的这张图将有助于读者清晰地了解辽太祖后四代皇族核心成员的关系，并进而了解耶律阿保机之后契丹内部政治斗争所围绕的核心，有助于了解萧燕燕所处的顶层政治环境。

也许，我们还可以清晰地注意到以前所忽略的地方。比如：萧燕燕三姐妹都是近亲结婚。萧燕燕的大姐、二姐都是嫁给了自己的舅舅，而大姐胡辇嫁的还是自己的亲舅舅……显然，契丹旧的习俗仍在深刻地影响着当时的现实。

当然也需申明：这张图不代表全部。比如，耶律阿保机与宫人萧氏所生儿子牙里果及其后代就没有列入。按理说，他们也是皇族核心成员。但由于牙里果是庶出，并没有卷入皇族激烈的纷争当中，故而省去。

休养生息的辽景宗

30

辽景宗即位后，面对辽穆宗留下的烂摊子，基本上采取休养生息的国策。对百姓的生活尽量少干预，让他们自由发展。还设置了登闻鼓，以便百姓遭受冤屈时能够击鼓鸣冤。他身边的侍卫和宫人，再也不必像穆宗时期每日提心吊胆了。有一次，一位名叫实鲁里的侍卫不小心触碰了神纛，这在辽朝的法律中是要判处死刑的。辽景宗法外施恩，只是将其杖责后，便予以释放。这件事使身边的侍卫又松了一口气。

耶律贤适受到了重用。当年辽穆宗在世时，年轻气盛的辽景宗曾与韩匡嗣、女里等一起纵论国事，言语中不免有对朝政的讥讽之意，耶律贤适及时劝其谨言慎行，避免了辽穆宗的猜疑，所以才能成就大业。辽景宗对耶律贤适深有好感。待登基后，辽景宗怀疑皇族诸王多有非分之想，将耶律贤适视为心腹，加特进同中书门下平章事。萧思温被害后，辽景宗以耶律贤适接替萧思温北院枢密使的职位，使其成为辽朝北面官系统的最高首领，全权总理契丹事务。耶律贤适忠于职守，勤于政事，其他官员也不敢偷懒，对景宗朝的稳定和发展起了重要作用。史称："贤适忠介肤敏，推诚待人，虽燕息不忘政务。以故百司首职，罔敢偷惰，累年滞狱悉决之。"

高勋与女里也受到重用。这二位是当年与萧思温一起拥戴辽景宗登位的功臣。高勋仍担任南院枢密使，是辽朝南面官系统的最高首领，全权总理汉人事务，与耶律贤适同样等级，也被称为大丞相。女里的出身是辽世宗积庆宫人，辽穆宗时升迁为马群侍中。辽景宗未登基前，由于女里出自本宫，对其待遇很厚。女里也倾心结纳，暗中辅助。辽穆宗被杀的那天晚上，女里迅速集结了五百禁军，帮辽景宗拿下皇位，自然更受辽景宗的重视。不过，萧思温在世时，女里没有明显的升迁。而在萧思温被害之后，辽景宗很快升迁他为政事令、契丹行宫都部署，不久加封他为太尉，与耶律贤适地位相当。

女里此人，在识马方面有过人之处。他曾经步行郊外荒野，见有一些马蹄痕迹，显然有数匹马经过。女里从纷杂的马蹄中找到其中一匹马的马蹄，指着说："此马为奇骏也！"于是用自己的坐骑换那匹马，果然，那匹马确实非凡！不过，女里还以贪婪著称，和一位名叫萧阿不底的人狼狈为奸，恶名远播。到什么程度呢？如果有人穿上好的毡裘，耳朵上有好的配饰，别的百姓见了，会开玩笑地说："你可千万不要碰上女里和萧阿不底呀。碰上他们，必尽取之。"北汉当时是辽朝的附属国。北汉主听说女里贪婪，每逢他的生日，必以重礼贿赂。高勋行事，与女里相近。

耶律贤适不高兴了。《辽史·耶律贤适传》记载："大丞相高勋、契丹行宫都部署女里席宠放恣，及帝姨母、保姆势熏灼。一时纳赂请谒，门若贾区。贤适患之，言于帝，不报；以病解职，又不允，令铸手印行事。"也就是说，高勋、女里和他们的家人贪污受贿，多有不法。耶律贤适很是忧虑，向辽景宗举报，辽景宗却因二人有功，不愿意处理。耶律贤适因此告病假，辽景宗也不允准，并给予其特权。可以看出，在自己的心腹阵营中，辽景宗行的是平衡之道，不想闹大动静。这件事

库伦辽代壁画墓二号墓壁画（局部）

之后第二年，耶律贤适病逝。高勋、女里很是高兴，觉得可以更加肆无忌惮了。

然而，不知不觉中，萧皇后在朝政中所起的作用已越来越大。相比于大臣，辽景宗更信任自己的皇后，而且契丹与古代汉人政权不同，女子治理朝政不会受到多少质疑。

随着萧皇后的权力越来越大，中原政权对她也越来越关注了，不断搜集信息，判断辽朝到底是谁在主政。保宁五年（973年），辽封皇后之祖为韩王，并赠其伯父官，对此，《续资治通鉴》的评价是："皇后用事故也。"

萧皇后的“三把火”

31

历史常有惊人的相似。

早在300年前的初唐时期，由于唐高宗体弱多病，“苦风眩头重，目不能视”，将朝廷的一些事情交给皇后武则天处理。武则天“性明敏，涉猎文史，处事皆称旨”，唐高宗非常满意，于是委以政事，等机会成熟，又将其册立为天后，与自己平起平坐，共掌朝政，时人称为“二圣”。

辽景宗与萧皇后的关系也是如此。辽景宗多病，常常心有余而力不足，重病的时候，甚至还有性命之忧。

保宁八年（976年）二月初五，辽景宗诏谕史馆学士，书写皇后也要称“朕”或“予”，成为固定的格式。这项制度的出现，使萧皇后起码在称呼上已经与皇帝平起平坐，为其执掌朝政提供了名义上的支持。

辽景宗生于天禄二年（948 年），当时只有 27 岁；萧皇后则只有 22 岁，虽然已在辽景宗登基后七年时间里辅助处理了不少朝政，但无论如何，如果不发生特殊的事情，辽景宗不应该有这样的举措。

辽景宗究竟出了什么状况？

南方的宋朝也许听到了什么风声，借着两国又建立和好关系，正月刚派使者出使辽朝，三月份又派使者前来祝贺天清节。使者来贺，体现的是宋朝的和好诚意，但在当时，这些大使更有借机探听辽朝国情的目的。

宋朝使者的频频出现，是否与辽景宗的身体有关？对于这个问题，也许我们只能局限于猜测。然而，向来依仗辽朝的北汉，他们的一个特别举动暴露了当时的实情。因为在天清节那天，北汉特地举行了大型的无遮会，向僧人们布施饭食，以此为辽景宗祈福。

再加上辽景宗突然提高萧皇后的权力和地位，都容易让我们想到，他的身体状态一定出了问题。所以，此时的朝政一定是全权由萧皇后负责。她会如何施政？

俗话说，新官上任三把火。萧皇后全面主持朝政的这一段时间，也着重处理了三件事情。

第一件事情：三月初四，派遣五个使者查访全国各地鳏寡

孤独以及贫困没有职业者的情况，赈济他们。这件事很是高明，让我们感觉她好像穿越了时代，像当代政治家一样扶贫扶弱。这在辽朝是新举措，一定赢得了众多的民心。

第二件事情：夏季六月，任命西南面招讨使耶律斜轸为北院大王。这一人事调整，无疑是非常重要的。耶律斜轸是萧皇后的父亲一手提拔起来的，萧皇后提升其为仅次于北院枢密使的北院大王，无疑加强了对契丹事务的控制。

第三件事情：一定是轰动了朝野。对于此事，《辽史·景宗本纪》中只有一句话："秋七月丙寅朔，宁王只没妻安只伏诛，只没、高勋等除名。"但这一句话，足以让辽朝政坛的上空响起一声惊天的霹雳，对举朝官员产生强烈的震慑。

"宁王只没妻安只伏诛"，是指宁王只没的妻子安只被抓捕后诛杀。

宁王只没，是辽世宗与贵妃甄氏的儿子，辽景宗同父异母的兄长。此人灵敏好学，精通契丹文、汉文，而且擅长古诗。应历年间，耶律只没因与辽穆宗的宫人私通，被辽穆宗关在监狱，并判处死刑。正好辽穆宗被害、辽景宗登基，便把他放了出来，不仅将那位私通的宫人赐给他，而且封他为宁王。可是不知道为什么，他的妻子安只竟然制造毒药，图谋不轨。

这件事是不是与宁王本人有关？

是否又是一场狠毒的皇族内斗？

如果安只得逞，后果不可想象，因为她要害死的目标，不是皇帝就是皇后。

好在萧皇后没让她钻空子，而是迅速将其法办。

宁王也跟着受到牵连，得到辽景宗同意后，萧皇后将其夺去爵位，贬乌古部。

这个案件中，最令人意想不到的是，萧皇后竟然把政坛不倒翁高勋也抓捕了！

彻底报了父仇

32

说起高勋，其谋略与能量，堪与萧思温相比。

早在辽太宗攻打后晋，大军进入汴京前后，高勋便经历过一次残酷的斗争，并因此被载入史册。

《资治通鉴》记载：后晋开运三年（946 年）十二月，契丹铁骑大举南下，晋出帝石重贵派杜重威、李守贞、张彦泽等人率军抵抗。十二月甲子，杜重威等人所在晋营被辽军包围，内外断绝，军中粮食也快没有了。这个时候，杜重威等人便想投降，并最终派阁门使去见耶律德光。耶律德光非常高兴，马上同意，下诏慰问并接纳之。如此一来，晋军主力二十万众全部投降，辽晋胜败便定了分晓。这一事件中，那位到辽营的阁门使，正是高勋。

高勋因此受到辽太宗的重视，而另一位投降

的大将张彦泽则成为辽军的先锋，他立功心切，率军倍道疾驱，夜渡白马津，天未明即自封丘门斩关而入，屯兵于明德门前，紧接着将契丹主与太后的招降书传给晋出帝，晋出帝见大势已去，被迫投降。可以说，张彦泽为契丹立下了大功。只是张彦泽此人自恃有功，进入后晋都城后纵兵大掠，仅仅二日，都城为之一空，而张彦泽所获宝货，如山一样堆积。不仅如此，张彦泽十分残忍，只要有军士擒“罪人”到他面前，他什么也不问，只是瞋目竖起三根手指，“罪人”便被驱赶出去砍为三截。高勋的家人也倒霉了。虽然高勋与张彦泽一起投降契丹，但二人往日向来不合。这一次，张彦泽仗着自己有功，前往高勋家中，乘醉将其叔父、弟弟杀死。高勋家人尚且如此，其他人就更不用说了，乃至于“士民不寒而栗”。

等耶律德光率军进入汴京城后，张彦泽进一步邀功请赏。高勋对其恨之入骨，马上向耶律德光告状，讲述了张彦泽杀害自己家人的罪行。耶律德光此次南下，是有统一中原的雄心的，所以曾立下军规，契丹军兵不得抢掠民物、随意杀人，哪想到张彦泽竟然剽掠京城，坏他大事，于是马上派人抓捕张彦泽，将他的罪行向百官宣示，然后将其斩杀于北市。监刑者，自然是高勋。

斩杀张彦泽之时，可谓人山人海。高勋命人将其断腕出锁，剖其心以祭奠被其残杀之人。“市人争破其脑取髓，脔其肉而食之”，可见大家对张彦泽是如何恨之入骨。而在这一事件中，高勋经历了亲人被杀的切身之痛、杀掉仇人的痛快之感，并在汉人中具备了很高的声誉，也得到了契丹主更大的信任。辽太宗委任其为四方馆使，高勋利用这一职位，广交权贵，且能服勤大臣，众人多推誉之。辽世宗即位，高勋的职务进一步升迁，成为辽朝第一位总领汉人事务的南院枢密使。其统领的核心地带，便是以燕京为中心的幽云十六州。

辽穆宗初期，高勋被封为赵王，担任上京留守；萧思温前往燕京，担任南京留守。等萧思温被转任为侍中时，高勋接替了南京留守的位置。所以说，高勋与萧思温，有前后任这样的关系，彼此之间应该是相当熟悉的。

高勋担任南京留守时，宋朝军队曾经想攻打益津关，高勋均想办法干扰或击败宋军，再加上赵匡胤定下了“先南后北”的战略，侧重点在统一南方，这便使辽朝南部边境没有多少战事。从这一点上看，高勋显然比他的前任萧思温要高明。

辽穆宗驾崩后，高勋与萧思温共同辅佐辽景宗称帝，有定策之功。高勋因此被委任为南院枢密使，晋升为秦王。表面上与萧思温平级，但实际上是萧思温总揽大局。

史书上没有记载萧思温与高勋之间有什么争执的事情，二人似乎还是很好的搭档，然而双方各有心思，可以为一件大事而携起手来，也可以暗中争斗达二十年之久，此消彼长，堪称老对手。对于这些事情，萧思温不会和别人讲，但一定会告诉当了皇后的萧燕燕。所以，当萧思温意外被刺杀后，虽然很快找到了凶手，但应该说，萧燕燕对高勋一直是有怀疑的。只是没有任何证据，而辽景宗又重用高勋，所以萧燕燕从未贸然行动，只是暗中予以关注。

高勋本人经历过很多斗争，统领汉人军政事务达二十多年，在辽南京一带的势力可谓根深蒂固。他本来是隐藏得很深的，但想要进一步实现自己的野心，就不得不采取一些行动。虽然他依然做得不露痕迹，但有一件事让辽景宗产生了怀疑。对此，《辽史·高勋列传》记载："保宁中，以南京郊内多隙地，请疏畦种稻，帝欲从之。林牙耶律昆宣言于朝曰：'高勋此奏，必有异志。果令种稻，引水为畦，设以京叛，官军何自而入？'帝疑之，不纳。"也就是说，当高勋想要在燕京一带大范围种植水稻的时候，他的奏议受到了辽朝大臣的怀疑，因为如果都是水地，一旦高勋造反，辽军想要平定也难以下手了。这样一提醒，辽景宗也产生了怀疑，所以没有采纳高勋的建议。

本来，高勋的举措，向来得到辽景宗的大力支持。这次反常的"不纳"，让心怀异心的高勋不能不更加警觉，同时促使他做进一步的行动。关于这方面的行动，史书记载非常简略，但我们可以大致得出：第一件事，高勋曾以毒药馈赠驸马都尉萧啜里，结果事发被牵连；第二件事，他与保宁八年（976年）

七月的宁王妻投毒案有牵连，因此被辽景宗和萧皇后缉拿，并与宁王妻一道被削去民籍。不过，在这个案子里，宁王妻很快被诛杀，而高勋仍然活着。很显然，萧皇后要查清是不是高勋谋害了父亲，他的同党还有谁。

果然，又过了将近两年的时间，《辽史》中记载："赐女里死，遣人诛高勋等。"不用说，女里正是高勋的同党。至此，经过长达八年多的时间，萧皇后才算彻底报了父仇，由此可见这个案件是多么厉害地牵扯着辽朝的整个政局。

返回头来再重新审视这个案件，其最后环节仍有疑点。按理说，女里一直与高勋走在一起，贪污腐化，狼狈为奸，高勋一倒，女里很容易便能随之揪出，可是为什么在高勋被抓捕后，萧皇后还是用了将近两年的时间才将女里也一起法办？

银鎏金包水晶权杖
（张苏收藏，引自《辽代金银器粹珍》）

33 《契丹国志》的这些记载是否真实？

上节中最后的疑问，如果不必计较细节，从大面上其实是好回答的。因为女里的背后有辽景宗，他的出身是辽景宗之父辽世宗的永兴宫人，他本人是辽景宗的心腹和拥戴功臣，所以即便萧皇后在执掌朝政的时候，也不能不谨慎地对待。因为要动女里，必须得到辽景宗的同意。

紧接着，又一个问题接踵而来：在景宗一朝，究竟是辽景宗主事多，还是萧皇后主事多？

对此，《契丹国志》记载："（辽景宗）及即位，婴风疾，多不视朝。"

又载："戊辰保宁元年。宋太祖开宝元年。辽大赦境内。刑赏政事，用兵追讨，皆皇后决之，帝卧床榻间，拱手而已。"

概括介绍：“帝性仁懦，雅好音律，喜医术，伶伦、针灸之辈，授以节钺使相者三十余人。自幼得疾，沉疴连年，四时游猎，间循故典，体惫不能亲跨马；令节大朝会，郁郁无欢，或不视朝者有之。耽于酒色，暮年不少休。燕燕皇后以女主临朝，国事一决于其手。大诛罚，大征讨，蕃汉诸臣集众共议，皇后裁决，报之知帝而已。易、定、幽、燕间两大战，烽书旁午，国内惶惶，帝婴疾，不能亲驾，基业少衰焉。”

整体评价：“论曰：景宗爰在弱龄，中遭多难，高秋摇落，理之自然。政非己出，不免牝鸡之伺；祭则寡人，听命椒涂之手。其得虚尊而拥号，幸矣。”

如上所说，如果按照《契丹国志》的记载，辽景宗从刚刚登基开始，便总是卧病在床、不能上朝，所有政事完全由萧皇后掌控，辽景宗则始终郁郁寡欢，辽朝基业因此出现一些衰落。

事实上果真如此？

说起《契丹国志》，其由宋人叶隆礼所撰，是一本了解契丹和辽朝历史的重要史书。我们现在所能见到的权威版本，由贾敬颜、林荣贵点校，由中华书局出

《契丹国志》书影

版。此书正文前的“点校说明”，可以帮我们大致了解《契丹国志》的重要性：

《契丹国志》二十七卷，题名宋叶隆礼撰，是迄今为止记载辽代二百一十八年史事比较早、比较有系统的一部史书，它比元代官修的《辽史》约早百年，又是官修《辽史》的重要参考书之一。

《契丹国志》又称《契丹志》或《辽志》，体裁不完备与《辽史》相同，卷首有一进书表，一初兴本末，一世系图，一九主年谱，一地理图。正文计皇帝纪年（自阿保机至天祚皇帝）十二卷，各种人物传记七卷（卷十三为后妃，卷十四为诸王，卷十五为外戚，卷十六至十九为文武大臣），卷二十编排辽与石晋、北宋往来文牍，卷二十一辑录辽与北宋、西夏以及其他邻国相通馈献礼物，卷二十二为地理方域，卷二十三为政治制度，卷二十四至二十五节钞《宋人使辽行程录》，卷二十六为诸蕃杂记，卷二十七杂录岁时风俗。因此，《契丹国志》是囊括较广的一部史书。

此书大部分撮钞司马光《资治通鉴》、李焘《续资治通鉴长编》、薛居正《旧五代史》、欧阳修《新五代史》，兼采徐梦莘《三朝北盟会编》、洪皓《松漠记闻》等书而成，也利用了宋人对辽的著述，如武圭《燕北杂记》、《契丹疆宇图》等，而这些书流传后世，至今有的尚有节本，有的全

部散佚，通过《契丹国志》还能略窥其面目。

叶隆礼字士则，号渔林，嘉兴人，宋理宗淳祐七年进士。十年十月，以承奉郎任建康西厅通判。十二年十月改除国子监簿。开庆元年十月调两浙转运判官，十一月一日以朝散郎直秘阁、两浙运判除军器少监，十一日再以两浙转运判官兼知临安府。闰十一月三日磨勘，转朝奉大夫。景定元年正月一日除军器监，兼职如故。二月六日除直宝文阁，知绍兴府。四月二十六日以次官离任。宋末谪居袁州。入元以后，声迹销匿。

《契丹国志》现存者以北京图书馆藏黄丕烈题跋元刻本为最古，以嘉庆二年席世臣校刻的扫叶山房本流传最广，此外还有乾隆五十八年承恩堂的刻本及一些明、清时代的传钞本、节钞本和民国时代的重排印席刻本。这次的校点工作即以元刊本为底本而以《永乐大典》、《古今逸史》、《古今说海》、《说郛》所收节录本、复旦大学所藏明钞本，及席本与承恩堂本等，并尽可能地寻求史源，翻检《资治通鉴》、《续资治通鉴长编》和两《五代史》、《三朝北盟会编》等书，校正了一些文字方面的舛讹，至于史实方面的错误，则留待学术界的同志们研究了。……

由上可知，《契丹国志》确实是对契丹国史囊括较广的一部史书，而且因为其利用过的一些史书已经消失，使得该书更有价值，甚至成为元朝官修《辽史》的史料来源之一。再加上《辽史》的很多记载非常简略，这本书能补充不少史事，具有重要的参考价值。

不过，我们应该注意到，《契丹国志》所依靠的资料无一不是中原人士的著述，而没有契丹国人的资料。而《辽史》的主要史料来源是辽朝耶律俨的《皇朝实录》和金朝陈大任的《辽史》。这些主要的史料来源，最早可以追溯到辽景宗、辽圣宗两朝大臣室昉主持撰写的《实录》二十卷。所以从这个角度，研究辽史，主要还需以《辽史》为主，《契丹国志》可作为补充和参考。

更重要的是，无论研究者还是读者，都应用自己的头脑去分析、对比，进而判断史料的真实程度。

比如《契丹国志》对辽景宗的记载，肯定是隔着一个窗户看的，不能真正体会到辽朝政坛的真实温度。

对此，我们不妨设置一些问题。

如果辽景宗真像《契丹国志》所写“卧床榻间，拱手而已”，《辽史》中怎么可能出现他去祭祀木叶山、临幸东京南京、射柳祈雨、打猎征伐等事?

如果辽景宗真像《契丹国志》所写“多不视朝”“虚尊而拥号”，为何耶律贤适向他报告高勋、女里贪污诸事？为何萧思温向他推荐耶律斜轸？为何《辽史》中有“于越屋质薨，辍朝三

日”的记载？

特别是，如果辽景宗的身体真是一直非常差，他能让萧皇后生育六个健康的子女吗？

辽景宗当朝的一些事情，我们还会在后文中见到。

总之，《契丹国志》对辽景宗的记载是片面的。辽景宗体质相对较弱，多病也应是真实的，但在他当朝的时期，身体应是时好时坏。在他身体不好的时候，萧皇后会代他处理政事；当他身体好的时候，辽朝的主要事务是由他主持的，尤其是当政初期。

而在辽景宗身体出现越来越多的毛病时，他开始努力地帮助萧皇后走上前台，尽力帮助萧皇后提高处理政事的能力。这些政事，除了内部事务，对外关系也越来越重要了。因为辽朝南方的中原政权正从迷雾中走出，越来越强大。

34 “五代周期律”

从公元907年到公元960年，中原经历了一个非常混乱的五代时期。短短的五十三年时间里，中原大地群雄竞起，你争我夺，中央政权的更替如走马灯，纷涌而来，转瞬即去。在不断的兵变中，子杀父，兵叛将，将弑君，后梁、后唐、后晋、后汉、后周，一个又一个短命的王朝在血泊中登场，又在血泊中落幕。简单地回顾一下，便可以发现一个不变的“五代周期律”。

先说五代第一个王朝——后梁。这个王朝的开创者朱温，是在晚唐剿灭黄巢起义军的过程中冒出头来的。朱温本是起义军中的一员，当黄巢的“大齐”政权在长安建立时，朱温在同州（今陕西大荔）镇守。只是不久后，朱温便见风使舵，投降敌将王重荣，回过头来镇压黄巢义军。后来，

他与沙陀贵族李克用等成为唐军主力，并在战乱中浑水摸鱼，势力不断壮大。等黄巢起义军失败后，朱温已成为汴宋节度使，不仅坐镇一方，而且与河东节度使李克用、凤翔节度使李茂贞并立为黄河流域最大的割据势力。可以说，叛变起义军，成为朱温崛起的重要分水岭。此后，当他以明显的军事优势逼迫李茂贞交出唐朝皇帝时，朱温更是坚信：武力可以决定一切。于是，他悍然实施了第二次叛变，将唐朝最后一位皇帝赶下台去，自己称帝。

客观地讲，朱温称帝前后，也有一些功绩。正如《旧五代史》所讲："梁祖之开国也，属黄巢大乱之余，外严烽候，内辟蒿莱，厉以耕桑，薄其租赋，士随则苦战，民则乐输，二纪之间，俄成霸业。"然而，朱温完全信奉武力，采取铁腕统治，滥行杀戮，残暴无比，为其统治埋下了祸根。在朱温的军队里，如果有将校在战争中被杀或逃走，其所属全部兵士都要被斩杀，这就是有名的"跋队斩"。由于这个规定，士卒有失去主将的，多逃匿不敢回去。朱温便另想一法，命令在所有军士的脸上印上军号，这样，如发现民间有藏匿者，不仅处死逃兵，而且包庇者也受牵连。对自己的军士尚且如此，对敌兵则更为残酷。如此，朱温以极其强硬的方式锻造了一支完全听命于自己的铁血军团，举世罕见敌手。然而其过分崇拜武力，从不进行伦理道德建设，反而肆意践踏，带动着整个官僚系统、军事系统只讲弱肉强食、成王败寇，不相信任何伦理道德、人文纲常，这便意味着只要有机会，下面的人完全可以没有任何思想顾虑地杀掉原来的上司。正因为如此，即便朱温是一个天不怕地不怕的魔王，却被他那失去继承皇位机会的次子朱友珪杀死，朱友珪斩杀他时还大骂："老贼当碎尸万段！"等朱友珪即位后，很快又被弟弟朱友贞谋害，做了短命皇帝。等朱友贞即位后，继续以武治国，连年用兵，苛捐杂税下引发了农民起义，走上衰亡之路。923年，被李存勖打败后，朱友贞自杀。五代遂进入李存勖统治的后唐时期。

李存勖是李克用的儿子，此人文韬武略，对内任用贤才，罢黜贪残，宽租薄赋，抚慰孤穷，申冤解滥，严禁奸盗，由此境内逐渐大治；对外则不仅灭掉后梁，而且消灭了中唐以来长期跋扈的卢龙、成德、魏博三个藩镇，击退了契丹大军的入侵。可惜，后梁灭亡之后，李存勖便以为可以高枕无忧了，于是日渐骄淫，宠任伶官、宦官，朝政日败，人心日离。而且，李存勖并没能革除五代时普遍的兵骄将悍局面，更没有着手精神道德方面的建设，反而百般盘剥百姓，闹得民不聊生，怨声载道。各种言论随之四起，河朔诸州县纷纷叛乱。李存勖意欲亲征，又恐京师作乱，迫不得已任用李嗣源。李嗣源乃是李克用的养子，作战勇武果决，屡立战功，官至太尉、番汉总管。接受任命后，李嗣源前去平乱，没想到还未攻城，自己倒被手下的魏

博将士威逼利诱，拥立为新皇，转而挥师直指京城。战乱中，李存勖被流矢击中，死于非命。

李嗣源即位后，革弊政、杀宦官，废苛法，均田税，兵革罕用，年谷屡丰，达到了政局小安。但令人遗憾的是，李嗣源也猜忌大臣，又因年老多病，常感力不从心。更令人痛心的是，七年后，当号称五代明君的李嗣源即将谢世时，他宠爱的儿子李从荣以为父亲已死，深恐不得为嗣，于是率步骑千人攻至端门，这种行为被时人视为叛乱并镇压之，李从荣事败被杀。此后，李嗣源的另一位儿子李从厚继位不到半年，便被李嗣源的养子李从珂杀害。而李从珂也不能幸免于难，在位不到三年，又被李嗣源的女婿石敬瑭所杀。石敬瑭为争夺皇权，向辽太宗求助，这才有了割让燕云十六州、后晋建立以及后来辽太宗率军南下的故事。

后梁政权，从 907 年建立到 923 年灭亡，前后不过 16 年。后唐政权，从 923 年建立到 936 年灭亡，前后不过 13 年。后晋政权，从 936 年建立到 946 年灭亡，前后不过 10 年。之后，刘知远建立的后汉，从 947 年到 950 年，不过 3 年而已，其之所以灭亡，与后梁、后唐、后晋一样，同样是手下将士叛乱，将郭威拥立为新皇，进入五代最后一个王朝——后周。这便是五代时期的“周期律”，强兵挟将，悍将背主，周而复始，叛乱不断。

在这种情况下，我们可以换位思考：每一个新政权都由此种方式而来，那么，成为新皇帝的人难道不担心同样被手下背叛吗？难道他们就不想努力改变这种状况吗？答案显然是：每一位新政权的统治者都想改变这种状况，但都没有取得成功。

此后，尽管为了防止叛乱，后周的郭威、柴荣都制定了相应的制度，实施了很多有实际效果的措施，然而，毋庸置疑，宋朝的开国皇帝赵匡胤才是结束“五代周期律”的终结改变者。

赵匡胤伟业

35

保宁八年（976年），就在萧皇后被称为“朕”的那一年，中原政权宋朝也发生了一件大事——宋太祖赵匡胤猝死。开封的辽朝间谍迅速将消息传到朝廷，引起萧皇后的高度重视。

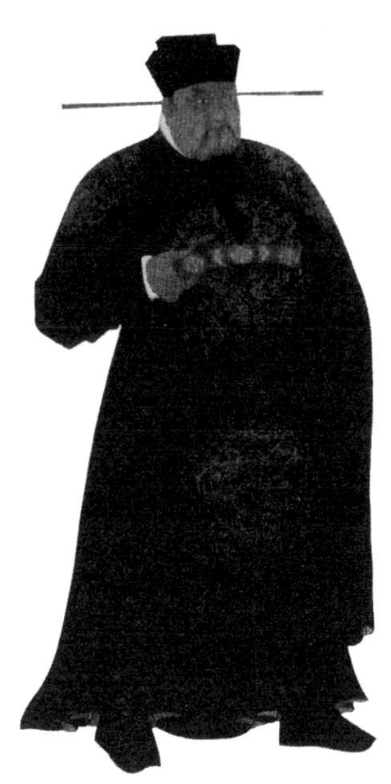
赵匡胤像

虽然没见过面，但萧皇后对赵匡胤是非常熟悉的。毕竟，在萧燕燕还跟着父亲一起在辽南京的时候，便是赵匡胤率大军多次攻打契丹，将关南之地夺走的。后来，赵匡胤更是建立宋朝，成为契丹外部最强大的对手。因此，赵匡胤的“履历”，萧皇后可谓一清二楚。

赵匡胤，后唐天成二年（927 年）出生于中原洛阳，比辽景宗大 21 岁，比辽穆宗大 4 岁。其父为强悍的军事将领，母亲也很有主见，共同培养他成为文武双全的人才。20 岁的时候，赵匡胤赶上非常混乱的局面：后晋灭亡，耶律德光在开封建立大辽后又很快被迫北上，刘知远建立后汉……俗话说："乱世出英雄"，年轻的赵匡胤也有一个英雄梦，所以离开家乡，前往陕西、甘肃、湖北等地，想靠自己的过硬功夫寻找一条出路。可惜，未能如愿。21 岁时，赵匡胤投入后汉节度使郭威军中，开始自己的军旅生涯。23 岁时，郭威发动澶州兵变后建立后周，赵匡胤因拥戴有功，被任命为禁军东西班行首，不久升任滑州兴顺军副都指挥使。这个时候，他遇到了自己的贵人——皇子柴荣，被柴荣留任为开封府马直军使。

赵匡胤 27 岁的时候，郭威去世，柴荣继位，成为周世宗。周世宗素有凌云壮志，即位后南征北战，意欲统一天下。作为周世宗的左膀右臂、先锋干将，赵匡胤多次北上作战，攻取辽朝占领的关南之地；南下攻打淮南，并率水师杀过长江，迫使南唐割让十四州并向后周称臣……在战争中屡立功勋，其官爵也一再升迁。周世宗病逝时，赵匡胤已升任为军队中最有实权的殿前都点检。

周世宗病逝后的第二年（960 年）正月，赵匡胤以抗击契丹为名，统领大军北上。当军队到达陈桥的时候，赵匡胤在军

兵拥戴下黄袍加身，紧接着返回京城，逼迫周世宗七岁的儿子柴宗训禅位，改国号为宋，建立宋朝。

五代时期，每一位当朝者都想铲除兵变的毒瘤，但都以失败告终。赵匡胤登基后，这个难题同样摆在他面前。他可不想让宋朝再成为第六个短命王朝，所以必须拿出更高明的政策和措施。

“善待别人便是善待自己”，赵匡胤登基后的第一件事，就是把已经禅位的柴宗训封为郑王，将柴荣的夫人符氏尊为周太后，并将他们迁到洛阳居住。赵匡胤虽因政治因素推翻后周，但一直厚待周世宗家族，这是他与其他五代君王所不同的。他密镌一碑，藏于太庙寝殿夹室之中，谓之誓碑。以销金黄幔蔽之，门钥封闭，守护极严。敕令有司，自后凡享祭先祖或新天子即大统，谒庙行礼毕，要奏请新天子恭读誓词。读时规定只允许天子一人上前，由一不识字的小黄门侍旁，宗室大臣皆远立而观。天子取出誓碑后，要再拜跪读，默诵数遍，记熟后再拜而出。如此神圣严密的誓碑，第一条誓词便是：“柴氏子孙，有罪不得加刑，纵犯谋逆，上于狱内赐尽，不得市曹刑戮，亦不得连坐家属。”

第二件事：对于拥立他当皇帝的将士，赵匡胤一律优赏，普遍以加官晋爵、赏赐财物稳固其忠心；对立有汗马功劳之人，赵匡胤更不忘越级提拔。对于后周的旧臣，只要归顺，赵匡胤也是一律以诚相待，实行官位依旧、全部录用的政策。当然，对那些胆敢与他对抗的地方军阀李筠、李重进，则毫不留情地剿灭之。

第三件事：为避免“将弑君”的兵变再次上演，赵匡胤用“杯酒释兵权”的方式，和平解除了石守信、王审琦等一批高级将领的实权，让他们称病辞职后享受极高的功臣待遇。

第四件事：为了根除晚唐五代一直存在的藩镇割据，赵匡胤采取“强干弱枝”的方式，命令地方长官将本部兵员中的精华全部选送到京城，形成强大的中央禁军，并全面削夺地方藩镇的行政、司法等权力；而在中央禁军内部，又确立了殿前司、侍卫马军司和侍卫步军司分别负责、共同统领的“三衙”体制，使它们互相牵制，而统帅只能是皇帝本人。

第五件事：以推行禁军驻地经常变动的“更戍制度”，防止将帅与军兵形成长期牢固的紧密联系，避免骄兵悍将伺机作乱……

一系列措施下，兵变毒瘤，在现实操作层面被完全杜绝，宋朝的统治便相当稳固了。

赵匡胤一边实施和强化这些政策、措施，一边加快统一天下的步伐。他与弟弟赵光义、大臣赵普一起，定下了“先南后北”的统一战略，然后发兵南下，基本统一了南方。

当时的南方政权，是“十国”中的主要政权。所谓“十国”，是与五代相对应的十个小国，分别为前蜀、后蜀、吴、南唐、吴越、闽、楚、南汉、南平、北汉。除北汉外，其他九国都在南方。其中，以四川成都为都城的前蜀政权，早在五代时期就被后唐灭亡，代之而起的是后蜀政权。以广陵（今江苏扬州）为都城的吴政权，则被南唐代替。不仅如此，南唐政权还兼并了楚、闽二国，强盛时有35州，包括今江西全省以及安徽、江苏、福建、湖北等省的一部分，是以金陵（今江苏南京）为都城的南方最大政权。如此一来，赵匡胤大军所面对的只有五个南方政权，分别为后蜀、南唐以及以荆州为都城的南平、以广州番禺为都城的南汉、以杭州为都城的吴越。当时的南方经济相当繁荣，当南唐、后蜀、南汉等土地均纳入宋朝版图后，一个巨大的、稳定的、富裕的新王朝，一个五代时期从未有过的超级王朝，出现在了辽朝的南部。

更显示赵匡胤高瞻远瞩的，是他开创的“文治天下”的国策。他虽然以武功打天下，但深知文治方能长久的道理，非常重视士大夫。他一再强调宰相须用读书人，提拔和重用了一大批文臣官僚，建立了一整套完备的文官体系，给予丰厚的待遇，提倡并督促武将也要读书……为保障文人在宋朝的地位，他还在石碑誓言中留下了独特的祖宗家法，要求子孙后代执政者“不得杀士大夫及上书言事者”。这一破天荒的举措，为所有的宋朝统治者划出了不可逾越的红线，形成整个宋朝的发展基调，保障着文治国策持久实行。这才是赵匡胤开创的伟业。只有这样，宋朝才可以文运绵延，彪炳史册。这样的伟业与辽朝形成鲜明的对比。

返回头来看辽朝，会发现，当赵匡胤带领中原王朝走入正轨时，辽朝却长期处于辽穆宗的黑暗统治当中，国力受到严重的削弱。所以，等辽景宗上位后，不能不实施休养生息的国策，也不能不感受到来自宋朝的强大压力。

好在，辽朝自耶律阿保机以来建立的铁骑依然以强悍著称于世，而赵匡胤虽于969年亲征北汉，与北汉军队和契丹军队交战，但终因久攻不下，很多军兵都患上疾病，被迫班师回朝。之后，他继续实施既定的“先南后北”战略，并于974年主动派人与辽朝约和。

然而，收服北汉、收服幽云十六州，始终在赵匡胤心中占据重要位置。在这位宏图伟略的皇帝心中，一方面想着继续武力征服，另一方面还考虑以强大的经济实力，最终以购买的方式从辽朝手中获取幽云十六州。他曾对左右说：“契丹数入寇边，我以二十匹绢购一契丹人首，其精兵不过十万人，止费二百万缗，则敌尽矣。”总之，无论如何，总要将契丹打退，将幽云之地收入宋朝疆域。

可惜的是，在49周岁的时候，一个冬日的雪夜，宋太祖赵匡胤以离奇的方式，突然间离开这个世界。

烛光斧影之谜

36

说起来似乎是巧合，辽朝的最高统治权在耶律三兄弟及其后代中演绎出一段又一段的故事时，宋朝的历史上也演绎出了赵匡胤、赵光义兄弟及其后代的传奇故事，与辽史此呼彼应。

这些故事的源头，来自一个千古之谜——烛光斧影。

开宝九年（976年）十月二十日的那个雪夜，当外面大雪纷飞，风刮得正紧的时候，宋朝首都汴京（今开封），一座宫廷大殿之内却显得有些诡异。

阴暗的烛光突然摇曳起来，一个人影时而起身离席，时而左躲右避，时而俯首下跪……接着，大门"吱呀"一声打开，两个人走了出来，其中一人操起一把柱斧，用力劈向雪地，大声喊道：

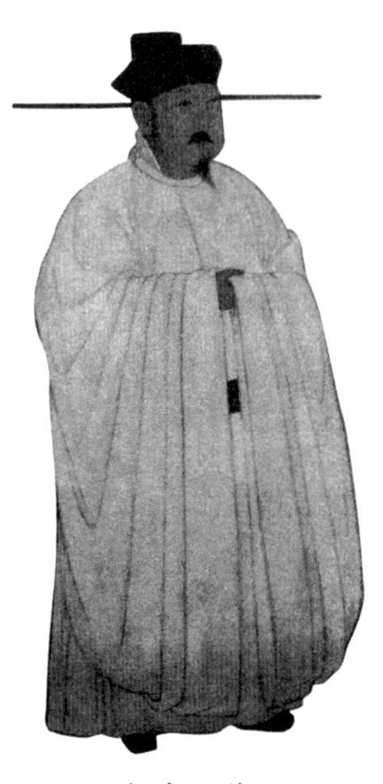
赵光义像

"好为之！"然后，身体轰然倒下，离别人世。这个人正是赵匡胤，和他在一起的是他的二弟赵光义。

对于这个过程，历史上有很多很多的说法，有的说赵匡胤因病而亡，有的说赵光义害死了兄长……可谓花样百出。

对于荒诞不经的传说，读者大可付之一笑。对尚有疑惑的，读者宜仔细考虑，以索其真。虽然这一千古之谜永远不会有唯一的答案，但聪明者当见仁见智，从各种说法中窥探一下宫廷的内幕及政坛风云，以增见智。

最后，笔者特别提醒的事情是，宋朝的历史，只要赵光义当了皇帝，就可以篡改其中的一些细节。《太祖实录》也确实是经过赵光义亲自删改，当然不会出现对他不利的文字。然而，赵光义篡改不了辽朝的历史。当时的辽朝间谍一定不断地将宋朝的消息传送到本朝，辽景宗、萧皇后也一定非常重视有关赵匡胤、赵光义的情报。对于赵匡胤驾崩一事，《辽史》的记载十分明确：

"十一月丙子，宋主匡胤殂，其弟炅自立，遣使来告。"

炅，是赵光义即位后为自己改的名。

37 辽宋之间的微妙关系

对于宋朝，虽然辽景宗、萧皇后都认为是赵光义篡位自立，但这是宋朝的内政，他们对宋政策不会因此有变。

赵匡胤曾在他去世的三个月前，命宋军攻打辽朝的附属国北汉，北汉赶紧向辽求援。辽景宗诏令南府宰相耶律沙、冀王敌烈前往援助北汉。一个多月后，北汉因辽军打退宋军，派遣使者向辽朝致谢。

保宁八年（976年）十一月十四日，宋太宗赵光义成为宋朝第二位皇帝后，派使者告知辽朝。同月二十九日，辽朝派遣郎君王六、挞马涅木古等出使宋朝吊唁、慰问。十二月初十，派遣萧只古、马哲祝贺宋朝皇帝即位。十五日，北汉因宋兵又入侵，抢掠他们的军用储藏，派使者来报告，并请求赐军粮相助。可以看出，宋太宗刚即位的这段时间，辽宋之间的关系基本是好的。宋朝主动通使，辽朝积极回应。当然，宋朝还是想获取燕云之地。对北汉的进攻，也是对辽朝的试探。

保宁九年（977 年）二月初九，宋朝派使者到达辽朝，送来他们先帝赵匡胤的遗物。三月二日，耶律沙、敌烈进献支援北汉作战中所获的宋军俘虏。初七，诏令以二十万斛粟米援助北汉。五月初十，北汉派使者前来致谢，并报告宋朝的举动。七月初五，宋朝派遣使者来访。十三日，北汉以宋军入侵来报。十七日，派遣使者援助北汉战马。八月，北汉派使者进献葡萄酒。二十九日，北汉再度派遣使者报告宋朝的国事。……

在这些大事记中可以看出，辽朝虽然与宋朝互派使者，表面上还能礼尚往来，但实际上宋朝攻打北汉、辽朝援助北汉，这样的大局不会有什么变化。

此时，辽朝仍处于休养生息阶段，萧皇后的目标也主要着眼消除内部的敌人。保宁十年（978 年），萧皇后与女里的斗争进入最后阶段。《辽史》记载：“保宁末，坐私藏甲五百属，有司方按诘，女里袖中又得杀枢密使萧思温贼书，赐死。”有人对这段记载有所怀疑，认为怎么可能在萧思温死去多年后，女里还会把自己谋杀萧思温的书信放在身上，这显然是不可能的。这种怀疑是有道理的——天底下会有这么傻的人吗？但女里私藏兵甲是真实的，而且萧皇后一定确信女里是杀父仇人，而且

说服了辽景宗，才最终把女里处死。女里、高勋死后，萧皇后不仅彻底报了父仇，同时强化了辽朝内部的力量，为应对强大的外敌做好准备。

再看宋朝，宋太宗于开宝九年（辽保宁八年，976 年）十月二十一日正式即位，这时候已经是年底了，按照惯例，本年一定是沿用前任皇帝原有的年号。然而，宋太宗偏偏在十二月二十二日便改元太平兴国元年，这一天距离春节只有八天，傻子都明白，这是宋太宗有意为之。他通过这一异常的改元，彰显着自己的强势，强调自己是创业之君，要比兄长宋太祖还要强。

紧接着，宋太宗强化了国内建设，尤其是更加强化了文治。太平兴国二年（977 年）正月，宋太宗亲试科举，取士数目激增，得吕蒙正以下进士 109 人、诸科 207 人，并赐及第。又诏令礼部阅贡籍，得十五举以上进士及诸科 184 人，并赐出身。三月，宋太宗令李昉等人编纂《太平御览》和《太平广记》。太平三年（978 年）正月，宋太宗诏令有关部门另外建造三馆，以藏天下图书。九月，宋太宗御讲武殿试进士，得进士 74 人，诸科 70 人，并赐及第。他的这些措施，使宋朝在文治方面出现了宏大的气象。

要想成为一个伟大的君王，就不能局限在文治方面，还应该有武略方面的巨大突破。当年赵匡胤南征北战，统一了中原，使南方诸国归降，虽说福建陈洪进和吴越王钱俶仍保持相对的独立，但均已向宋朝进贡，只要赵匡胤愿意，随时都可以将其纳入宋朝。然而，赵匡胤在北汉和契丹方面一直没有进展，这不能不说是重大的遗憾。宋太宗决定在这方面实现质的突破。他有一个梦想：如果能收服北汉、幽云十六州，甚至让契丹降服，那么，他将功盖千古，谁也不能再说他是在兄长的庇护下才有今日。

经过三年的准备，到了宋太平兴国四年、辽乾亨元年（979年）的时候，宋太宗再也无法压抑自己的激情，亲率大军，开始了浩大的北伐。

正月初五，辽朝派遣挞马长寿出使宋国，询问宋军兴师讨伐北汉的缘故。十六日，挞马长寿返回，陈述宋朝的答复：

> 河东违逆天命，理当问罪。如果北朝不予援助，宋辽和约不变，否则，就开战。

宋太宗的这个答复，相当于单方面撕破了宋辽之间的和约。

宋代《大驾卤簿图》(局部)

被动的辽政权

38

乾亨元年（979年）二月十八日，当气温刚刚有转暖的迹象时，北汉边境已出现了规模宏大的宋军。

与往常一样，北汉皇帝刘承钧赶紧派使者向辽朝祈求援助。

北汉，也被称为河东，是刘崇在公元951年建立的，都城晋阳（今山西太原南），其疆域是今山西省的一部分，主要包括太原、忻州、代州、岚州等地。前后有四位皇帝，统治时期为29年。

刘崇是后汉高祖刘知远的弟弟，后汉隐帝时担任河东节度使、太原尹。当后汉隐帝被杀、郭威建立后周后，刘崇也据河东十二州称帝，仍用后汉乾祐年号，国号汉，史称北汉或东汉。刘崇深知北汉国力微弱，所以奉辽帝为叔皇帝，与辽朝结为亲密的联盟。他还联合辽军，借机两度南下，进攻后周，但均以失败告终。周世宗柴荣反过来攻打北汉，包围太原达一月有余。刘崇虽然保住了北汉，但在后周军队撤退后，他也就病亡了。

其子刘承钧即位后，北汉国力更加窘迫，军事力量相应下滑，只好奉辽帝为父皇帝，一有敌情，就赶紧请辽朝支援。刘承钧抗压能力差，在位两年即因宋军压境、国势日蹙，忧愤而亡。之后，他的儿子刘继恩即位，只有60天的时间就被权臣郭无为派人杀死。紧接着便是刘继元即位，北汉的国力更加薄弱了。这使得宋太宗更加手痒心急。

保宁十年（978年），面对国力雄厚、兵强马壮的宋王朝，割据一方的福建陈洪进、吴越王钱俶，也不得不彻底归顺宋朝。钱俶本来还想尽力保持吴越国的独立。为此，他倾王府之财富，亲自呈送给宋朝廷，以讨宋太宗欢心。可是宋太宗根本不吃这一套，不仅纳贡，而且将钱俶留在汴京，钱俶请求返回，三十余次均未获准。正好陈洪进纳土归宋，钱俶心生恐惧，再次上表，请求宋太宗罢免所封吴越国，并解除自己的天下兵马大元帅之职，只求返回吴越。宋太宗仍然不许。钱俶不知如何是好，身边大臣崔仁冀说："朝廷意可以知道了。大王如果不赶紧纳土归顺，大祸将至！"不得已，钱俶上表献所管十三州，一军。宋太宗便在这风轻云淡之中，凭借强大的威权，不费一兵一卒，

便拿下了富庶的吴越，得 80 县，550 608 户，115 036 兵士。这样一来，五代十国中的十国便只剩下北方的北汉了。如此大好形势下，宋太宗雄心勃勃，想要亲征北汉，于是召见大臣们商议。

宋太宗先问枢密使曹彬：“周世宗以及我太祖皇帝，都亲征太原却没能攻克，是不是太原的城壁太坚固了，无法逼近？”

曹彬曾是后周的大臣，更是北宋的开国功臣。他曾率十万水陆大军攻克南唐，参与过赵匡胤时期攻打北汉和辽朝的决策，有丰富的作战韬略和经验。对于皇帝的问题，曹彬回答：“世宗时，史超在石岭关打了败仗，人情震恐，所以班师回国。太祖皇帝出征后，因为驻扎在甘草地中，军士们大多惹上了腹疾，所以中止。并不是对方的城垒不可逼近。”

宋太宗马上追问：“我现在举兵，卿认为怎么样？”

曹彬心知其意，即刻响应：“国家兵甲精锐，人心欣戴，若行吊伐，如摧枯拉朽！”

听了曹彬此话，赵光义大为振奋，于是下决心北伐。

宰相薛居正等人持保守态度。因为要想攻打北汉，势必绕不过辽朝。他们说：“当年世宗举兵，太原倚仗契丹的支援，坚壁不战，以至于中原军队最后不得不返回。再者，太祖皇帝在雁门关南攻破契丹后，尽驱那儿的人民分布在河、洛之间，所以那儿虽巢穴尚存，却已经十分危困了。我们如果去攻伐，得到了不足以辟土，舍弃了不足以为患，愿陛下好好考虑。”

赵光义当然考虑过契丹，但他这次攻打北汉，其实就有进一步攻打辽朝的意图，于是做出决断：“现在与当年相比，事同而势异，且先帝攻破契丹，将那儿的人迁徙，使那儿的土地空下来，正是为了今日之事。朕计决矣！”然后马上调集兵马，任命潘美为北路招讨使，率崔彦进、李汉琼等将领，进逼太原。这便引得北汉赶紧向辽景宗求援。

对于北汉的事情，辽朝向来十分重视。除了北汉是辽的附属国，每年都要向辽供奉大量的财物；还因为北汉介于辽宋之间，有着重要的战略地位。所以，只要北汉请求援兵，即便是昏庸的辽穆宗也要派兵支持，更不用说辽景宗和萧皇后了。

只是这段时间，辽朝有个很特别的现象。汉人权贵韩匡嗣被委任为枢密使，深得辽景宗器重。韩匡嗣有个特点，一方面对辽朝十分忠诚，另一方面有着浓厚的汉文化情怀。他见南部的宋朝重视文治，一改五代时期的乱象，一片欣欣向荣，不仅不担忧，反而十分欣赏，充满好感，是当时典型的亲宋派。辽景宗也受到他的影响。

保宁十年（978 年）冬季，面对宋朝积极备战的形势，出使宋朝的耶律虎古返国后对辽景宗说：“宋必取河东，应当提前防备。”一起议事的韩匡嗣便问：“何以知之？”耶律虎古说：“这个不难知道。四方那些国家，宋已经全部获取，现在只剩下河

东了。现在宋朝讲武习战，意必在汉！”韩匡嗣不以为然，没有好气地反对：“怎么可能有这种事?！”所以，对于宋朝的北伐，辽朝并没有多少准备。

等北汉求援时，辽景宗方急急忙忙下令，命南府宰相耶律沙为都统、冀王耶律敌烈为监军，统帅大军赶赴前线，又命南院大王耶律斜轸率所部随行，枢密副使抹只督战。此次救援北汉的军队，与976年赵匡胤派兵攻打北汉时基本一致，是辽朝南境的主力部队。只是那一次准备充分，耶律沙、冀王耶律敌烈打败了宋军，均得到赏赐。这一次则不同，虽然仍是上次打了胜仗的军队，但由于事先没有准备，以至于行事十分仓促。而宋朝则早在大军进逼太原之时，同时派云州观察使郭进前往辽军援汉的必经之路白岭关，进行周密的部署。

乾亨元年（979年）三月十八日，耶律沙、耶律敌烈等人率领的大军到达白马岭，很远便看到多处宋营驻扎在前面。耶律沙见状，打算等待后面的军队到达后，再与宋军交战。但冀王耶律敌烈认为耶律沙太畏怯了，定要急速冲击，一举踏平宋营。

冀王耶律敌烈多力善射，罕有匹敌，再加上他是辽太宗的第四个儿子，连辽景宗都要称他为皇叔，所以即便耶律沙是南府宰相、大军的都统，也无法劝阻。最后，耶律沙只好与耶律敌烈一起向前。

行约一里左右，前面有一大涧，耶律敌烈自恃骁勇，一马当先，冲了过去。其他将士紧跟其后，争先渡涧。只是大军刚进大涧一半路程，只听得一声炮响，对方宋军突然从营中冲出，打得辽军措手不及，死伤难以计数，就连冀王耶律敌烈父子、突吕不部节度使都敏均战死沙场。这便是白马岭之败。

幸亏耶律斜轸救兵赶到，万弩齐发，才迫使宋军退回。

经此一役，辽军损失惨重，短时间内无法救援北汉，十分被动。

辽代马镫壶（北京辽金城垣博物馆藏）

北汉覆灭

39

北汉是一个小国，之所以在后周、北宋大军的多次进攻下得以保全，每一次都是依仗辽军的救援。

此次，宋军压境之时，北汉便赶紧向辽朝求救。白马岭之战后，北汉主刘继元仍将希望寄托在辽朝，将求援信密封在蜡丸之中，派使者间道前往辽境。可惜，使者被宋军捕获，还被带到太原城下示众。北汉士气为之低落。

刘继元仍不甘心，几天后又派驸马都尉卢俊从代州飞驰辽朝告急，只是，兵败之余，辽朝已经不能在短时间内发兵救援了。

太原城外的宋军越来越多。到了四月二十二日，宋太宗亲率后备大军，来到太原城下。皇帝的到来，自然使宋朝将士备受鼓舞，几十万大军将太原城围得水泄不通。

刘继元迫切地等着辽朝的援军，但消息全无。

宋太宗先是诏谕北汉主投降，见对方没有回复，便穿戴甲胄，不畏危险，亲自到城下督战。左右大臣谏阻。宋太宗不听，称："将士争效命于锋镝之下，朕岂忍坐视！"三军将士听闻，无不感奋激越，冒死冲锋。又有数十万弓箭手，在宋太宗乘舆前列阵，交叉射击，无数弓箭如刺猬毛一样，不间歇地射入城中。

太原城经过刘氏数代经营，号称铜墙铁壁，牢不可破。刘继元还试图负隅顽抗。只是辽朝援军久盼不至，补给粮草的道路也被切断，太原城便一天比一天危险了。

宋太宗仍谋求利益最大化，希望能将北汉招降。到五月六日，攻城战已到了快要结束的时候。宋太宗见将士们如狼似虎，争先登城，不可遏制，恐他们入城后屠城，破坏自己的计划，于是指挥军士稍微退后，蓄势待发，等着刘继元的消息。

此时的刘继元仍然举棋不定。曾担任左仆射的马峰见此危局，不顾重病在床，让人抬着去见刘继元，流涕阐述兴亡之理。刘继元终于想通，当夜投降。

当时，北汉名将刘继业仍然率军苦战。宋太宗早知其人，也想为我所用，便令刘继元前往招降。刘继业原本姓杨，因对北汉一片忠心，更因战功卓著，被北汉主赐予刘姓。此次，他

是抱着必死之心捍卫北汉的。然而，北汉主刘继元来招，他便不能不从了。他先是北面再拜，大声痛哭，之后才解开甲胄，去见宋太宗。宋太宗大喜，抚慰甚厚，将其复姓杨氏，名字中也去掉“继”字，只留“业”字，授领军卫大将军。不用说，大家都知道，他便是彪炳史册的杨老令公杨业。

北汉覆灭。这一战争，从二月到五月，虽然耗费了宋朝大量的军力、物力，但最终将北汉收入宋朝版图，得十州、一军、四十一县、三万五千二百二十户，三万军兵，实现了历史性的跨越，着实令宋太宗大喜过望。

紧接着，宋太宗毁太原旧城，改为平晋县；以榆次县为并州；筑并州新城，派军兵将太原旧城中的居民迁徙到并州新城，尽焚其房屋，以至于大火连天，那些年老、年少的民众因没有尽快离开，死者甚重。对于这些，宋太宗并没有丝毫的不安，反而继续张扬自己的所谓功德，以行宫为平晋寺，并亲自作《平晋记》，刻于寺中。他还召集将领，打算乘胜攻打辽朝南京，夺取后晋石敬瑭划给契丹的幽州、蓟州。

幽、蓟之地在北部长城之南，向来是大一统中原政权的一部分，在北宋统治者眼中，理应归于自己。而在辽朝统治者心目中，这些地区划入辽朝疆域时，宋朝还没有建立呢。既然如此，凭什么是你的？所以，当宋太宗统领大军攻打幽、蓟时，自然被辽朝视为入侵。

40

南京攻守战

乾亨元年（979 年）农历六月，宋太宗亲率六军，由镇州出发，直抵辽境。一路很是顺利，刚到岐沟关（今河北涿州城西南）附近，此地西南 4.5 公里为南拒马河，东北 6 公里为北拒马河，西临古运粮河故道，向来是兵家要地，然而，还没有打仗，辽朝东易州刺史刘禹便直接投降。宋太宗更像打了鸡血一样兴奋，留兵千人镇守岐沟关，然后继续率兵北上。

六月二十一日，辽朝北院大王耶律奚底、统军使萧讨古、乙室王撒合率军抗击，结果被宋军击败。紧接着，镇守涿州的刘原德举城投降宋朝。

二十二日，宋朝大军抵达辽朝南京（幽州）城南。宋太宗驻跸宝光寺，命宋偓、崔彦进、刘遇、孟玄喆四员大将，各率部兵，四面攻城。

辽南京城是沿用唐幽州旧城，加以增减修建。《辽史·地理志》记载：南京有八门：东曰安东、迎春，南曰开阳、丹凤，西曰显西、清晋，北曰通天、拱宸。城门厚重，城墙高大，一时难以攻破。

宋太宗仍采取攻打太原城的策略，武力攻城的同时，向城上将士招降。

当时的南京留守是韩德让，他生怕守城将士动摇，与知三司事刘弘登上城楼，日夜守御。

御盏郎君耶律学古本来不在南京城内，听说南京被围，急救之。见宋军围城严密，挖地洞进入城内，帮助韩德让整顿器械，安定军心，多方守御，志不稍懈。

南京城外的战斗也已打响。南院大王耶律斜轸向来多谋善断，他见宋军势头正劲，便采取诱敌之策，让宋军攻打得胜口，他则绕到宋军后面袭击，迫使宋军退却。此后，耶律斜轸在清沙河北驻扎军队，声援南京城。

宋太宗加紧攻城，亲自督战，令军士昼夜猛扑。宋朝的攻城武器堪称一流，那时候的远程攻击武器砲车（抛石机）已有十多种，除可以抛出石弹外还有能燃烧、爆炸的火弹，杀伤力相当惊人。

城内军民恐惧，怀有二心。韩德让、耶律学古更加警惕，誓死捍卫城池。

南京被围后，辽景宗、萧皇后十分担忧。自辽景宗即位后，对内休养生息，对外减少战事，对宋朝也是采取和平政策。哪料到，宋太宗不仅毁约，灭掉北汉，现在又试图攻下南京。形势危急，辽景宗马上令南府宰相耶律沙前往救援，并以耶律休哥替换作战不利的耶律奚底，率领五院军并发，去攻打宋军。

转眼间已到了七月，天气十分炎热，空气中凭空多了很多燥气，考验着苍生的耐力。

辽军方面，韩德让、耶律学古仍死守南京城，宋军一时难以得逞；耶律沙、耶律斜轸没有轻易行动，只等着耶律休哥的援军到来，然后一起合力攻打宋军。

宋军方面，士气有所低落，与刚到南京城时的锋芒大不相同。本来，在消灭北汉政权之后，宋朝的将士们都想好好修整一番。毕竟，围攻太原累月，馈饷将尽，军士疲乏，等刘继元投降后，将士们都想得到奖赏和回报。可是宋太宗不仅没有及时奖赏大家，还想让大家继续卖命，这便让众多军士有了抵触，皆不愿行，但又不敢提出。独裁皇帝手下自然少不了拍马屁的。殿前都虞候崔翰上奏："乘此破竹之势，取幽、蓟甚易，机不可失。"宋太宗大悦，便强令军队继续北征。到达辽境之初，因一切顺利，宋军士气便也高涨起来，均想赶快攻下南京，建功立业。可惜，南京城并不容易攻下。时间一长，宋军的懈怠、埋怨情绪便不自觉地蔓延开来。

一天，驻扎南京城外东南隅的宋军掘土时得到螃蟹，其首领贵州观察使曹翰对诸将说：“蟹，水物，而陆居，失其所也。且多足，敌救将至之象。又，蟹者，解也，其班师乎！”一个螃蟹，就引出三层意思：宋军失所；敌军救援将到；宋军将班师回国。由此可见，宋军人心已不稳，再加上疲惫劳顿，粮草也因运输线太长开始出现短缺，双方优劣之势正悄悄逆转。

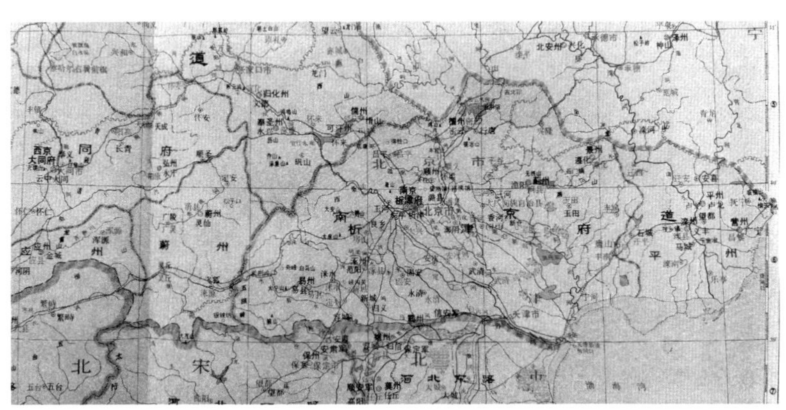

辽朝南京道地图（引自谭其骧主编《中国历史地图集》）

41 高粱河之战

辽朝时期的高粱河，位于今北京西直门外高粱桥一带。一千多年前，那里发生过一场重要的战役。

乾亨元年（979 年）七月六日，耶律沙得知耶律休哥的援军马上就到，率先发动对宋军的攻击，被击退。

当天晚上，耶律休哥率领的三万精骑突然出现在南京城北的高粱河畔，每人手持两个火炬，让宋军无法辨别多少，只感觉千军万马奔腾而来，令人心生惧怕。

耶律斜轸所率辽军同时赶至，与耶律休哥合兵一处，气势更盛。

兵贵神速。转瞬间，耶律休哥、耶律斜轸又各率所部，分左右翼奋击宋军。

大风起，伴着震天的喊杀声，两条巨大的火龙冲入宋军。

南京城内，韩德让、耶律知古见援军已到，开门列阵，四面鸣鼓，居民大呼，声震天地。

耶律沙的队伍也开始反攻。

已经疲惫的宋军哪料到有这么多的辽军，顿时乱了阵脚。

耶律休哥、耶律斜轸纵马驰骋，所到之处，势如破竹，追杀宋军三十余里，斩首万余级。

整个夜幕都要被鲜血染红了，月亮都不忍看下去，躲进了云层。

整整一个晚上的战斗，尽管宋军中有杨业、呼延赞等久经沙场的大将，但大势已去，光靠少数的大将怎能力挽狂澜？

兵败如山倒。场面异常混乱。宋太宗见势不妙，赶紧逃命，而耶律休哥已将目标紧紧锁定宋太宗，志在必得。幸得呼延赞等人拼命护驾，宋太宗才算逃出。然而，在耶律休哥的不断重击下，护卫宋太宗的将士们全被冲散，宋太宗身中两箭，单人匹马逃到涿州。耶律休哥也因身受三创，无法再追了。最后，宋太宗总算发现一辆驴车，赶紧跳了上去，逃往定州。

第二天，辽军继续攻击宋军残余部队，所杀甚众，缴获兵仗、器甲、符印、粮馈、货币不可胜计。

战争就以这样的方式结束了。这便是历史上有名的高梁河之战，它沉重地打击了本来占据优势的宋朝，宋朝政局也差点发生巨变。

北汉的覆灭，本来是一个非常好的结局。经过生死战役后的将士们本可以获得重赏，没想到宋太宗一意孤行，这才有了这样重大的挫折。这种情况下，即便皇帝的至高权威无法撼动，很多将士仍然产生了强烈的不满情绪。宋太宗失踪，正好为这些不满情绪制造了发泄的机会，有些军中将士便打算谋立从征幽州的赵德昭为新皇帝。赵德昭是宋太祖赵匡胤的儿子，时为武功郡王，有资格获得皇权。幸亏宋太宗及时返回，这才避免了危机。不过，这件事令宋太宗深为惧怕和忧虑，所以马上班师回朝，整顿内政。

辽朝的情况则截然不同了。辽景宗在高梁河之战后，将几次战役的胜败归并在一起进行赏罚。

有功则赏。韩德让、耶律学古、刘弘皆能安定人心，捍卫城池，一并赐诏褒奖。耶律休哥、耶律斜轸自然也得到优厚的褒奖。

有过则罚。奚底遇到敌军便退却，用剑背击打他；撒合虽退却，但队伍不乱，得到宽宥。冀王耶律敌烈在白马岭之役中战死，他的部属受到严厉的制裁：率先逃跑的部下被斩，都监以下的军官受到杖责。

对于有过有功的耶律沙、抹只等人，辽景宗先以白马岭之役失利加以责备，接着又以高梁河之战有功宽释他们；此后，

辽景宗又设宴招待耶律沙、抹只等将领，赐给他们财物。可以说，对于耶律沙等人，该罚则罚，该赏则赏，功过相抵，最后设宴招待，这样的措施是相当合适的，也显示出辽景宗成熟的政治手腕。

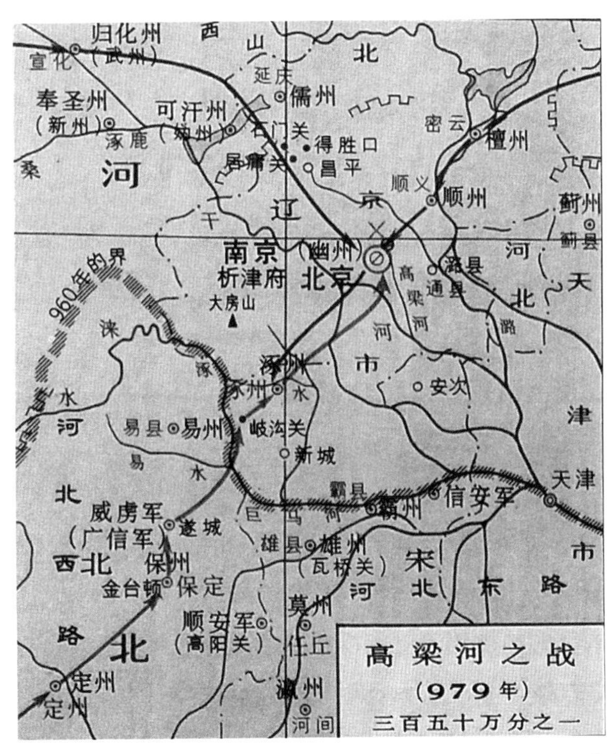

高梁河之战地图（引自郭沫若主编《中国史稿地图集》）

42 萧皇后为韩匡嗣求情

乾亨元年（979年）九月初三，辽景宗任命燕王韩匡嗣为都统、南府宰相耶律沙为监军，与惕隐耶律休哥、南院大王耶律斜轸、奚王抹只等各率所部军兵，大规模南伐；同时命令大同军节度使善补率领山西兵马分道前进。

高梁河大败宋军，为久处下风的辽朝带来了前所未有的翻盘机会。

辽景宗雄心勃勃，对此次南伐寄予了厚望，特地挑选自己信得过的韩匡嗣当总指挥。

前文中已提到过韩匡嗣。他是韩德让的父亲，不仅家世显赫，而且很有能力，尤其擅长医术，能治疑难杂症，辽朝皇族很多人都很依赖他。

“神医”向来是受人尊崇的，《辽史》中称韩匡嗣“直长乐宫，皇后视之犹子”，所以他是有很多特权的。

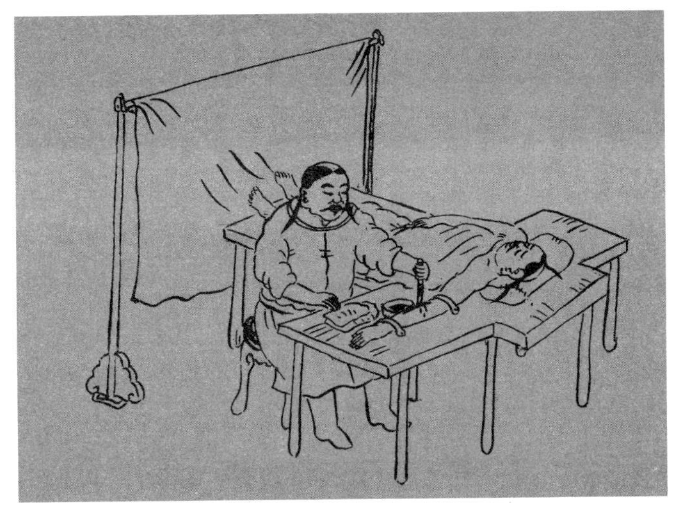

辽代行医图（萧太后河文化馆藏）

辽穆宗时期，很多人不敢妄谈国事，韩匡嗣却与耶律贤（日后的辽景宗）大谈特谈。宋王喜隐谋叛，言辞引出韩匡嗣，辽穆宗也是置之不问。这些均显示出他的与众不同。

韩匡嗣与耶律贤的关系非同一般。由于耶律贤从小多病，身体调理少不了韩匡嗣。等耶律贤成为辽景宗，韩匡嗣受到更多的重用，担任过南京留守、枢密使，还被封为燕王，可谓荣宠之至。这次南伐，韩匡嗣荣膺重任，自然也能体现出辽景宗对他的倚重程度。

可是，没过多久，辽景宗就被韩匡嗣气得大发雷霆，无法克制。原因很简单，韩匡嗣在南伐时犯了令人难以容忍的过错。

辽军到达满城时，刚刚列阵，城中宋军就举旗投降。韩匡嗣很高兴，马上同意接纳。身边的耶律休哥久经沙场，感觉不对，便对韩匡嗣说："敌军士气甚锐，可能是想要诱惑我们。我们还是整顿士卒，以备防御。"韩匡嗣不听，根本不做什么防御，只等宋军过来投降。过了一会，城门大开，宋军前来投降，韩匡嗣很兴奋，正准备亲自抚慰。可是宋军快要接近辽营时，突然呼喊着冲杀过来，打了辽军一个措手不及。韩匡嗣仓促间告谕诸将，不要抵挡宋军的锋芒。于是，众将奔退，没想到宋军还在他们撤退的要路上埋下伏兵，再一次给辽军以重挫。最后的结果是：韩匡嗣连旗鼓都没能保全，狼狈逃遁，其他将领也跟随着逃到易州。只有耶律休哥收拾所弃兵械，全军返回。

辽景宗没想到高梁河大胜之余，竟然马上遭遇如此失败。作为军队总指挥，韩匡嗣竟然如此轻信宋人，关键时刻连最起码的判断都没有，不折不扣地"反帮"宋军，不仅让辽朝乘胜追击的大势顿时消减，也让辽景宗的宏图大业和理想受到意外的重击，再联想到之前韩匡嗣认为宋朝绝对不会攻打北汉，并以此误导辽景宗，简直让人觉得他就是宋人在辽朝的最大卧底。这种情况下，即便辽景宗与韩匡嗣关系非同寻常，也快要被气得吐血了，所以当众数落韩匡嗣五条大罪：

尔违众谋，深入敌境，尔罪一也；

号令不肃，行伍不整，尔罪二也；

弃我师旅，挺身鼠窜，尔罪三也；

侦候失机，守御弗备，尔罪四也；

捐弃旗鼓，损威辱国，尔罪五也。

辽景宗越数落，越生气，当即下令把韩匡嗣推出去斩首。

这一下，即便韩匡嗣势力强大，即便皇亲国戚、文武百官都想为韩匡嗣讲情，看到辽景宗那样罕见的雷霆震怒，都是干着急不敢说话。

眼看着已无回天之力了。这个时候，一个人的出面，使无尽的深渊出现了一缕阳光。此人正是萧皇后。

史书记载："皇后引诸内戚徐为开解，上重违其请。良久，威稍霁，乃杖而免之。"这简短的文字透露出一些信息：

一是当时执掌朝政的是辽景宗，而非萧皇后；

二是萧皇后也有很高的权威，而且善于做辽景宗的工作；

三是辽景宗盛怒之下，萧皇后并不是一个人去求情，而是充分调动了诸内戚的人情和能量；

四是为韩匡嗣开解的过程是徐徐展开、注重策略方法的，即便如此，辽景宗仍然一再拒绝。

五是萧皇后深知辽景宗，也深知不能杀害韩匡嗣，不能因此毁坏辽朝的一大支柱——以韩匡嗣、韩德让为中心的韩氏，也不必将辽宋之间的成败归咎于这次战役。最后，辽景宗自己理智下来，重新审视当时的整体局势。高梁河之战，固然是对宋太宗的一次重击，极大地提高了辽军的士气，也让多年休养生息的辽朝产生了大国崛起般的新气象，但辽宋之间的实力差距，哪能短时间转变？更不能指望一下子就出现奇迹。辽景宗是一位了不起的政治家，理智下来后，自然很容易看清这一点，所以也就不那么痛恨韩匡嗣了，最终接受皇后的求情，轻责韩匡嗣。

六是以辽景宗多病之身，萧皇后给韩家一个大人情，未尝不是为了日后得到韩家的全力支持。

与外部战争相比，内政其实更为重要。所以，韩匡嗣被罚没多久，就又被授予晋昌军节度使的重任。

乾亨三年（981 年），韩匡嗣被改任西南面招讨使，不久病逝。《辽史》记载：“睿智皇后闻之，遣使临吊，赙赠甚厚，后追赠尚书令。”

对于萧皇后的这些恩情，韩匡嗣的五个儿子德源、德让、德威、德崇、德凝怎能没有感受？

韩匡嗣的家族怎能没有感受？

以韩匡嗣为代表的汉人家族怎能没有感受？

这当然也是政治。

喜隐：不知死活的二姐夫

43

说起萧皇后的二姐夫喜隐，那也是辽朝历史上赫赫有名的人物。此人出身高贵，是辽太祖的孙子，李胡的儿子，契丹皇族核心圈的重要人物。但他之所以在《辽史》中引人注目，是其多次谋反、不死不休。

前面已经提到，喜隐曾在穆宗朝谋反，被捕后牵连父亲，以致父亲被囚后死于狱中，他本人则被释放。那次惨重的失败，并没有使喜隐消停，没过多久他便再次谋反，失败后又被囚禁起来。辽景宗即位后，喜隐擅自离开牢狱，朝见辽景宗。辽景宗怒其不知体统，将负责监守他的守卫诛杀，又将他重新关押。只不过，这次关押只是小惩。没过多久，辽景宗便把喜隐释放，恢复他的爵位，改封宋王，而且还将萧皇后的二姐嫁给他。这样，他与皇帝、皇后就更是一家人了，应该消停了吧。可是，性格决定命运，喜隐虽然出身高贵，“雄伟善骑射”，但其致命的性格缺陷“小得志即骄”，使他不识大体、不知好歹，不断触碰辽景宗的底线。

一次，辽景宗主动召见喜隐，没想到喜隐毫不在意，迟迟未到。皇帝体统也是国家制度的重要环节，容不得任何人如此失礼。辽景宗怒而鞭打喜隐，让他长长记性。喜隐则不知好歹，反而心怀愤怨，再次筹谋造反。保宁六年（974 年）夏季四月，谋反之事被告发，喜隐爵位被废。

保宁九年（977 年），辽景宗再次放弃前嫌，召见喜隐，给他看自己写给北汉刘继元的书信。喜隐这次的态度不错，他见书信辞意卑逊，便说：“本朝于汉为祖，书旨如此，恐亏国体。”辽景宗想想，觉得有道理，便加以修改。紧接着，辽景宗授予喜隐西南面招讨使的职位。这次启用，未尝不是萧皇后的意思。她与二姐的关系也一定因此改善很多。

三年后的乾亨二年（980 年），先是辽景宗、萧皇后的儿子耶律隆绪、耶律隆庆被封为梁王、恒王，紧接着耶律休哥被封为北院大王、前枢密使耶律贤适被封西平郡王，辽朝政坛一片祥和气象。没想到，六月二十八日，喜隐再次引诱群小谋反，事败后被捕。面对屡教不改的这位二姐夫，萧皇后自然不会向辽景宗求情。辽景宗下令，将喜隐手上、脚上都戴上刑具，筑

圜土囚禁于祖州。

乾亨三年（981 年）五月，辽朝上京出现汉军叛乱，他们试图劫狱，拥立喜隐。劫狱不成，这些人转而拥立喜隐的儿子留礼寿，结果被上京留守除室一举击溃，留礼寿被生擒。七月，留礼寿被诛杀。

又过了一年，乾亨四年（982 年）七月的时候，辽景宗派遣使者，赐喜隐死。

喜隐的生命就这样结束了。他出身高贵，却死得凄惨。他本人，名喜隐，字完德，可惜他的一生既没有什么功德，也没有什么喜庆，而是以悲剧完结。他的悲剧，不仅害死了自己的父亲和儿子，还将自己的夫人，也就是萧燕燕的二姐也引向灭亡。

过了若干年，已成为太后的萧燕燕应二姐之邀一起饮酒，没想到婢女告发酒中有剧毒。萧燕燕震怒，转而让二姐自己喝，于是，又一条生命被终结。《契丹国志》中，宋人叶隆礼对萧燕燕有“天性忮忍，阴毒嗜杀”的评价，岂不知，众多表象的背后，有多少隐秘和无奈！

回过头来，如果我们继续仔细分析，会发现新的问题：为什么喜隐最后一次被捕后并没有被杀？为什么第二年有人试图劫立、其子留礼寿被杀，喜隐仍然活着？为什么在第三年并未发生谋乱之事的时候，辽景宗反而痛下杀手？

显然，喜隐之死还藏着另外的秘密。

辽代绿釉方形陶瓶（摄于通州博物馆）

44 辽景宗的最后时光

清明节，又称踏青节，处于仲春、暮春之交，大地生机旺盛，万物吐故纳新，是中华民族的一个重要节气。乾亨四年（982年）的清明节，在春和景明之间，辽景宗也感觉自己的身体好多了，颇有兴致地与诸王大臣较射、宴饮，筹谋着亲自率大军南伐。

此时，辽、宋双方已然势如水火，不时发生战争。但因为旗鼓相当，谁也不敢深入对方境内，所以都是局部作战，且各有胜负。

高梁河之战，让宋太宗领教了辽军的厉害，不敢轻举妄动了，但他并不甘心，一边派大将守卫边境，一边加大军备投入，提高军队实力，等待着机会。

高梁河之战后的当年冬季，英勇善战、老于

边事的杨业被任命为知代州兼三交驻泊兵马部署，驻守雁门关。杨业领命，率儿子延玉、延昭等出赴代州，未雨绸缪，亲督修城，即便风雪交加，毫不懈怠。第二年（980年）春季，辽军由耶律沙、耶律斜轸统领，大举入侵，来到雁门关下。此时，城池已固若金汤，虽然辽军号称十万大军，又由名将耶律沙、耶律斜轸统领，而杨业父子毫不惧怕，反而主动袭击。夜深人静之时，杨业父子率数百劲卒由雁门西口出去，神不知鬼不觉，绕到辽营背后。在约定好的时间，雁门关宋军主力杀向辽营，耶律沙、耶律斜轸有所准备，马上正面迎击，但没料到背后突然出现了杨家将，将辽营冲得大乱。双方激战之中，杨业父子如虎入狼群，势不可挡。辽朝驸马侍中萧咄李自恃骁勇，前来迎战，杨业大展雄威，几个回合之后便将萧咄李砍于马下。辽军顿时更加慌乱，自相践踏，就连耶律沙、耶律斜轸也不得不落荒逃走。自此，杨家军名声大振，杨业则有了“杨无敌”的美称，辽军每望见杨业大旗，便马上离开。倒是宋朝屯边的一些主将对杨业颇为嫉妒，暗中造谣诽谤，向朝廷揭杨业之短。宋太宗对此全然不问，而且将那些弹劾杨业的书面上奏封起来，转付杨业。如此一来，杨业更加忠心不二了。

雁门关之败，令辽景宗很是不爽。当年十月，他再次令耶律休哥率军南伐，在瓦桥关大败宋军，一直追到莫州，杀伤甚众。宋军修整后，返回再战，结果几乎全军覆灭。这样，辽军

算是扳回一局。辽景宗犒劳三军，拜耶律休哥为于越。于越，在辽朝官员中地位最尊，无职掌，班百僚之上，非有大功德者不授。整个辽朝，能被尊为于越者，寥寥无几。耶律休哥获此功名，可见辽景宗对这次南伐的重视。

汴京城内的宋太宗坐不住了，亲自率大军北上。辽景宗得知宋太宗亲征，主动令辽军退守南京。这让宋太宗捡回了面子，兴致勃勃地在大名府写诗抒情，其中一句为："一箭未施戎马遁，六军空恨阵云高。"他还打算继续北上，进攻幽州，但李昉等大臣建议修整部队后再攻幽州。宋太宗有前车之鉴，这一次也不得不慎重考虑，最终下令返回汴京。

乾亨四年（982 年）四月，辽景宗亲自率大军南伐。可是到了当年韩匡嗣失利的满城，辽军再次失利，守太尉奚瓦里被宋军流矢射中，统军使善补被埋伏的宋兵所围，幸亏耶律斜轸及时赶到，才得以脱险。辽景宗见出师不利，没有勉强向前，班师回国。这件事必有隐情，辽景宗之所以御驾亲征，必是非常重视，可辽军只是稍受挫折，辽景宗便半途而废了，可见其虽有雄心，但已力不从心。

这一年，正是辽景宗生命的最后一年。

也就是这年七月，辽景宗遣使赐喜隐死。很容易想到，辽景宗之所以迟迟不动手，是因为喜隐的背后还有宗族的众多势力。而他最终杀死喜隐，也是因为意识到宗族的强大势力，所以要在有生之年，哪怕自己背上骂名，也要为即将全面主政的皇后、儿子铲除一大隐患。

辽景宗此时的身体状况，恐怕只有自己和皇后知道。在外界看来，他仍然如常。八月前往西京；九月十二日，临幸云州，十六日到祥古山打猎。

可是，打猎途中，辽景宗病重，再也无法支撑了。这段时间，精通医术的韩氏必定出了不少力，韩德崇继承了父亲韩德嗣的医术，察人相貌气色，即可判断病情，深得辽景宗赏识，只是再厉害的医者也有无能为力之时，辽景宗病入膏肓后，韩德崇也无计可施。

二十四日，辽景宗在焦山行宫驾崩，年仅三十五岁。

辽景宗在位十三年。临终遗诏：梁王耶律隆绪嗣位，军国大事听皇后命。

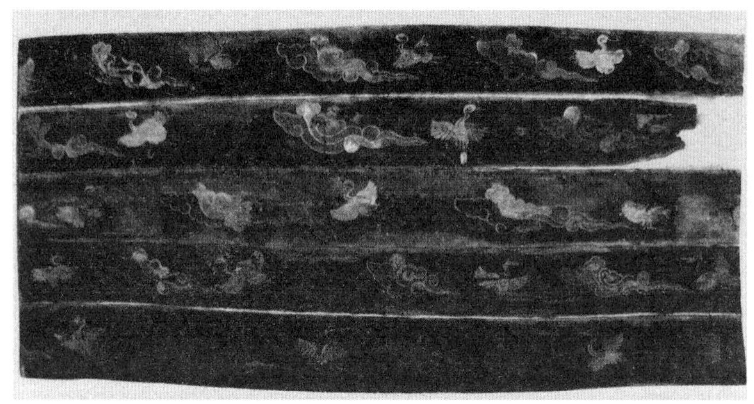

辽代彩绘祥云仙鹤纹木椁板（北京辽金城垣博物馆藏）

太后的“十二字危机”

45

乾亨四年（982年）九月二十五日，耶律隆绪在辽景宗灵柩前即位，成为新皇帝，年仅十二岁。萧皇后奉遗诏摄政，成为萧太后。太后给世人的印象，常是老年人，可是萧燕燕成为太后时，只有二十九岁。

按理说，早在六年前，萧燕燕已经与辽景宗共同处理国家大事，在朝政中已有很大的权威，所以辽景宗才可能正式下诏“书写燕燕言亦称‘朕’暨‘予’，著为定式”，宣布燕燕与他有着同等的地位和权力。再加上萧燕燕已生育三个儿子、三个女儿（夭折的除外），在后宫中的地位无可动摇。更重要的是，辽景宗临终遗诏，令耶律隆绪嗣位，军国大事皆听燕燕命令，这都是没有任何异议的。所以，当辽景宗撒手人寰，萧燕燕理所当然地成为最尊贵之人，辽朝的任何人员皆当无条件地听从她的命令。

可是，在这个时候，萧燕燕表现出了常人不及的睿智与态度。

《辽史·列传第一》记载：

> 景宗崩，尊为皇太后，摄国政。后泣曰："母寡子弱，族属雄强，边防未靖，奈何？"耶律斜轸、韩德让进曰："信任臣等，何虑之有？！"

这个场面一定非常具有戏剧性。也许，身为朝廷重臣的耶律斜轸、韩德让也没有料到，素来敢于担当、无所畏惧的太后竟在他们二人面前表现出一个女性需要保护的态度，如此谦卑近人，这是最能体现太后对他们二人的信赖了。

景宗睿知皇后蕭氏諱綽小字燕燕北府宰相思温女早慧思温嘗觀諸女掃地惟后潔除喜曰此女必能成家帝即位選爲貴妃尋冊爲皇后生聖宗景宗崩尊爲皇太后攝國政后泣曰母寡子弱族屬雄强邊防未靖柰何耶律斜軫韓德讓進曰信任臣等何慮之有於是后與斜軫德讓參决大政委于越休哥以南邊事統和元年上尊號曰承天皇太后二十四年加上尊號曰睿德神畧應運啓化承天皇太后二十七年崩謚曰聖神宣獻皇后重熙二十一年更今謚后明達治道聞善必從故羣臣咸竭其忠習知軍政澶淵之役親御戎車指

《辽史》中对萧太后的记载

耶律斜轸与韩德让，本来就是敢于担当的大丈夫，在萧燕燕这么一个举

动下，更是激发起甘愿为燕燕为王朝肝脑涂地在所不惜的万丈豪情，于是进前一步说："只要信任我们，就不必有任何忧虑！"

确实如此，这二人不仅有激情有担当，更是屡经考验、力挽狂澜的辽朝重臣。

耶律斜轸已在军队中树立了极高的威信，高梁河之战中，他与耶律休哥分左右翼夹击，大败宋军，建立了不世功勋，让辽军扬眉吐气。而在白马岭之战、满城之战等战役中，耶律斜轸总是以类似"拯救者"的方式出现，保全了战败后的辽军。如今，他已经担任南院大王。

韩德让则在艰难的南京保卫战中展现出非凡的素质，被征入朝，迁升为南院枢密使，兼行营都部署，成为统御汉军的最高职官。

耶律斜轸、韩德让均为萧燕燕的铁杆支持者。耶律斜轸一直感念萧思温的知遇之恩，娶萧燕燕侄女为妻后，更是全力拥护；而萧燕燕成为太后以后，还特地让皇帝与耶律斜轸互换弓箭鞍马，约为兄弟。这样一来，根本无人能够离间这样的同盟。韩德让曾与萧燕燕有过婚约，萧燕燕成为皇后以后，韩德让自然也就不能有那种想法了，但对萧燕燕忠心不二；而萧燕燕当年破例为韩匡嗣求情，韩德让不能不感念这份恩情。有了这二人的忠心守护，政权的过渡就有了很好的保障。

不过，主心骨还是萧燕燕。就像高明的国手为病人把脉，萧燕燕也在洞察着辽朝的整体局势，并作出诊断结果。她对耶律斜轸、韩德让说的十二个字，极其精准地概括了当时最大的危机，我们不妨称其为“十二字危机”。

首先，“母寡子弱”向来都是朝政更替时的致命弱点。远的不说，就说20多年前的后周，皇帝柴荣何等英明，只是他一死，成为寡妇的太后和年幼的皇帝便成为典型的“母寡子弱”，即便赵匡胤颇为仁义，但也还是发动兵变，夺取了政权。此时的萧太后与小皇帝，无疑也面临这样的危险。

其次，“族属雄强”，主要指宗族势力十分强大，在辽朝历史的每一次皇权交替时期都会兴风作浪，从而造成不可预知的变数。当年述律太后称得上辽太祖之后最有实力的当权者了，可是架不住宗族主要势力拥护辽世宗，最终失败。辽景宗时期，喜隐等人之所以敢一而再地谋反，也是仗着宗族的部分势力。宗族和下属雄强，就必然对皇权有所制约，甚至有所觊觎。而辽景宗的病逝、“母寡子弱”的现状，正为那些蠢蠢欲动的各方势力提供了难得的机会。谣言已在传播，挞剌干乃万十醉后言及宫廷秘事，论罪当处死，但杖责后便赦免了他。

第三，“边防未靖”，则主要指虎视眈眈的宋朝。辽朝虽然在高梁河之战中扭转了局面，但整体而言，宋朝的综合国力要高于辽朝。辽景宗最后一年的南伐失败，无疑会反过来激发宋太宗的斗志；而辽景宗之死，必然会引发宋太宗的新一轮北

征——这是板上钉钉、迟早会发生的事情。此外，西南面的党项部也是劲敌。

面对这样的“十二字危机”，以萧燕燕为核心的力量迅速行动起来。

韩德让主要处理“族属雄强”的危机：他首先担任总宿卫事，率领侍卫军保护好皇宫；再就是在特殊时期行雷霆手段，完全把那些宗族们隔离开，使他们无法互相沟通；更严厉的措施在统和元年二月颁发：“禁所在官吏军民不得无故聚众私语及冒禁夜行，违者坐之”，就是不让人无故聚集私自说话，没有得到允许不可以晚上行动，违者就是犯罪。这些强硬的隔离措施，就像隔离病毒一样，在特殊时期起到了应有的作用。

耶律斜轸则稳稳地把控着军队的态势，并与耶律休哥、韩德威等人互为表里，对过渡时期的最高权力形成强大的铁甲保护。

耶律休哥、耶律勃古只、韩德威也是萧燕燕倚重之人。耶律休哥被任命为南面行军都统，全权负责南边事宜。担任南京留守的荆王道隐于统和元年（983年）正月十七日去世，萧太后任命耶律休哥为南京留守，仍然赐他南面行营总管印绶，总理边防事务，随即派遣使者赐耶律休哥以及奚王筹宁、统军使颇德等人汤药，命大臣持送耶律休哥的受命文书，晓谕燕地百姓，充分显示出对耶律休哥的信任和倚重。

此后，南京方面不断上奏宋朝的消息：先是宋朝派使者献犀带请和，萧太后一眼识破对方试探的意图，以宋使没有国书加以拒绝。紧接着，又传来宋朝在边境多方聚粮、宋军主将已到五台山的消息，萧太后对此十分警惕，诏令耶律休哥严加防备。涿州刺史安吉奏称宋军在黄河北岸修筑城池，萧太后命耶律休哥前往骚扰，使之无法完成。总之，有耶律休哥防御与宋接壤的南京道边境，萧太后心里便比较踏实。

与宋朝边境接壤的，还有山西路诸州。萧太后与群臣商议军国大事时，南院大王耶律勃古只上疏陈述，颇合萧太后心意。耶律勃古只以勇悍著称，萧太后便命他兼领山西路诸州事。

西南面的情况也是乐观的。辽景宗驾崩的当年，担任西南面招讨使的韩匡嗣也病逝，其子韩德威继任，有效地防御着党项各部。韩德威是韩德让的弟弟，兄弟同心，对萧太后十分忠诚。景宗尚未入葬前，韩德威便奏来好消息：党项十五部侵犯边境，以兵击破之。

此时，对于萧燕燕及其政权而言，除了内忧，还有外患。西南面捷报传来，可以放心一些；而南面的宋朝已在准备粮草，大战之象已有端倪，考验着萧燕燕及其新政权。

广施恩德，重视法治

46

初为太后的萧燕燕，第一件大事便是大赦天下。此后，又将恩德体现在治理国家的方方面面。

对于皇族之人，只要没有谋反之类挑战底线的行为，萧太后均以宽容、厚待之心与他们交往。辽景宗的同父异母兄长只没，曾因妻子设毒谋反受到牵连，现在时过境迁，萧太后按照辽景宗的遗诏，召见只没，再次封他为宁王。荆王道隐病重，萧太后亲自到其府邸探望。道隐去世后，萧太后与皇帝辍朝三日，追封其为晋王，并派遣使者抚慰其家人。

对于大臣、百姓，萧太后也普遍善待他们。

值得注意的是，将辽景宗安葬于乾陵后，当萧太后前往祭奠景宗陵时，不仅令人在御容殿内绘上景宗近臣的画像，而且非常注意细节，专门赐物品给修陵的工匠，这样的细节体现了萧太后的待人之道。对于普通百姓而言，太后是高高在上、高不可攀的。但她本人是亲民的，是很会做人的，知道世事人情。

紧接着，萧太后又将景宗的遗物送给近臣，令这些人很是感恩。

当南京统军使耶律善补奏宋朝七十余村的村民前来归附时，萧太后下诏对这些百姓进行抚慰并妥善安置。

当得到耶律速撒征讨党项的捷报后，她马上派遣特使前去慰劳。没过几天，又派遣使者赏赐西南面有功将士。

在前往东京巡幸的时候，任枢密副使耶律末只兼侍中，为东京留守；在谒三陵的时候，以东京供奉的物品分别赠送陵寝官吏。

关注照顾妇女、弱势群体，是萧太后的治国理念之一。所以，在拜谒太祖庙后，她特别下诏：赐物品给命妇寡居者。

这个时期，萧太后家中还有喜事。萧太后延寿女被封越国公主，下嫁给国舅宰相萧婆项之子萧恒德。

对于公主下嫁礼，《辽史》中有专门记载。其中，太后赐予公主、驸马丰厚的物品："赐公主青车二，螭头、盖部皆饰以银，驾驼；送终车一，车楼纯锦，银螭，悬铎，后垂大毡，驾牛，载羊一，谓之祭羊，拟送终之具，至覆尸仪物咸在。赐其婿朝服、四时袭衣、鞍马，凡所须无不备。"此外，还要选皇族

一人，送至其家。

皇家的婚姻，举国同庆，向来具有政治意味。皇女此时出嫁，无疑是辽国“皇族”“后族”联盟的进一步强化，也是巩固政权的一种有效手段。

统和元年（983年）四月二十七日，大臣们认为皇太后参预国政，应有尊号，请下诏有关部门详定册封礼。诏令枢密院晓谕边疆持节大将，行礼之日，只需派遣子弟前来奉表祝贺即可，以防边备有失。

五月初一，国舅、政事门下平章事萧道宁以皇太后庆寿为由，请求回父母家行礼，而齐国公主以及命妇、群臣分别呈上贺礼。设宴，赐国舅帐下年高德劭者多少不一的财物。

六月初十，皇上率领群臣尊奉皇太后为承天皇太后，群臣则为皇帝上尊号为天辅皇帝，大赦天下，改元统和。二十三日，萧太后对朝廷内外广施恩泽，文武官员各晋爵一级。

九月初四，南京留守奏称，秋天霖雨不断，庄稼受到了损伤，请求朝廷暂停关市赋税之征。对此，萧太后予以听从……

由此可见，萧太后从施政一开始，除了为防止族属争权而采取的必要隔离等手段，更多采取怀柔、团结、广泛笼络人心的措施。有些措施还是超前的，具有女性独特的视角，让辽朝官民感受到相对柔和、亲民的政治氛围，这为她长期统治打下了很好的基础。

当然，萧太后绝不是老好人。相反，她十分重视法律和规矩。《辽史》中记载了很多萧太后亲自处理案件的记载。

例如：祭祀乾陵时，萧太后令三京左右相、左右平章事、副留守判官、诸道节度使判官、诸军事判官、录事参军等，当执公方，毋得阿顺，并鼓励地方官弹劾不法上级。王子司徒娄国假装生病，不按规矩前往山陵，鞭笞二十。

统和二年（984年）四月的一天，萧太后亲自判决被停滞的官司，发现很多问题。从六月一日开始，萧太后用一整月的时间处理案子，严惩了很多不法分子。

统和三年（985年）六月一日，皇太后亲自审理积压案件……

诸如此类的记载，说明萧太后非常重视以法治国，并以此促进了辽朝社会的安定秩序。

萧太后对辽朝的刑法建设有很大的贡献。“辽以用武立国，禁暴戢奸，莫先于刑。”很多刑法是非常残酷的。对此，萧太后遵循“刑也者，始于兵而终于礼”的原则，开启了改良之路。《辽史·刑法志》称：“圣宗冲年嗣位，睿智皇后称制，留心听断，尝劝帝宜宽法律。”又有这样的评价：“太祖、太宗经理疆土，擐甲之士岁无宁居，威克厥爱，理势然也。子孙相继，其法互有轻重；中间能审权宜，终之以礼者，惟景、圣二宗为优耳。”这里对“景、圣二宗”的赞誉，何尝不是对萧太后的肯定呢?！关于这些，我们还会按照时间的顺序，在后面再次阐述。

重视“再生礼”的背后

47

再生礼，辽朝独特而尊贵的礼仪，只有皇帝、太后、太子和夷离堇才能行此礼。《辽史·国语解》称：“再生礼，国俗，每十二年一次，行始生之礼，名曰再生。惟帝与太后、太子及夷离堇得行之。又名覆诞。”

为皇帝举行再生礼时，事先要在禁门北布置再生室、母后室、先帝神主室，还要在再生室的东南面倒植三株崎木。

行礼那天，提前安排童子、接产老妇进入室内。室外安排一妇人、一老者站立，妇人端酒，老者持弓箭、箭袋。

行礼时，由太巫致奠神主后，皇帝由群臣奉迎出寝殿，到再生室，脱掉衣服、鞋子，带几名童子从崎木下走过三次。

每过一次，接产老妇便念祝福致词，在皇帝身上做拂拭动作。

在崎木下走过七次时，皇帝要卧于木侧。

此时，老者一边击打箭袋，一边说：“生男矣！”以此表示皇帝又从母亲胎中降生了。

太巫、群臣一起称贺，送包裹婴儿的襁褓、彩结等礼物。皇帝拜先帝御容，拜太后，然后宴请群臣。

本来，这种礼仪是十二年举行一次。萧太后十分重视此礼，以至于打破常规。

《辽史》的记载：

> 甲申　统和二年（984年）秋七月癸丑，皇太后行再生礼。
>
> 丙戌　统和四年（986年）九月甲午，皇太后行再生礼。冬十月丙申朔，项、阻卜遣使来贡。丁酉，皇太后复行再生礼，为帝祭神祈福。
>
> 统和十二年（994年）十一月戊申朔，行再生礼。

这里面，尤其值得重视的是：在辽圣宗刚当上皇帝、年龄还小的时候，萧太后不仅在统和二年行再生礼，而且在统和四年行了两次再生礼，由此说明萧太后深知提倡孝道需要礼仪做辅助，而通过再生礼，能让儿子懂得母亲生子的艰辛，让他从小就知道以孝治国的道理。这样的教育，潜移默化，培养了辽

朝历史上以孝著称的皇帝，更重要的是强化了“以孝治国”的国策。

早在统和元年（983年）十一月，萧太后便以皇帝的诏令传达全国：“民间有父母在，别籍异居者，听邻里觉察，坐之。有孝于父母，三世同居者，旌其门闾。”

以孝治国，表彰孝顺和睦家庭，亲礼仪而重文教，这是萧太后治国的新气象。辽朝不再是蛮夷之国。

绢帛上的辽代备茶图（萧太后河文化馆藏）

48 室昉进献《尚书·无逸篇》

统和元年（983年）的一天，儒家经典《尚书·无逸篇》被摆在辽圣宗面前，这在当时是一件新鲜事。

呈献这一经典的人物，是辽朝枢密使兼政事令室昉。《辽史》记载，室昉年幼时便谨厚笃学，长期潜心学习，不出外户达二十年之久，乃至熟知礼仪、精通文史，成为辽朝罕见的饱学知礼之士。辽太宗时，室昉被任命为知制诰，总礼仪事；辽世宗时，被任命为南京留守判官；穆宗朝，累迁翰林学士；保宁年间，兼任政事舍人，辽景宗数次咨询古今治乱得失，室昉均奏对称旨，被改任南京副留守。在南京期间，室昉审案合理，决狱平允，因政绩迁升为工部尚书。此后又是一路高升，不仅担任枢密使的重要职务，而且还有很多兼职，并监修国史，堪称辽朝第一文臣。

辽景宗驾崩后，室昉以年老为由，请求解除自己的兼职，萧太后没有允许，以此表明对室昉的器重。这个方向标，也表明萧太后对文教的重视。

室昉的兼职中，其中一项是担任辽圣宗的老师。室昉既然感受到萧太后的深意，便琢磨如何回报。思来想去，最后决定将《尚书·无逸篇》呈献皇帝，作为上谏。此文内容如下：

周公曰："呜呼！君子所，其无逸。先知稼穑之艰难，乃逸，则知小人之依。相小人，厥父母勤劳稼穑，厥子乃不知稼穑之艰难，乃逸。乃谚既诞，否则侮厥父母曰：'昔之人无闻知。'"

周公曰："呜呼！我闻曰昔在殷王中宗，严恭寅畏，天命自度，治民祗惧，不敢荒宁。肆中宗之享国七十有五年。其在高宗，时旧劳于外，爰暨小人。作其即位，乃或亮阴，三年不言。其惟不言，言乃雍。不敢荒宁，嘉靖殷邦。至于小大，无时或怨。肆高宗之享国五十有九年。其在祖甲，不义惟王，旧为小人。作其即位，爰知小人之依，能保惠于庶民，不敢侮鳏寡。肆祖甲之享国三十有三年。自时厥后立王，生则逸。生则逸，不知稼穑之艰难，不闻小人之劳，惟耽乐之从。自时厥后，亦罔或克寿。或十年，或七八年，或五六年，或三四年。"

周公曰："呜呼！厥亦惟我周太王、王季，克自抑畏。文王卑服，即康功田功。徽柔懿恭，怀保小民，惠鲜鳏寡。自朝至于日中昃，不遑暇食，用咸和万民。文王不敢盘于游田，以庶邦惟正之供。文王受命惟中身，厥享国五十年。"

周公曰："呜呼！继自今嗣王，则其无淫于观、于逸、于游、于田，以万民惟正之供。无皇曰：'今日耽乐。'乃非民攸训，非天攸若，时人丕则有愆。无若殷王受之迷乱，酗于酒德哉！"

周公曰："呜呼！我闻曰：'古之人犹胥训告，胥保惠，胥教诲，民无或诪张为幻。'此厥弗听，人乃训之，乃变乱先王之正刑，至于小大。民否则厥心违怨，否则厥口诅祝。"

周公曰："呜呼！自殷王中宗，及高宗，及祖甲，及我周文王，兹四人迪哲。厥或告之曰：'小人怨汝詈汝。'则皇自敬德。厥愆，曰：'朕之愆允若时。'不啻不敢含怒。此厥不听，人乃或诪张为幻，曰小人怨汝詈汝，则信之，则若时：不永念厥辟，不宽绰厥心，乱罚无罪，杀无辜。怨有同，是丛于厥身。"

周公曰："呜呼，嗣王其监于兹！"

翻译成现代汉语，就是：

周公说："唉！君子立身行事，不可以贪图安逸享受。先知道耕地种田的艰难，然后再安逸，就会明了老百姓的苦衷。看那些老百姓，他们的父亲勤劳于农事，他们的儿子却不知道农事的艰难，只是贪图安逸。又粗鲁又自大，乃至于侮慢他们的父母说：'你们都是跟不上时代的旧人了，什么都不懂。'"

周公说："唉！我听说过去的殷王中宗，庄严恭让，有敬畏心，自己揣度天命，治理民众时也是心怀警惧，不敢有丝毫荒废疏懒。所以，中宗治理国家达七十五年。到了殷高宗治国的时候，由于他当太子时曾在外行役、劳作，所以爱护百姓。等他在位后，常保持沉默，三年几乎不说话。要么不轻易说话，而一旦说话，则所说的话非常合理。他也不敢荒废自安，而是很好地安顿着殷朝的国事。下至百姓上至大臣，都没有什么怨言。于是高宗治理国家达五十九年。到了祖甲，他认为替代兄长做国王是不义之举，于是逃亡民间，甘于当普通百姓。等他即位后，因为熟知民间百姓所依靠的是什么，所以能够保护惠及百姓，不敢轻慢无依无靠的弱势群体，于是，祖甲治理国家三十三年。自此以后，在位的殷王，生来就安逸。生来安逸，就不知道农事的艰难，不了解老百姓的劳苦，只是沉湎于享乐之中。从此以后，这些殷王没有能长寿的，有的在位十年，有的七八年，有的五六年，还有的只有三四年而已。”

周公说：“唉！只有我周太王、王季，能够严格自律，心怀敬畏。文王穿着老百姓的衣服，从事开荒种地的农活，和美恭敬，心中总想着保护百姓，惠及鳏寡之人。从早晨到中午，从中午到下午，忙得没有余暇吃饭，以求万民和谐。文王不敢在游逸享受中有所沉湎，使归附的各邦国首领也能正身供奉。文王接受天命时已是中年，但他在位达五十年之久。”

周公说：“唉！从此以后继嗣的周王，一定不要沉溺于观览、安逸、游玩、田猎，不可以只让万民供奉。不要这样讲：‘今天要纵情享乐。’如果这样，就不是民众的榜样，就没有遵从上天的命令，这样的人就会有罪愆，就会受到诅咒。不要像商纣王那样，受到外界的迷惑，自乱其德，把酗酒当做德行！”

周公说：“唉！我听说：‘古代的人，还能互相劝导告诫，互相爱护恩惠，互相教益训诲，老百姓没有互相欺诈互相诱惑的。’不听从这些老话，而是按照自己的主张，随意变动先王的政治法律乃至于大大小小的法令。老百姓就要么内心怨恨，要么口头诅咒了。”

周公说：“唉！殷代中宗、高宗、祖甲以及我周文王，这四个人堪称富有智慧的先导。当有人告诉他们：‘有人抱

怨你责骂你。'他们就会自己更加敬守德性。如果他们有了过错，就会说：'这确实是我的过错。'真是不敢含有任何嗔怒之心。不如此做，人们就会互相欺骗互相作假，说老百姓怨你骂你，你就相信了，就会像这样：不能从长远考虑国家的法度，不能敞开心胸，乱罚无罪之人，杀死无辜之人。如果这样，民众的怨恨汇合起来以后，就会集中在你的身上。"

周公说："唉，周王你一定要以此为鉴呀！"

这篇文章是周公以自己的治政经验，并从商周以往帝王的成败兴亡为借鉴，教诲小皇帝不要贪于安逸，而要顺天勤政，胸怀宽广，敬慎安民，作万民的榜样。这一经典中的治国之要，深合萧太后心意，教诲辽圣宗用心学习、经常揣摩其中的深意，还特地郑重地嘉奖了室昉。

此后，室昉更加效忠于萧太后与圣宗皇帝。史称："是时，昉与韩德让、耶律斜轸相友善，同心辅政，整析蠹弊，知无不言，务在息民薄赋，以故法度修明，朝无异议。"

49 西伐东征

萧太后在军事战略方面很有一套。她深知最大的外敌是南部的宋朝，但对方力量太强，在自己刚刚主政的时候决不能贸然出击，而应采取加强防护、增强自身军事实力的措施。

如何增强军事实力？除了常规训练、增加军事投入等办法外，进行有把握的局部战争，增强将士的实战水平，也是非常重要的。

党项铜头盔
（宁夏西吉县博物馆藏）

按照这个思路，萧太后并没有消极等待，在南路积极防御的同时，却在西路、东路发动了一些战争。这些战争，自然也与党项、女真等族的对抗有关。

党项是古羌族的一支，最先

生活在青藏高原，在雪山牧场间过着游牧生活。唐朝初年，党项受到吐蕃的打击，被迫内迁。唐太宗李世民对少数民族采取招抚政策，到贞观六年，党项前后内迁的人口达到30万。唐高宗时期，唐王朝再次答应党项的内迁请求，将他们安置于松州，也就是现在的四川松潘。唐玄宗时期，吐蕃的军队也接踵而至，党项不得不又一次请求内迁，经唐玄宗允准，党项拓破部和野利部从原来居住的松州迁移到庆州。庆州，便是今天的甘肃庆阳。党项的其他部落也纷纷内迁。从正德年间到永泰元年的十年间，党项部落逐渐集中到灵、庆、夏、银、唐、绥、延、胜等州，形成了几个较大的部落。在内迁的过程中，党项部落也开始了少量的农耕，经济有所好转，战争实力也在提高。唐朝末年，党项部队曾有力地帮助过唐王朝。酋长拓跋思恭因协助镇压黄巢起义有功，被赐姓李。李思恭趁机以统万城为治所，割据夏、绥等五州之地。五代时期，党项继续发展，但发展速度显然比不了契丹。当辽、宋两大政权建立后，党项不甘于被强敌消灭，采取时而对抗、时而迎合的灵活措施。

辽景宗驾崩，紧接着便是西南面招讨使韩匡嗣病逝，辽朝这些重大的事故，使党项十五部看到了反击的机会，迫不及待地在统和元年（983年）正月侵犯辽朝边境，没想到新任西南面招讨使韩德威更难对付，将他们迅速击败。

西南路招讨使大汉也不好对付。本来，辽景宗驾崩后，大汉统领的辽军阵营出现了一些不听命令的下属，但萧太后于统和元年（983年）四月十六日，下诏赐大汉尚方宝剑，对不听命令者可以先斩后奏，有力地支持了大汉。五月初七，大汉请求增派援军讨伐西突厥诸部，萧太后马上派北王府耶律蒲奴宁率敌毕、迭烈二部军兵前往支援。二十三日，大汉再次上奏，近派拽剌跋剌哥晓谕党项诸部，归顺者甚多，萧太后予以褒奖。

七月二十三日，韩德威又有捷报传来，并派人献上党项俘虏，其中还有党项军事首领夷离堇之子。五日后，萧太后赏赐西南面有功将士。八月二十九日，韩德威上表请求讨伐再次叛离的党项诸部，萧太后允准，并征发数千人前往相助，获得很多战果。

统和二年（984年）二月二十六日，韩德威征伐党项回师，途中趁势袭击了宋朝的河东，向皇上献俘，皇上下诏褒奖。当然，此时皇上的诏令，便是太后的旨意。由此，这一阶段的西部战争便告一段落。

东征主要是针对女真人的。女真人生活在中国的东北。他们的祖先，最早被称为肃慎，后汉时称作“挹娄”，南北朝时称作“勿吉”，隋唐时称“靺鞨”。辽人和宋人称他们为“女直”或“女真”。当时的女真，部族分散，整体实力并不强大，但女真人体格强悍，生性好斗，不服辽朝管束，甚至时常捣乱。本

来，萧太后打算先东征高丽，并令诸道修缮甲胄兵器，开拓道路，做了很多准备。只是临出发前，因辽东沼泽低湿，不利于作战，便停止讨伐高丽，而将东征集中在女真。

统和三年（985年）八月初一，辽军以枢密使耶律斜轸为都统，驸马都尉萧恒德为监军，大举征讨女真。十八日，耶律斜轸奏称道路仍然十分泥泞，不好前行，萧太后便令他们等沼泽干燥后再行征讨。

九月九日重阳节，萧太后与辽圣宗在骆驼山登高，赐给群臣菊花酒。此时的辽圣宗虽然仅有15岁，但在萧太后的引导下，已相当成熟。重阳节次日，诏令东征将帅，乘枯水季节进讨女真。

在强大的攻势和压力下，刚过了十四天，女真宰相术不里便来进贡。三天后，速撒奏报术不姑诸部到了近淀，夷离堇曷鲁姑等人请求俘掠他们，辽圣宗说："这些部落对国无害，为什么去俘掠他们？这是徒生事端。"拒绝了曷鲁姑的要求。可见，萧太后、辽圣宗并不愿随意干扰其他部落。

由于女真部落并不统一，宰相术不里根本不能代表所有部落，所以，东征仍旧继续进行。直到统和四年（986年）正月，东征才算拉下帷幕。

正月初五，林牙耶律谋鲁姑、彰德军节度使萧挞凛呈献东征所获俘虏及物品，皇上诏令褒奖表彰。初七，枢密使耶律斜轸、驸马都尉萧恒德也献上征讨女真的战利品，包括十余万女真人、二十余万匹马以及各类物品，可谓收获丰厚。尤其是女真健马，比契丹铁骑更加雄健。万马奔腾之下，场面之恢宏，令人顿生万丈的豪气。军事将领中的新星也在战争中涌现出来。其中，萧挞凛、萧恒德均为后族中的佼佼者。

史书中，萧挞凛也以萧挞览、萧闼览等姓名出现，其父为萧太后父亲萧思温的堂兄弟。萧挞凛本人敦厚彪悍，有才略，通天文，此次东征立下大功，更受萧太后器重。萧恒德，史书中也写作萧恳德、萧勤德等，字逊宁，小名吴留，有胆略而善谋，娶了越国公主后，便成为萧太后的女婿，此次与耶律斜轸一起获取大功，俨然成为新一代战将中的领军人物。

对于萧太后而言，西伐与东征，主动权均牢牢掌握在自己手中。辽朝军队的战斗力得到持续提升，并且消除了后顾之忧，增强了军事、经济实力，为抗击宋朝提供了强有力的保障。

也巧，辽朝东征还未完全收尾，宋朝最大规模的北伐便开始了。

宋太宗手腕

50

高粱河之败，宋太宗一直耿耿于怀，想要雪耻，但总不敢贸然发动大规模的北伐。在他看来，外敌固然比他想象中还要强大，而内政的危机则更令人担忧。

他本以为自己继承皇位后，一切皆在掌握之中，不料高粱河一败，自己身中两箭，狼狈逃窜，而军中将领多怀疑皇帝已亡，便试图谋立赵德昭为新皇。虽然并未实行，但被宋太宗听说后，每每思及，总感到后怕。

赵德昭是宋太祖赵匡胤的次子，曾担任贵州防御使、山南西道节度使等职，宋太宗即位后得到升迁，改任京兆尹，移镇永兴，封武功郡王。本来，宋太宗、赵德昭二人的关系是很好的。为笼络人心，宋太宗对这位侄子处处提点，大有将其培养为皇位继承人的架势。赵德昭内心坦荡，高梁河之败后，依然如往常那样对待宋太宗，而宋太宗则心思大变，乃至隐隐地将这位亲侄儿视为最大的政敌。

班师回京多日，不仅宋太宗心中不爽，三军将士更是多有怨言。他们冒着生命危险，九死一生浴血奋战地攻下太原，无论如何都应该得到奖赏，可直到现在，朝廷仍没有任何举措，不免令他们心生愤懑。赵德昭担心这种情绪会引起动乱，便进谒宋太宗，加以提醒，请其按功行赏。可他的话还没讲完，宋太宗便怒声说："战败回来，还有什么功劳？要什么赏赐？"赵德昭平心静气地劝说："征辽虽然失败，北汉却终究被荡平了。将士们也不容易，还是应该分别考核，按功行赏。"哪知道宋太宗更怒了，狠狠地盯着赵德昭，一句重话随之而出："等你当了皇帝，再赏不迟！"赵德昭顿时脸色惨白，明白了皇帝对他的疑恨，一句话不说，低头而出。回到自己府中，赵德昭思来想去，越想越气，最后拔出宝剑，愤然自尽。消息传到宫中，宋太宗急忙前去探视，见赵德昭已死，免不了滴几滴眼泪，说一句"何至于此"，然后追封赵德昭为魏王，予以厚葬。不久之后，平定太原的有功将士得到了封赏。

赵德昭之死，让宋太宗松了一口气，但紧接着便产生另外的不安。说到底，军中将士之所以打算拥立赵德昭，说明大家对自己的皇位继承是有怀疑的。当初刚当上皇帝的时候，宋太

宗认为自己能完全把握局面，所以即便外界有什么怀疑，他也毫不在意。可是经受惨败后，他开始重新看待这个问题。所谓名不正则言不顺，如果不能证明自己继承皇位的合理性，另立新主的事件依然可能爆发。可是，如何才能更好地证明呢？正在宋太宗苦思这个问题的时候，前朝宰相赵普出现了，而且进献了“金匮之盟”。

“金匮之盟”的大意是这样的：建隆二年（961 年）六月，赵匡胤的母亲——皇太后杜氏患病，赵匡胤日夜服侍，不离左右。杜氏聪明有智度，曾与赵匡胤一起参决大政。临终前，她将宰相赵普也召进宫来，做个证明。杜太后问赵匡胤：“你知道为什么能得天下吗？”赵匡胤只顾呜咽哭泣，没有回答。杜太后又说：“我自老死，哭也无益。我刚才问你以大事，为何只会哭泣？”赵匡胤只得回答道：“这都是托祖考与太后的福德。”太后摇摇头：“不然。是由于柴荣让幼儿主治天下，以致群心不附。倘若周有长君，你安得至此？你死后，皇位应传与你弟，四海至广，能立长君，是社稷之福。”赵匡胤顿首哭泣道：“怎敢不听太后教诲。”太后又对赵普说：“汝记下吾言，不可违也。”赵普于是在床前写下誓书，并在纸尾署上“臣普记”。赵匡胤将其书藏于金匮之中，命谨密宫人掌管。如果这一盟誓确实存在，它就是赵匡胤的书面遗嘱，显然比口头遗嘱更有说服力，最能证明宋太宗继承皇位的合法性。

赵普此时出现，显然有政治背景。作为开国元勋，宋初的很多重大政策都与赵普有关，他还以“半部论语治天下”而名闻史册。起初，赵普、赵光义一起辅佐赵匡胤打天下，彼此关系很好，只是后来由于权力之争，赵普与赵光义产生一些矛盾。赵匡胤晚年，赵普因故被罢相，出镇河阳。等赵光义成为宋太宗后，曾对人说：“如果赵普还做宰相，朕不能坐皇位。”赵普此时的处境可想而知，受到新任宰相卢多逊等人的排挤。对此，他并不甘心。当赵德昭自尽后，熟悉宋太宗的赵普很清楚对方此时最缺什么，为了能东山再起，便献出“金匮之盟”。果然，宋太宗大喜，马上改变态度，对赵普说：“人谁无过，朕不待五十，已尽知四十九年非矣。从今以后，才识卿忠。”此后，赵普再次成为宰相，为宋太宗出谋划策。

“金匮之盟”中杜太后的教诲，有几种不同的说法。《宋史·后妃传》中记载“将皇位传给你弟弟”。《涑水记闻》中记载“应当把帝位按次序传给你的两个弟弟及儿子”。《宋史纪事本末》则说“应传位给光义，再由光义传给光美，光美传给德昭”。《续资治通鉴》则称“汝与光义皆吾所生，汝后当传位汝弟。四海至广，能立长君，社稷之福也”。按照这些说法，赵匡胤将皇位传给二弟赵光义，接下来就应该是赵光义将皇位传给三弟赵光美（后改名赵廷美）。宋太宗虽然非常乐于接受前者，但对后者非常抵触。赵德昭自尽后，有资格继承皇位的不是自己的儿子，而是首选赵廷美，这让宋太宗很是不爽。

本来，赵廷美也是很受宋太宗重视，征辽时曾命其留守京师，晋封秦王。但高梁河之败后，变了性子的宋太宗不仅逼死赵德昭，也向赵廷美耍起了手腕。按照宋朝人朱弁《曲洧旧闻·赵韩王直言》中的记载，赵普也参与了压制赵廷美的活动，因为他一直坚持皇位应传皇子，而不应传弟弟。所以，当年赵匡胤在世时，赵普就认为皇位不应该传给赵光义，而且“密有所启”。等赵光义当了皇帝，得知赵普的“密奏”后，便怒气冲冲地责问赵普。赵普仍坚持他的一贯态度，只是针对的人已是赵廷美了。他说：“先帝若听臣言，则今日不睹圣明。然先帝已错，陛下不得再错。”听了这话，宋太宗怒容顿消，赵普因此再次复出。

此后，宋太宗先是借口有人告发赵廷美有异谋，将其贬出京师。接着，又以赵廷美与卢多逊互相勾结为理由，将其降为涪陵县公。雍熙元年（984 年）正月，赵廷美忧悸病死。这一次，宋太宗又表现出了所谓的兄弟情谊，“宽宏大度”地追封赵廷美为涪王。

在无情地逼死赵德昭、赵廷美的同时，宋太宗大力推动科举考试，单是雍熙二年（985 年）三月，便得进士 255 名，诸科 620 名。通过科考的人员不断地进入仕途，为宋朝的官僚体系换了新鲜的血液，也培养出忠心于宋太宗的一代新人。到雍熙三年（986）时，在内政方面，宋太宗已再无任何担忧，这也让他的信心再次达到巅峰，再加上他向来轻视女流之辈的萧太后，所以敢以倾国之力再次伐辽。

雍熙北伐

51

辽统和四年（986 年）的时候，正是宋雍熙三年，所以，此次宋军北伐也被称之为雍熙北伐。

谍报工作率先展开。据《续资治通鉴长编》记载：以知雄州贺令图为首、驻扎在辽宋边境的一些宋朝地方官，在收到关于辽朝的情报后，相继向朝廷上言："契丹国的皇帝辽圣宗年龄幼小，不能主事。国家大事都由萧太后决定，她宠幸韩德让，受到国人的痛恨，以至于内部矛盾重重。这正是我朝北伐，攻取幽州、蓟州的好时候。"贺令图是宋太祖发妻孝惠皇后的兄长，也很受宋太宗的器重。他所说的"萧太后宠幸韩德让，受到国人的痛恨"，也许与耶律虎古事件有关。

耶律虎古是辽朝颇有名望的重臣，辽景宗时曾出使宋朝，返回后禀报皇帝，宋朝有攻取河东

（北汉）的意图。燕王韩匡嗣就问："何以知之？"耶律虎古回答："宋国已经把那些各处自行称号的国家都灭了，只有河东未下。现在宋朝讲武习战，下一步必然是要攻取北汉。"韩匡嗣不相信。等到了第二年，宋军果然大举讨伐北汉，辽景宗因此认为耶律虎古能够预料大事，非常器重地说："我与匡嗣都没有考虑到这一点呀。"于是授予他涿州刺史的重任。萧太后称制后将其召回京师。然而，没过多久，耶律虎古竟被韩德让击毙。对此，《辽史》记载："（耶律虎古）与韩德让以事相忤，德让怒，取护卫所执戎仗击其脑，卒。"

究竟是什么事让韩德让大怒后将耶律虎古击毙，我们无法从史书中得知。但我们可以推测，即便萧太后信任的人，也可能是潜在的非常激烈的不同意见者，否则，韩德让怎么可能在那个时候就轻率地当场击毙重臣呢？对此，向来重视以法治国的萧太后并没责罚韩德让，而是马上采取补救措施，拜耶律虎古的儿子磨鲁古为南面林牙，后来还升迁其为北院大王。从后来的史实上看，磨鲁古对萧太后是忠心的，并两度被萧太后任命为先锋，战场上虽然手被流矢击中，拔掉以后继续战斗，受到萧太后的高度信任。但这是后话。而在当时，耶律虎古事件必然引来了不好的舆论，并传入宋朝。当然，还有其他情报，也源源不断地通过贺令图等边防将领传到宋朝中枢。

萧太后称制之初，虽然在韩德让、耶律斜轸、室昉等重臣

的辅佐下，政权得以顺利过渡。然而，从一些蛛丝马迹中，仍然可以看出当时的内政中存在很多凶险。

宋太宗了解到辽朝的“严重问题”，便有了北伐的意图。不过，这等大事也不能太急，宋太宗是在彻底掌控宋朝内政、经过充分的准备后，才以倾国之力，于雍熙三年三月，兵分三路，大举进攻辽境，定要夺取幽、云之地。

对于这次北伐，宋太宗没有亲征，但下足了功夫，亲自统筹，做出战略规划。三路大军，东路军由曹彬、米信统领，自雄州（今河北雄县）北上，攻向辽境涿州（今河北涿州）、幽州（今北京）等州县；中路军由田重进统领，自定州（今河北定州）出发，进攻辽境飞狐（今河北涞源）、蔚州（今河北蔚县）等州县；西路军由潘美、杨业率领，出雁门（今山西代县），进攻辽境应州（今山西应县）、云州（今山西大同）等州县。

三路大军的统帅，均是宋太宗百般挑选后定下的。

东路军统帅曹彬，严于治军，富有韬略，平定后蜀、击败北汉、砥定江南，为宋朝立下汗马功劳，称得上宋朝第一名将。东路军副帅米信，以勇猛、强悍、擅射闻名，长期担任中央禁军头目，在宋太宗亲征北汉的战役中立下功勋。

中路军统帅田重进，相貌奇伟，力气超群，陈桥兵变时的有功之臣，宋太宗亲征北汉时的重要将领，因功升任天德军节度使、静难军节度使等职。

西路军统帅潘美，与曹彬一样，也是宋朝著名的开国元勋，曾攻灭南汉，从平江南，并跟随宋太宗攻取北汉，在战争中屡立战功。对辽作战中，潘美曾率宋军大破辽万余骑兵，作战经验相当丰富。至于杨业，虽然是北汉归顺过来的，但以“杨无敌”之名远播辽境，自然也是北伐征辽的合适人选。

按照宋太宗事先规划，三路大军既分别行动，又统一规划，以东路军为主力，最后的目标是合势攻取幽州。出发之前，宋太宗郑重嘱咐曹彬：“但令诸将先趋云、应，卿以十余万众声言取幽，且持重缓行，毋得贪利以要敌。敌闻之，必萃劲兵于幽州，兵既聚，则不暇为援于山后矣。”

曹彬依计而行，占领涿州、新城、固安以后，虽然在声势上要进攻幽州（辽南京），但并未继续向前，只等其他两路军队前来会师。与此同时，宋军捷报不断传回：西路军连下寰（今山西朔州东）、朔（今山西朔州）、应（今山西应县）、云（今山西大同）四州；中路军攻占了蔚州（今河北蔚县）……

这些军情也很快被萧太后得知。三月初六，耶律休哥报告：宋派曹彬、崔彦进、米信出雄州道，田重进出飞狐道，潘美、杨业出雁门道前来进犯，岐沟、涿州、固安、新城均已陷落。萧太后、辽圣宗马上令宣徽使蒲领赶赴燕南，与耶律休哥商议军事；并分派使者征发诸部兵马增援耶律休哥；又命东京留守耶律抹只率领大军随后进发，为增强其威信，特赐予尚方宝剑，

赋予其专杀之权。在发出这些命令之后，萧太后决定亲赴前线指挥。

三月初七，萧太后、辽圣宗以亲征之事祭告陵庙、山川，紧接着便统领精兵南下。

坏消息不断传来：寰州刺史赵彦章举城投降宋朝；顺义军节度副使赵希赞在朔州叛变；冀州防御使大鹏翼、康州刺史马斌、马军指挥使何万通均被宋军俘获；武定军马步军都指挥使郢州防御使吕行德、副都指挥使张继从、马军都指挥使刘知进等在飞狐反叛，归附宋朝；步军都指挥使穆超在灵丘反叛，归附宋朝；彰国军节度使艾正、观察判官宋雄在应州叛变，举州附宋；宋将潘美攻陷云州……

面对诸多失败的信息，萧太后并未慌张。此次大战，宋军主动，辽军被动，大批精兵还未调发，前线出现失败是在所难免的。在此情形下，萧太后抓紧时间调集军马，多处部署：令驸马都尉萧恒德率兵守卫平州的海岸，以防备宋军；派飞龙使亚剌、文班吏亚达哥挑选马匹供应先发各军，诏令驸马都尉萧继远领取；赐给林牙谋鲁姑旗四鼓一剑，率骁勇精锐的禁军向南援助耶律休哥；派遣使者赐给枢密使耶律斜轸密旨及彰国军节度使大印，以督促征讨，接着任命耶律斜轸为山西兵马都统、北院宣徽使蒲领为南征都统，协助耶律休哥。这番部署后，形势逐步稳定下来。

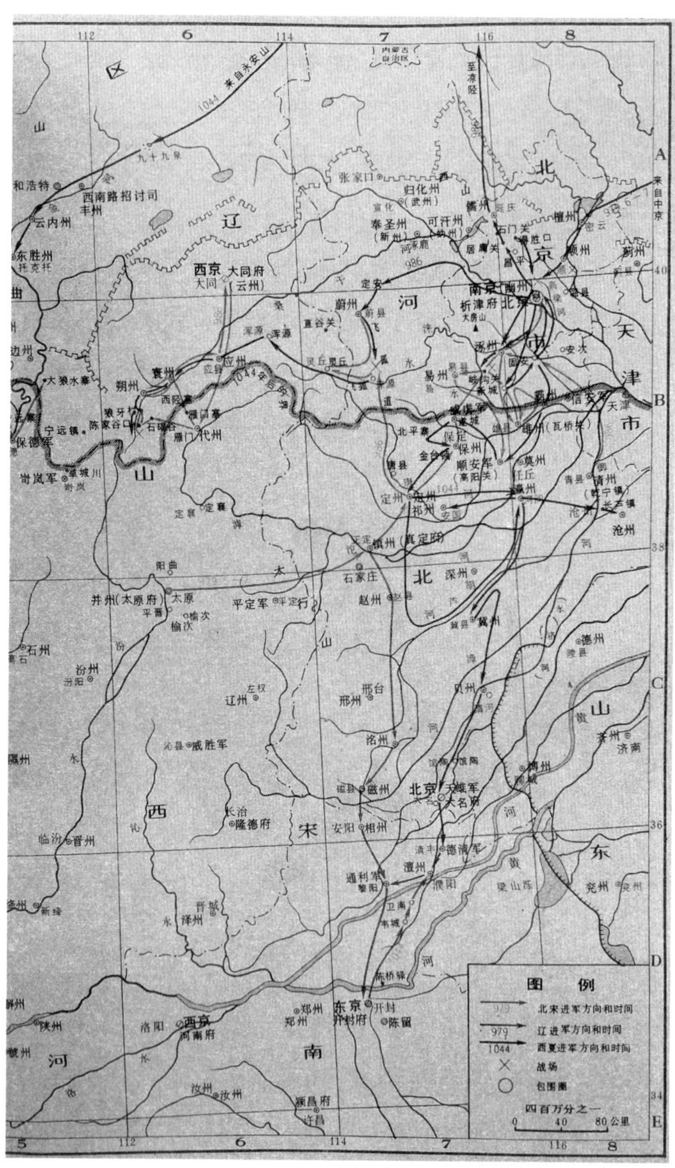

北宋、辽战争形势（引自郭沫若主编《中国史稿地图集》）

四月初一，萧太后与辽圣宗来到幽州北郊，辽军士气顿时高涨，反击战随之展开。

紧接着，萧太后根据前线情况，及时做一些必要的军事调整，辽军的捷报也开始多了起来。

四月初二，惕隐瑶升、西南面招讨使韩德威送达捷报。初三、初四，萧太后派耶律抹只、耶律谋鲁姑、萧恒德等率偏师增援耶律休哥，并抚谕将士。初五，耶律休哥又奏捷报，皇上以酒脯祭祀天地，并率领群臣向皇太后祝贺胜利。初八，颇德献上俘获的兵甲。初十，监军、宣徽使蒲领奏报敌军引退，而辽军跟踪追击，均获胜……

一场势关大局的决战正在拉开序幕。

52 岐沟关之战

东路战争是最为重要的。在曹彬、米信率十余万大军攻陷涿州、固安后，距辽南京城已是不远。因援兵未到，统御南京道的耶律休哥力量相对单薄，不敢正面出战。不过，耶律休哥毕竟是当世名将，他没有消极等待援军，而是采取灵活的作战方式。每到夜深之时，耶律休哥便派出轻骑，出入于两军之间，杀其单弱以胁余众，让宋军颇感紧张；白天的时候，耶律休哥则以精锐部队广宣声势，令宋军不得不四处防御，以至于疲乏劳累。不仅如此，耶律休哥还派出精兵，埋伏于林莽之间，断绝宋军的粮道。在这样的情况下，曹彬深感被动，十余日后，粮草几乎食尽，于是撤退回雄州，加以修整。

雄州虽在宋朝境内，但紧邻辽境，距离涿州、

幽州并不很远，曹彬退至此处，自然是根据当时实际战况而定。可是，宋太宗听到这个消息后，惊骇不已，认为如此撤退，极其失策，马上令曹彬不得撤退，率军前往辽宋边境的巨马河，与米信军相接，养精蓄锐，为其他两路军造势。

宋太宗依然按照既定方案，命令曹彬等西路军尽略山后之地并与中路军会合到达幽州后，三路大军全师制胜。宋太宗认为这才是必胜之道。可以说，他的整体战略定位并没什么问题，只是前线战局千变万化，如果连主帅曹彬都做不得主，其机动性、灵活性就会大打折扣。此为兵家大忌。更严重的是，由于宋太宗的干涉，曹彬在军中的主帅领导权受到削弱，有些将领见西路、中路军战绩不断，也急于立功，乃至“谋划蜂起，更相矛盾，彬不能制，乃裹五十日粮，再往攻涿州”。

又一次到了耶律休哥的地盘，辽军的游击战便又开始启动。这次前往涿州的路途显得非常漫长，宋军不得不时刻警惕契丹轻骑的窥伺和袭击。脱离大部队的小股军队不断受到重挫乃至全部消失，这令将士们自顾不暇，只得结方阵，并不时在道路两边挖掘防御工地。如此一来，“军渴乏井，漉淖而饮，凡四月始达于涿”。

等曹彬大军再次到达涿州，已是人困马乏。耶律休哥却是好整以暇。辽朝各路援军也纷纷赶到，就连萧太后所率大军也已驻扎在涿州以东五十里处。辽军士气空前高涨，喊杀声震天动地。曹彬见势不妙，冒雨撤退。萧太后派劲旅追击，宋军被冲得大乱。

当曹彬主力退到岐沟关（今河北涞水东）北，耶律休哥大军也随之而至，双方展开对战。长时间的折腾后，宋军将士又累又困，战斗力大打折扣，哪里是辽朝虎狼之师的对手。当天晚上，曹彬、米信在夜色的掩护下，在数名亲信的保护下，逃亡而去。其他将士也纷纷逃亡。

辽军继续追击，追到孤山后，宋军正在渡巨马河。辽军哪肯错过这一良机，强烈的攻势瞬间再次爆发，数万宋军望尘奔窜，只想逃命，乃至于人畜互相践踏，死者过半。很多重要将领也溺水而亡。《续资治通鉴长编》记载："知幽州行府事、右谏议大夫刘保勋马陷淖中，其子开封兵曹利涉督刍粟随军，常从其后，尽力掀之不能出，遂俱死。殿中丞孔宜亦随军督刍粟，溺于巨马河。"因宋军死亡太多，宽阔的大河竟被堵塞不流。

这便是历史上著名的岐沟关之战。

萧太后得胜后，日月旗招展，凯旋回城。耶律休哥将宋军尸体堆成小山，号为"京观"。

即便如此，战争仍未结束。宋军余众奔逃高阳，又被辽师冲击，死者数万，丢弃兵甲如同丘陵。不过，萧太后并未赶尽杀绝。

五月五日，藏匿在岐沟空城中的数万宋军后勤将士正面临

着被屠杀的危险。可是，耶律休哥却以庆祝皇太后生辰为名，撤去围军，使得数万生灵得以活命。

就这样，辽军在萧太后的亲自指挥下，将宋朝的主力军打得一败涂地。之后，萧太后论功行赏，大宴从军将校，封耶律休哥为宋国王，加蒲领、筹宁、蒲奴宁及诸有功将校爵赏有差。

对于宋军而言，东路军惨败，直接决定了整体战局。而西路军的悲剧，同样沉重地打击了宋朝的军心。

53 杨业之死

萧太后善于统筹、识人用人、果断抉择等优点，在这次战争中展现得淋漓尽致。老牌战将耶律沙等人未被重用，耶律休哥、耶律斜轸等人因此发挥了最为关键的作用。韩德威虽在西南战场上屡立大功，萧太后也试图在对宋战争中重用，但在平州作战时，韩德威对宋军手下留情，令萧太后大怒，以其不尽追杀，降诏诘责。同时诏令："据城未降者，必尽掩杀，无使遁逃。"战争的残酷性就是如此，萧太后深恐韩德威再犯当年韩匡嗣的毛病，于是迅速调整，诏令韩德威赴阙，而将更大的权力赋予耶律斜轸、萧挞凛，令他们统帅十万大军，向宋军的中路和西路发动全力反击。事实证明，对于辽军而言，萧太后这些调整是相当果断和正确的。

雍熙北伐中，宋朝西路军主帅为潘美、副帅为杨业，二人率大军先后收服寰州、朔州、应州、云州，进展顺利。可是，东路军的大败，严重影响了中路和西路军。岐沟关大捷后，耶律休哥打算乘胜南下，直接打到黄河岸边。萧太后以整体战局的需要，没有同意耶律休哥，而是派出更多的辽军，支援耶律斜轸。宋中路和西路军的战局迅速发生逆转。

耶律斜轸首先在安定西打败贺令图的军队，追击到五台，宋军死者数万；接着攻陷蔚州，大败宋中路军，斩首两万余级，紧接着又在飞狐打败西路军潘美的援军。潘美一败，浑源、应州的宋军均弃城而逃。潘美与杨业一起，引兵护卫云、朔、寰、应四州的民众向南逃走。到朔州狼牙村时，听说契丹军已攻陷寰州，兵势甚盛。潘美便召集军中重要将领，商谈下一步该怎么办。

杨业指着军用地图，建议："今敌军兵锋更盛，不是和他们对战之时。我方需领兵出大石路，并派人密告云州、朔州守将。等大军离代州时，令云州之众先出，我军则前往应州。契丹得知，必定出动全军来战。到时，即令朔州军民出城，直入石碣谷，派遣千名弓箭手列于谷口，以骑兵在中路支援，则三州民众可以保全。"

杨业的这番话是十分合理的。可是，还没等潘美表态，监军王侁便口出恶言："领数万精兵，却如此畏怯！"然后接着说：

"大军只需趋雁门北川中，鼓行前往马邑。"

监军，相当于现在军队中的政委。鉴于其在军队中的政治地位，尤其是宋太宗为了防治武将，强化了监军的监管权力，使其气焰常常凌驾于军中主帅。所以，王侁的话是有分量的。顺州团练使刘文裕也随声赞同。

杨业反对，称："不可，如此必败。"

王侁见杨业不听自己的话，马上便给杨业上纲上线："君素号无敌，今见敌逗挠不战，得非有它志乎？"

这一顶大帽子下来，杨业根本无法据理力争了，便说："我杨业非贪生怕死之人，只是时机不利，出兵只会令我军受损。今君责备我杨业以不死，我当为诸公先行。"于是率领部下自大石路奔赴朔州。

此次出征，杨业心知凶多吉少，对潘美说："此行必不利。我杨业是太原降将，死是分内的事情，而皇上没有杀我，反而命我为将帅，授我以兵柄。此次我纵敌不击，只是在等待时机，以立尺寸功劳报效国恩。如今诸君责备我杨业躲避敌军，我当先死。"

接着，杨业指着陈家谷口（今山西宁武东北）说："诸君在此处布置步兵强弩，分左右翼支援。等我转战到此，便夹击敌军以救援。不然，无遗类矣。"说完，便率军出发。

耶律斜轸得知杨业率军前来，心中大喜，令萧挞凛在路上

埋下伏兵，自己则率军迎战。两军随即打在一起，没过多长时间，耶律斜轸便假装败退。杨业此时别无选择，即便怀疑对方佯败，也只能冲锋陷阵。结果很自然便进入辽军埋伏圈。萧挞凛领兵而出，直取杨业，耶律斜轸也来个回马枪，重新杀向宋军。杨业大败，不得不撤退，来到狼牙村。

再说潘美与王侁，自杨业出兵后，他们起初还按照杨业的嘱咐，率领大军在陈谷口列下兵阵。不过，当杨家军与辽军展开大战时，王侁首先沉不住气了。他派人在高台上遥望，正好看到辽军佯败的情形。王侁以为辽军真的被打败了，生怕杨业独揽大功，于是急匆匆率军离开谷口，要与杨业争功。潘美想阻拦，但没能成功，便沿着灰河西南行二十里，以观动静。随即得知杨业败，即指挥军兵撤退。

按照事先约定，杨业边战边退，到达陈家谷口。只是潘美、王侁均已离开，谷口看不到任何援兵。杨业因此大恸，再率部下与辽军力战。眼见得身边将士纷纷战死，自己也受伤数十处，杨业仍在浴血奋战，手刃数十百人。直到坐骑受到重伤，不能再前进，杨业才撤向林中隐蔽，可惜被乱箭射中，接着被辽将生擒，带到耶律斜轸帐中，三日后而死。

关于杨业之死，世人熟知的，是小说演义中杨老令公撞死在李陵碑下的故事。

熊大木所著《杨家将演义》第十八回“呼延赞大战辽兵　李

陵碑杨业死节”中，将杨业之死主要归结为潘仁美公报私仇。说潘家与杨家有私仇，这次北伐为潘仁美创造了报仇的机会。他先以杨业拖延怠慢为名，想要将其斩首，被呼延赞阻拦；接着他又把呼延赞支开，在明知出师不利的情况下，强令杨业出兵，而且根本不出兵呼应，致使杨业孤军深入，血战后撞死在李陵碑下。书中对杨业之死的描述为：

时杨业与番兵鏖战不已，身上血映征袍。因登高而望，见四下皆是劲敌，乃长叹曰：“本欲立尺寸功以报国，不期竟至于此！吾之存亡未知，若使更被番人所擒，辱莫大焉。”视部下，尚有百余人。业谓曰：“汝等各有父母妻子，与我俱死无益。可速沿山走回，以报天子。”众位曰：“将军为王事到此，吾辈安忍生还？”遂拥业走出胡原，见一石碑，上刻“李陵碑”三字。业自思曰：“汉李陵不忠于国，安用此为哉？”顾谓众军曰：“吾不能保汝等，此处是我报主之所，众人当自为计。”言罢，抛了金盔，连叫数声：“皇天！皇天！实鉴此心。”遂触碑而死。可惜太原豪杰，今朝一命胡尘。静轩有诗叹曰：

矢尽兵亡战力摧，陈家谷口马难回。

李陵碑下成大节，千古行人为感悲。

这是演义中的普遍说法，不能当作真实的历史。不过，即便史料中，也是有同有异。

相同的是，无论在《辽史》还是《宋史》、《续资治通鉴》，杨业均是被生擒后三日而死。

不同的是，杨业被擒后的言行有所不同。

《宋史》记载：“（杨业）马重伤不能进，遂为契丹所擒，其子延玉亦没焉。业因太息曰：‘上遇我厚，期讨贼捍边以报，而反为奸臣所迫，致王师败绩，何面目求活耶！’乃不食，三日死。”

《辽史》记载：“继业为流矢所中，被擒。斜轸责曰：‘汝与我国角胜三十余年，今日何面目相见！’继业但称死罪而已。初，继业在宋以骁勇闻，人号杨无敌，首建梗边之策。至狼牙村，心恶之，欲避不可得。既擒，三日死。”又称：杨业被擒后，由于箭伤发作和绝食，被擒三日而死。

《续资治通鉴》中写道：“业既被擒，因太息曰：‘上遇我厚，期捍边破贼以报，而反为奸臣所嫉，逼令赴死，致王师败绩，复何面目求活邪！’乃不食，三日而死。”接着，《续资治通鉴》赞誉其忠勇有智谋，御下有恩，与士卒同甘苦，故士卒乐为用。当他面临绝境之时，身边尚有百余人，他说：‘汝等各有父母妻子，无与我俱死！’众将士感泣，无一人离开，均战死沙场。

不管怎么说，杨业的忠义和英勇受到宋、辽两国的普遍敬重。

《辽史》中虽有“继业但称死罪而已”的说法，耶律斜轸还将杨业首级传示三军，起到了振奋士气的作用。之后，耶律斜轸将杨业首级盛在匣子里进献朝廷；再往后，辽境中出现了供奉杨业的神庙，可以看出萧太后等辽朝统治者对杨业的态度。

宋太宗的反应自然更大。杨业之死，意味着宋朝的北伐彻底失败，但其忠勇则护卫了宋朝的颜面。宋太宗痛惜之余，赠杨业太尉、大同军节度使，“厚赐其家，录其子五人及贵子二人”。对于潘美、王侁、刘文裕则分别处罚：潘美削秩三级；王侁被除名，流放金州；刘文裕被流放登州。

54

潘美：一失足成千古恨？

雍熙北伐中，最被世人叹惋的，是杨业英勇就义的忠烈故事。不过，世人所津津乐道的，多是小说演义中的故事。

小说演义中，杨业之死完全是由于潘仁美的公报私仇。话说潘仁美本来没什么军功，只因女儿嫁给了皇帝，便成为当朝太师。他野心很大，想要借着宋军北伐，让自己的儿子潘豹挂帅，扩张势力，以便日后篡夺皇权。可惜，杨老令公的七公子杨七郎在擂台上打死骄横的潘豹，令潘仁美怀恨在心，便时刻想要报复。当潘仁美成为三军主帅后，百般刁难杨业父子，想致他们于死命。明知必死，还要逼令杨业出兵，便是潘仁美所为；故意撤走救应军兵，也是潘仁美所为；杨七郎从乱军中杀出，到潘仁美处借救兵，竟被乱箭射杀……种种劣迹，无不让人痛恨。潘仁美因此成为大奸臣的代名词。

如此一来，伴随着杨老令公千古流芳的故事，反面角色潘仁美便遗臭万年了。而小说中的潘仁美，原型正是历史中的潘美。

那么，真实历史中的潘美是一个什么样的人物？他真的那么一无是处？真的那么坏到家了吗？我们不妨看看《宋史》中的记载。

潘美，字仲询，河北大名人，军官家庭出身，年长后，见后汉滥杀无辜，气数将近，正是风云变幻、改朝换代之时，也是大丈夫建立功名的好时候，于是外出谋事，投靠了时任开封府府尹的柴荣。柴荣后来成为后周皇帝，潘美的官位也越来越高，尤其在高平一战后，因军功不断升迁，最终统领永兴驻军，经略西部军事，不仅被柴荣器重，也受到赵匡胤的厚待。之后，成为宋朝的开国元勋。

陈桥兵变后，潘美受命持圣旨到汴京，拜望后周执政，将赵匡胤旨意晓谕中外。有位凶悍的陕帅名叫袁彦，喜欢杀人，善于用兵，赵匡胤担心他发动兵变，派潘美前去当监军，以便设法对付。潘美单人独马去见袁彦，劝他顺从天命，谨守自己做臣子的本分。袁彦被说服，入朝拜见赵匡胤。赵匡胤高兴地说：“潘美不杀袁彦，能令来觐，成我志矣。”因此更加器重。

此后，在征讨李重进、南汉、南唐、北汉的战争中，潘美均展现出智勇双全的大将风范，屡立大功。

攻打南汉时，潘美军队势如破竹，勇不可当。在攻下广州的北大门韶州后，南汉主刘鋹派大臣求和通好，潘美传达赵匡胤的旨意："对方能战就与他战，不能战就劝他守，不能守就叫他投降，不能投降就叫他死，不能死就叫他逃，除此五条，其他不能接受。"刘鋹不甘心投降，潘美便继续率军南攻，距离广州120里时，见南汉15万军兵依靠山谷坚壁，设置栅栏固守，便定下火攻之计，分派数千军兵，每人手拿两只火炬，从小路秘密前往敌军栅栏。到了晚上，大风起，千万只火炬齐发，顿时一片火海。慌乱中，南汉军兵出营来攻，潘美指挥大军急击，斩杀敌军数万后，直趋广州，生擒刘鋹。

征讨南唐时，潘美被任命为升州道行营都监，与曹彬一起南下，进驻秦淮。见渡船没有准备好，潘美便下令："我接受皇上诏令，率数万勇士前来，定当大胜。怎能因一条衣带宽的江水就不直接过去?"于是指挥渡江，大军随后跟上，大败敌军。此后，潘美率领将士奋勇攻击，夺取南唐二十余艘战舰；偷袭南唐布列金陵城下的水陆十万大军，又获全胜；还率精锐部队与敌军展开白刃战，与曹彬一起平定金陵……由此，潘美在宋军树立了不可动摇的威名。

也正因为如此，当负有盛名的杨业成为宋军名将后，宋太宗指令潘美为其顶头上司。而且，真实的历史是：潘美与杨业曾有过很好的合作。杨业一战成名的雁门关大捷，便与潘美有关。公元980年，耶律休哥、耶律斜轸率十万辽军进攻雁门时，固然是杨业父子率奇兵出现在辽军背后，给予痛击。但首先是潘美所率主力进行了正面冲击，双方前后夹击，才使得辽军大败。雁门关大捷后，杨业因功升迁为云州观察使，主将潘美则被封为代国公。

可惜的是，在雍熙北伐西路军的决战中，作为主帅的潘美，先是在监军王侁与副帅杨业的不同作战方案中，以默许的方式同意了王侁；更在杨业失败后没有积极接应，而是选择保全自己，率军离开约定的陈谷口，直接影响到杨业的生死，也让自己的声誉受损。

雍熙之败后，潘美虽然受到削官三级的惩罚，但第二年便官复检校太师，主政真定府，不久改任都部署，兼管并州，加封同平章事。病逝后几个月，潘美被追赠中书令，谥号武惠，后来还配享宋太宗庙庭，可谓尊荣之至。其地位并没有受到多大损失。

然而，杨业之死、雍熙之败，可能还是在潘美心中留下了很大的阴影，要不然他何至于不到两年便得病而死？要是他知道害死杨业的罪魁祸首王侁鲜为人知，而自己却背负了奸臣潘仁美的千古骂名，还被杜撰了公报私仇、杀死杨七郎等种种虚构情节，乃至于万劫不复，一定会感到不平，也会深悔自己背离约定、离开陈家谷的行为，那也算一失足成千古恨吧！

辽朝佛事

55

统和四年（986 年）七月，当辽军大败宋军、生擒杨业、战争正落下帷幕之时，辽朝的政治中心上京出现一件非同寻常的事情，开龙寺奉旨大办了一个月的佛事，万名僧人被布施饭食。顿时间，上京的天空梵音袅袅，佛光大盛，仿佛超度了无数的亡灵。《辽史》记载，这件事正与辽宋战争有关，萧太后与辽圣宗以杀敌多，所以大办佛事。

萧太后虽然是战争中的强者，但她并不嗜杀，反而信奉佛教。

萧太后的长子辽圣宗，小字文殊奴，很容易使人联想到佛教中的文殊菩萨。文殊菩萨是佛教四大菩萨之一，又称大智文殊师利菩萨，是大智慧的象征。萧太后长女的名字为观音女，其意更是

萧太后河文化馆的辽代佛像与器物（摄于 2020 年 7 月）

可知。对于丈夫辽景宗，萧太后也曾在其忌日令官员普遍烧香、饭僧，说明她对佛教的信奉与重视。

契丹人最早信奉的是萨满教，那是一种信奉万物有灵，崇奉以祖先崇拜为主的原始多神教。到辽太祖耶律阿保机时代，受到唐朝影响，佛教开始在契丹国广为流传。辽太祖还在上京建造佛寺，供奉僧人。灭掉渤海国后，僧人崇文等 57 人被送往上京，天雄寺随之建立。此后，佛教更加兴盛，大小寺庙在上京出现，其他各州县也相继修建寺庙。辽太宗时期，幽云十六州纳入辽土，汉族文化随之更大范围地影响着辽朝，汉传佛教

得到更为广泛的传播，寺庙多了起来，僧人也不断增加。辽景宗在世的保宁六年（975年）十二月，以沙门昭敏为三京诸道僧尼都总管，加兼侍中，意味着佛教已成为辽朝正统宗教，所以才出现统领全国的佛教首领。

萧太后统治时期，辽朝的佛教更加兴盛。

重建于统和二年（984年）的蓟县独乐寺，经历了千年的风雨，经历过无数的战乱，经历过多达37次地震，依然稳稳地独立于蓟县城内。直到现在，独乐寺仍是蓟县最为著名的人文景观，可以让我们穿越时光，直观地感受到辽朝的佛教影响。独乐寺中的观音阁，曾令著名建筑家梁思成叹为观止，称："这座辽代楼阁式的古建筑，独具特色，在世界也是独一无二的，实为无上国宝。"观音阁内耸立着一尊泥塑观音菩萨站像，高16米，头部直抵三层楼顶，头上还塑有十个小观音头像，称之为"十一面观音"。梁思成在《蓟县观音寺白塔记》一文中赞叹："登独乐寺观音阁上层，则见十一面观音，永久微笑，慧眼慈祥，向前凝视，若深赏蓟城之风景幽美者。"当梁思成关于蓟县独乐寺的调查报告发表以后，顿时引起中外学术界的震惊。这篇调查报告是中国第一篇用科学方法描述和分析中国古建筑的报告，而独乐寺也是当时我国已发现的最古老的一座木构建筑，展现了辽朝佛教文化的风采。

历史上，独乐寺曾庇护了很多战乱中的百姓。明清之交，

天宁寺塔

（北京城区内仅存的辽代地上建筑）

蓟县曾被清兵三次屠城，以至于“宫室俱尽”“尸骸遍地”，而独乐寺却在民众的誓死保护下完整地保存下来。民众保护了寺庙，寺庙也保护了民众，此事成为佳话，至今流传。这件事也容易让我们联想到萧太后时期的佛事：战乱给民众带去了挫伤，是现实的、残酷的；而佛事超越了生死，给在世的人们带去了慰藉和希望。这也许正是作为政治家的萧太后大力提倡佛教的一大原因吧。

萧太后本人也很信奉佛教，每年正月都要斋戒，营造寺庙，大修斋会。见太后如此崇奉佛教，辽朝贵族也纷纷效仿，抄写佛经，施食饭僧，把自己的住宅改为佛寺，募集钱物营造佛塔……由此形成浓厚的崇佛风气，并带动了建筑、雕刻、印刷等行业的发展。

宫中喜事

统和四年（986 年）九月初一，上京皇宫喜气洋洋。萧太后的大姐胡辇现在已是皇太妃了，为了皇帝的喜事，前后张罗，进献了很多衣物、驮马，帮助太后、皇帝增加颁赐众人的礼物。萧太后自然更是高兴，自己的儿子长大了，马上就要迎亲纳后了。

皇后自然仍旧从后族中挑选。这段时间，萧太后早已卸去了戎装，经常和命妇们在一起。命妇，就是被赐予封号的妇女，一般为官员的母亲或妻子。和她们在一起，自然免不了着重于服装、打扮、装饰之类的事情。

契丹女服，有立领、左衽的“团衫”，也有束以绣带的纯练彩衣，色彩多样，以长袍为多，上有各种图案。上层妇女流行在头顶盘起高高的发髻，并在发髻上配上金、银、玉等饰物。其中有一种名叫布摇的首饰，是从汉唐一直流行下来的。《释名·释首饰》中解释："布摇，上有垂珠，步则摇也。"佩戴这种有着很多宝珠的首饰，一方面能使佩戴者平增珠光宝气，展现其身份和地位；另一方面，也在规范着佩戴者的举止，让她们有礼有节。至于耳饰，则有耳坠、耳环、耳珰等，大多以金、银、玉、骨制成。项饰则包括项链、瓔珞等等，多以金丝穿连珠宝、玛瑙、琥珀等名贵物品。此外，还有佩戴在手、腕、臂上的戒指、手镯等物。对于这些，萧太后自然也是喜欢的。北宋使者路振曾见过萧太后，并两次描述萧太后的打扮。第一次为："冠翠花，玉充耳，衣黄锦小褧袍，束以白锦带，方床累茵而坐，以锦裙环覆其足。"第二次为："国母当阳，冠翠凤大冠，冠有绥缨，垂覆于领，凤皆浮，衣黄锦青凤袍，貂裘覆足。"

辽龙、凤玉佩（陈国公主墓出土）

契丹妇女中有一种奇异的面妆，"以黄物涂面如金"，被称为"佛妆"。这种面妆有点类似于现在的面膜，起保养皮肤之用。"佛妆"在辽宫中也很盛行，史

梦兰《辽宫词》描述："夏至年年进粉囊，时新花样尽涂黄；中宫领得牛鱼鳔，散入诸宫作佛妆。"庄绰则在《鸡肋编》中称：契丹女子在冬天"以括蒌涂面"，叫作佛妆。有一《燕京杂咏》的诗中也描述："西苑琵琶拨未休，雪箫东院起梳头；春风暖入肌肤滑，初点胭脂洗括蒌。"由上可见，有的佛妆以"牛鱼鳔"制成，或许就像我们现在的马油润肤膏；有的则由"括蒌"制成。"括蒌"的俗名为狗使瓜，呈金黄色，其籽、壳、根均可供药用，由其制作的佛妆，自然也有药用保养作用。我想，以萧太后的高贵地位，自然不乏保养面容的法子。

辽代鸡冠壶
（北京辽金城垣博物馆藏）

很多汉文化已潜移默化地融入契丹文化当中，包括节日文化。唐朝诗人孟浩然有一脍炙人口的《过故人庄》，诗中这样写道：

故人具鸡黍，邀我至田家。
绿树村边合，青山郭外斜。
开轩面场圃，把酒话桑麻。
待到重阳日，还来就菊花。

重阳登高的习俗也传到了辽地。统和四年（986 年）九月九日，在纳后之前，萧太后、辽圣宗特地登高，祭祀天地，太后赐给命妇菊花酒，皇帝则赐予从臣菊花酒。

九月十六日，皇帝娶纳皇后萧氏的典礼在皇宫隆重举行。对于皇帝纳后之礼，《辽史》中有较为详细的介绍，兹录于下，供有兴趣的读者一阅：

皇帝纳后之仪：择吉日。至日，后族毕集。诘旦，后出私舍，坐于堂。皇帝遣使及媒者，以牲酒饔饩至门。执事者以告，使及媒者入谒，再拜，平身立。少顷，拜，进酒于皇后，次及后之父母、宗族、兄弟。酒遍，再拜。纳币，致辞，再拜讫，后族皆坐。惕隐夫人四拜，请就车。后辞父母、伯叔父母、兄，各四拜；宗族长者，皆再拜。皇后升车，父母饮后酒，致戒词，遍及使者、媒者、送者。发轫，伯叔父母、兄饮后酒如初。教坊遮道赞祝，后命赐以

物。后族追拜，进酒，遂行。将至宫门，宰相传敕，赐皇后酒，遍及送者。既至，惕隐率皇族奉迎，再拜。皇后车至便殿东南七十步止，惕隐夫人请降车。负银罂，捧縢，履黄道行。后一人张羔裘若袭之，前一妇人捧镜却行。置鞍于道，后过其上。乃诣神主室三拜，南北向各一拜，酹酒。向谒者一拜。起居讫，再拜。次诣舅姑御容拜，奠酒。选皇族诸妇宜子孙者，再拜之，授以罂、縢。又诣诸帝御容拜，奠酒。神赐袭衣、珠玉、佩饰，拜受服之。后姊若妹、陪拜者各赐物。皇族迎者、后族送者遍赐酒，皆相偶饮讫，后坐别殿，送后者退食于次。媒者传旨命送后者列于殿北。俟皇帝即御坐，选皇族尊者一人当奥坐，主婚礼。命执事者往来致辞于后族，引后族之长率送后者升，当御坐，皆再拜；又一拜，少进，附奏送后之词；退复位，再拜。后族之长及送后者向当奥者三拜，南北向各一拜，向谒者一拜。后族之长跪问"圣躬万福"，再拜；复奏送后之词，又再拜。当奥者与媒者行酒三周，命送后者再拜，皆坐，终宴。翼日，皇帝晨兴，诣先帝御容拜，奠酒讫，复御殿，宴后族及群臣，皇族、后族偶饮如初，百戏、角觝、戏马较胜以为乐。又翼日，皇帝御殿，赐后族及赆送后者，各有差。受赐者再拜，进酒，再拜。皇帝御别殿，有司进皇后服饰之籍。酒五行，送后者辞讫，皇族献后族礼物；

后族以礼物谢当奥者。礼毕。

由上可见，这一皇宫喜事，显然也是皇族与后族的盛会，礼仪烦琐而郑重，对辽朝的政治稳定有积极作用。辽圣宗纳后不久，萧太后两次为16岁的儿子行再生礼，为其祭神祈福。

历史上，很多年少时便当上皇帝的，往往不能亲自处理朝政，而由太后或顾命大臣处理；可一旦结婚之后，便意味着皇帝已成人，也意味着他可以全权处理朝政了。不过，对于辽朝（或契丹国）而言，从日后的历史事实以及宋朝方面观察到的情况，辽圣宗虽然主持朝政，但辽朝的重要事务依然主要由萧太后决策。至于辽朝的一般事务，则应该是辽圣宗处理得多一些。这一事实，一直延续到萧太后临终前不久。

整纪备战

57

战争总会给民众带来很多灾难，即便大胜给辽朝带去很多好处，很多人会受到奖赏，整个王朝的气象也会因此变得更有生机，但辽军也有不小的伤亡，很多民众会深受战争之害。对于萧太后、辽圣宗等辽朝的统治者而言，必要的战后政策调整是必须的。

统和四年（986 年）八月初九，韩德让建议在宋军掳掠过的州郡，招募百姓收割逃亡民户的庄稼，收成的一半归收割者所有。这条建议马上被采用。

八月二十三日，室昉、韩德让建议：赦免山西当年的租赋。也得到采纳。

十月初四，政事令室昉上奏：山西四州自从遭受宋军侵扰之后，人民流离失所，盗贼四处充斥，请求政府禁止这种乱象。对此，朝廷马上命新州节度使蒲打里选派官员分道巡查，整肃风纪。这次整肃的力度还是挺大的，就连北大王、山后五州都管蒲奴宁也受到严惩。

蒲奴宁，早在统和元年（983年）便受到重用，率军讨伐西突厥诸部。统和四年（986年）与宋军的大战中，更是多立战功，成为耶律休哥、耶律斜轸之后第二阶层中的重要将领，受到朝廷的重赏，并授予山后五州都管这样的重要职务。可是，就是在他的统管下，山西诸州出现十分混乱的现象，他显然难辞其咎。很快，蒲奴宁被召往皇帝的行宫。此后，才出现室昉建议整肃风纪的上奏。

整肃过程中，北大王帐郎君曷葛只里揭发了本府王蒲奴宁十七条罪状。皇上下诏，命横帐太保予以审讯。审讯结果，蒲奴宁招认了其中的十一条罪状。曷葛只里则承认有六条罪状是自己诬告的。最后，蒲奴宁被笞击二十，然后释放；曷葛只里的罪状，则由有司详细斟酌后定罪；知事勤德受到株连，笞杖一百，被免除官职。蒲奴宁的职权高于一般的封疆大吏，这次的整肃，也是为了加强辽朝中央对部族的统治。

在调整政策、整肃风纪的同时，辽圣宗以大军将南征为由，发布了备战的诏令。

为什么要南征呢？

契丹人打猎回归塑像
（萧太后河文化馆藏）

来而不往非礼也，别人打你一拳，你岂能不还回去？国与国之间也是如此。因此，对于宋太宗的雍熙北伐，萧太后无论如何也要以南征还回去。这关系到国家的体面。更何况，大败宋军对辽朝产生了积极的影响，改变了双方的形势。作为一位成熟的战略家，萧太后决定以攻为守，彻底打消宋朝北伐的念头，并为辽朝获取更多的利益。

等大军征集好以后，首先由辽圣宗驾驭正殿，犒劳南征将校。紧接着，萧太后亲自检阅辎重兵甲，令耶律休哥为先锋都统。

这一次，女真军队主动请求随大军南征，得到允许。

大军南征之前，辽圣宗带领大臣祭奠辽景宗遗像，祭祀日月；在宋辽边境抓捕宋兵后，向俘虏射鬼箭，然后又以青牛白马祭祀天地。

部队南下的过程中，又得到诏令，命驸马都尉萧继远、林牙谋鲁姑、太尉林八等固守边疆，不得让间谍漏网；还严整军纪，军兵不得无故纵马，不得毁坏南境宋朝的桑果……不得毁坏南境桑果的命令，与辽军以往“打草谷”的战争习惯有所不同。

很快，又一场辽宋之战开始了。

58 计擒贺令图

统和四年（986年）冬天，就在辽军击退宋军雍熙北伐后不久的十一月，辽数万契丹铁骑声势浩大，进入宋境，南下攻城。本来，由萧太后、辽圣宗亲自统领三军，由耶律休哥做先锋，辽军上下士气高昂，要建立新的战功，以报宋军北伐之仇。然而，没过几天便出现一件反常的事情。

原来，耶律休哥率领的先锋队伍首先突破宋军设在雄霸一带的防线，仅一天时间便深入宋境一二百公里。只是在逼近宽阔的滹沱河北岸时，宋军却退到河的南岸，将桥焚毁，双方对峙一天，辽军无法渡河，这便对长于速度的辽军造成不利。耶律休哥马上调整战略，率军连夜西行，从没有重兵设防的沙河渡河南下，并派节度使卢补古、都监耶律盼进攻泰州，没想到再次失利，卢补古竟然临阵逃遁。对此，萧太后雷霆震怒，亲自处理，将卢补古的官职除掉，并对判官、督监均处以杖责，同时召见了耶律休哥。

按理说，耶律休哥的手下出现问题，应该由耶律休哥直接处理，而不应该由萧太后处理。这无疑显示出萧太后对此事的重视。然而，当这一情报到达宋营某些将领耳中时，便变了味道：结合前面的情况，有理由猜测，萧太后对耶律休哥有意见了。而萧太后召见耶律休哥，面授机宜，也会被有些人传为：萧太后雷霆震怒后亲自将耶律休哥大骂一场。

紧接着，统领雄州军兵的宋朝重要将领贺令图接见了一位辽朝的间谍。此人是由耶律休哥派出，称："耶律休哥获罪于契丹，无路可投，愿马上归降宋朝。"这件事令贺令图喜出望外。

贺令图，正是雍熙北伐的首倡者。当年，宋太宗本人有再次北伐之心，再加上主战派贺令图等人一再主张："契丹主年幼，国事决于其母，其大将韩德让宠幸用事，国人疾之，请乘其衅以取幽蓟。"这便动了北伐的念头。对此，朝中持重大臣曾非常反对，赵普更是向宋太宗上疏，称："臣又思陛下非次兴兵，必因偏听，小人倾侧，但解欺君，事成则获利于身，不成则贻忧于国。昨来议取幽蓟，未审孰为主谋？虚说诳言，总应彰露，愿推首恶，早正刑章。"希望宋太宗惩罚那些首先提议北伐的人，但没被宋太宗接纳。等雍熙北伐失败后，宋人不敢

责备皇帝，便纷纷将矛头指向贺令图等人。贺令图虽然仍是知雄州，但承受的压力越来越大，很难摆脱。为今之计，也只有迅速在对辽战争中建立奇功，方可转变自己在国人中的形象。谁知，这样的急迫心理正犯了兵家之大忌，给耶律休哥以可乘之机。

耶律休哥素知贺令图贪功生事，轻而无谋，于是实施了诈降计策。这件事在史书中有明确记载，只是非常简略，而且从字面意思看，只能知道是耶律休哥在诈降，并没有谈及萧太后。那么，这件事是否与萧太后有关呢？回答应该是肯定的。结合萧太后亲自惩罚耶律休哥的手下，召见耶律休哥面授机宜后，便出现耶律休哥诈降之事，能够推想出萧太后确实与此事有关。即便此事不是萧太后策划，但肯定知道此事并作出配合，否则单是出于名声、军心的考虑，堂堂辽朝于越、最重要的辽军统领耶律休哥如何敢实施诈降计策呢？而贺令图即便再贪功，如果无缘无故，又怎么能够相信耶律休哥要投降呢？

真实的历史是：贺令图并没有担心耶律休哥使诈，反而自以为终获大功，私赠耶律休哥重锦十两，以示重视。耶律休哥得到贺令图接纳的消息后，便传言宋军，愿得见雄州贺使君。贺令图于是意会到：所谓“得见”，其实就是来“投诚”了。只不过希望自己这边显示诚意。贺令图大喜，也不想其他，马上率数十骑将士，一直到达耶律休哥帐外数步之地。这个时候，耶律休哥计谋已成，只见他按着胡床大骂道："汝尝好经度边事，今乃送死来耶！"然后命令左右，将跟随贺令图的将士全部杀掉。贺令图本人毫无防备，转瞬间也被生擒活捉。紧接着，贺令图手下数千将士，全部亡于辽军刀下。武州团练使、高阳关部署杨重进本来劝贺令图谨防有诈，但没被接纳，等贺令图被擒后，杨重进也因寡不敌众，力战身亡。

贺令图被擒，对宋朝的主战派是一重大打击。

大战君子馆

59

君子馆之战，是辽军此次南征中的另一场重大战役。

全歼贺令图、杨重进军队后，辽军气势更盛。萧太后则依然保持着绝对的冷静。她命令耶律休哥不必急于攻城略地，而要设法切断宋军的后勤供应。耶律休哥领命，派人侦探到宋军运送粮草的车队后，马上派出军队焚烧其粮草，并在火光冲天中全歼运粮军士。然后方率领大军，奔赴君子馆。

君子馆，位于今河北省河间市北，地势平坦，曾是西汉博士毛苌讲经授徒之地。听其地名，便是一个富有文化的所在。然而，统和四年（986年）十二月，北风凛冽、天寒地冻之时，一场喊声震天的大战在这里展开。

当时，君子馆属于宋朝瀛州的管辖范围。驻守瀛州的都部署是刘廷让。此人多有军功，而且正是当年辽太祖的死对头——卢龙节度使刘仁恭的曾孙，对祖父盘踞的幽燕之地怀有浓厚的情怀，所以一直积极主张北伐，夺回幽燕。即便雍熙北伐失败后，刘廷让依然初衷不改，“以数万骑并海而出，约与李敬源合兵，声言取燕”。正当他们采取行动时，耶律休哥已派兵扼守要地，进逼瀛州。刘廷让、李敬源等便率数万宋军北上，在君子馆与辽军相遇。双方随即展开激战。

按理说，刘廷让曾在平定蜀地时立下汗马功劳，是久经沙场的战将，其治军严格，所率将士的战斗力自然也不会差。只是双方交战时正赶上大寒，宋军擅长的弓弩无法拉开，而辽军的耐寒能力明显高出一筹，他们如狼似虎地冲了上来，将刘廷让的军队围了数重。在激烈的战斗中，李敬源战死，刘廷让继续顽强作战。

本来，刘廷让先以麾下精卒交给沧州都部署李继隆，令其殿后，以便紧急时能够相救，没想到李继隆退守乐寿（今献县）。御前忠佐神勇指挥使巨野桑赞开始倒是非常英勇，率军兵奋勇力战，没想到萧太后所率大军赶到，桑赞便抵挡不住了，只得引众先遁。天寒地冻，宋军将士都有点受不了；而辽军见到太后亲临督战，却是热血上涌，更加奋勇激战。最后的结果是，宋军数万将士几乎全部战死，只有刘廷让等几个人骑马突

围，得以活命。

君子馆战役沉重地打击了宋军。面对席卷而来的虎狼之师，大量宋军如惊弓之鸟，不知所措。莫州、冯母镇、刑州、深州、束城、文安等地相继被辽军攻克，其中最南端的刑州，已经深入宋境近 250 公里了。

当然，萧太后此次南征，其目的并不是一定要攻向宋朝核心地带，而是对宋朝雍熙北伐的一次报复，也是一次试探和检验。在天寒地冻的环境下，萧太后命令辽军采取“闪电战”，打宋军一个措手不及，由此获取大量的战利品。而对于有充分准备的城池，则不予纠缠。所以，当辽军到达鲁东南的博州（今山东聊城）时，见到当地军民在东头供奉官马知节的率领下早已修缮好城垒，积聚好粮食，进行了非常充分的准备，所以并不强攻，而是马上离去。

部分辽军进攻到代州城下时，也遇到劲敌。面对即将到来的辽军，宋知州张齐贤积极应对，选出二千人作厢军，誓死守卫代州。不仅如此，张齐贤还约好在并州的潘美一起会战。潘美很想借此机会一雪前耻，所以马上同意了张齐贤的请求，率军前往代州。谁知大军刚出并州城 40 里，便收到宋太宗密诏，告知君子馆失败的情况，不许潘美的军队离开并州。如此，潘美只得作罢，并派使者告知张齐贤。当潘美的使者到达代州时，辽军骑兵也已到了代州城下。这个时候，张齐贤并未慌张，而是说："敌军知道潘美来，而不知道潘美退。"于是将潘美的使者关在密室里。到了夜间，张齐贤发兵二百做疑兵，在州城西南 30 里的地方，到处燃起火把，而且举了很多宋军的旗帜，让辽军误以为是潘美的大军赶到。辽军果然上当，向北离去。而张齐贤已在土蹬寨设下二千伏兵，只等辽军一到，便乘势掩杀。结果，数百辽兵被杀，成为辽军此次南征少有的受挫。

统和五年（987 年）正月戊寅，萧太后结束了这次南征，返回南京，大赏南征将士。三月初五，辽圣宗率百官为萧太后上尊号——睿德神略应运启化承天皇太后；接着，群臣又为辽圣宗上尊号——至德广孝昭圣天辅皇帝，算是为此次南征画上一个句号。

60 马球赛揭开的太后私生活

2020年6月的一天，笔者去北京通州萧太后河文化馆拜访收藏家张苏，并在那儿意外地发现了很多以前没见过的辽代文物，其中便有绘制着契丹人、汉人打马球图像的木箱乃至当时使用的马球杆和马球。这让笔者对辽朝的马球竞技（时称击鞠）一目了然。

请看这张木箱上的马球比赛图：四个契丹人分成两队，分别骑在四批骏马上，显然在进行着一场激烈的马球赛。其中二人，马头相对，马球杆朝下，正在争击中间的马球。另外两人，一人所骑骏马刚刚冲过中心地带，而骑马人扬起马杆，却在扭头回看马球的所在，定是急着要扭转马头的；另一人则正催马向前，扬起马杆，前去帮助自己的队友。整个画面动态十足，展示出契丹人之间激烈的马球竞技。

木箱上的马球比赛图（萧太后河文化馆藏）

再看这张辽代马球比赛图：进行马球竞技的，就不只是男子，而且有女子。其中身穿红色衣服的女子，目光正盯着马侧那小小的白色马球，骏马仍然在向前飞奔，而女子手中的马球杆已经扬起，铆足力量要抽在马球上。整个画面，两位年轻女子对阵三位汉人男子，其巾帼不让须眉的豪气显露无遗。

在辽朝，上至太后、皇帝，下至平民百姓，大家都喜欢马球。马球称得上是辽朝的国球，马球赛则是全民运动。即便小孩子不能骑马的时候，他们也要用马球杆在地上比画着进行一些游戏。而对于整个王朝而言，打马球就不只是娱乐那么简单，它还是提高将士军事能力的有效运动。

辽代马球比赛图（萧太后河文化馆藏）

萧太后自然也是非常重视这项运动。而且，由于一场马球比赛，辽朝的政坛还出现了一次令人惊艳的震动。

统和六年（988 年）四月十一日，萧太后观看了一场马球赛。这场比赛可能是“国家队”级别的大赛，吸引了辽朝高层人士的高度关注。萧太后的亲临，使这场比赛的意义更加重大了。

韩德让亲自披挂上马，成为一队的成员。

比赛讲究的是公平，韩德让显然是位好手，且很有明星范儿。当比赛到达白热化的时候，韩德让的实力令人叫绝，而其举止令人倾倒。

萧太后也全然被吸引住了，在这方面，她甘愿做韩德让的忠实粉丝，禁不住为其鼓掌助威，这可气坏了宗室中的保守派。

有位名叫胡里室的贵族成员，自认为是契丹勇士，估计是受了宗室某些人的利用或挑拨，竟然借比赛之机，突然骑着马，从侧面直冲向韩德让。这个意外之举，是韩德让完全没想到的，他措手不及，一下子被撞到马下。

从奔驰的烈马上坠地，其危险性可想而知，更何况又是在多匹马激烈竞赛的过程中。

场面顿时混乱起来，有人赶紧去救韩德让，有人被惊得目瞪口呆，还有人幸灾乐祸。

这一突发的恶性事件，不只是针对韩德让，显然也是针对萧太后的。所以，很多人在观察韩德让的同时，也将目光瞥向了萧太后。

大庭广众之下，萧太后仿佛被当众打了一记耳光，脸火辣辣的。

是可忍孰不可忍，萧太后被彻底激怒了，当即下令将胡里室斩首。

不仅如此，由于这件事的刺激，萧太后很快又做了一件事情。

本来碍于身份，萧太后与韩德让的亲密关系有所遮掩，但胡里室事件之后，萧太后完全改变了态度，出乎常规、相当任性地迅速提升了韩德让的地位与身份，命其开府仪同三司兼政事令、门下平章事。

统和六年（988 年）九月十三日，萧太后还堂而皇之地临幸韩德让的府邸，又是厚赏，又是举办娱乐庆祝活动，让手下人

尽欢。

萧太后与韩德让亲密关系的公开化，恐怕是萧太后数年来私人生活中最开心的事情之一。这样的事在整个辽朝都是绝无仅有的，着实引发了政坛巨大的震动。好在，此时的萧太后与韩德让已经完全掌控了辽朝的局面。

没几天之后，韩德让便堂而皇之地与辽圣宗一起，进行了新一轮的南征。

61

辽圣宗御驾南征

辽朝对祭祀之事十分重视。每次出征，都要祭祀。统和六年（988年）九月，在针对宋军雍熙北伐的第二次南征开始前，自然又是一番祭祀。九月十五日，辽圣宗祭祀太宗皇帝庙；十九日，祭祀旗鼓。然后，便正式南征。

此次南伐，萧太后并没有紧随辽圣宗。而是由韩德让等人陪伴。这里面的主要原因，一方面要让自己18岁的儿子自己历练一番，另一方面要进一步提高韩德让的权威。

二十六日，辽军到达涿州。他们并没有直接攻打，而是向城中射帛书，劝守将投降。宋军守将不听，辽军方于十月初二发动进攻。此次攻打涿州，驸马萧恒德、太师萧挞凛都身中流箭。萧恒德是被放在皇帝车驾上返回营地的，可见辽军是

有所损失的。然而，等涿州城被攻破后，宋军守将投降，辽军也予以接受，而且，辽圣宗还进城抚慰晓谕民众，体现了相当的善意。

紧接着，韩德让率军围攻沙堆驿。宋军乘着夜色前来偷袭，韩德让严军以待，将宋军击败，随即攻下沙堆驿。

十月十六日，辽圣宗用黑白羊祭祀天地。十七日，辽圣宗将宋朝归降的军队分设为七个指挥，命名为归圣军。尽管行军参谋、宣政殿学士马得臣认为招降来的宋兵，恐怕最终不会为我所用，请求将他们放回，但辽圣宗并没有允许。紧接着，奚王筹宁攻破狼山寨（今河北易县西南），又在益津关大败宋军，这些胜利均鼓舞着辽军的士气。

十一月初，辽圣宗率军攻打长城口（今河北徐水西北），城破后，耶律斜轸招降，宋军不从，辽圣宗与韩德让等一起出击，几乎全歼突围的宋军。对于少数投降的宋军，则安置在燕军内。随后，辽军攻打满城，宋军士开北门逃遁，辽圣宗派人劝宋军将领投降。攻下祁州后，纵兵大掠。而在耶律休哥献上黄皮室详稳在莫州所获的二十匹马、二十个士兵后，辽圣宗命令赐给投降士兵衣、带，让他们隶属于燕京。当西路军又送来二百多名降兵后，辽圣宗又下令赐给衣衫单薄的士兵皮衣……总之，此时的辽朝统治者对宋朝降兵的态度有很大的改善。

不仅如此，辽圣宗还严明纪律，不允许将士像以往一样

"打草谷"。据《辽史》记载，统和六年（988年）十二月初一，横帐郎君达打里肆行劫掠，辽圣宗给予杖责的惩罚；统和七年（989年）春正月初八，有三个士兵偷偷出营抢劫，辽圣宗将他们鞭笞示众，把他们抢劫所得的物品分别赐给左右将领。按照辽朝的兵制，辽军出外打仗向来都是以抢劫为目的，而不是攻城，而到了萧太后、辽圣宗的时候，这些传统的兵制得到了一些改变，体现出辽朝政策的变化。

对于辽军的攻城略地，宋太宗下达了"坚壁清野勿与战"的诏令，命河北将领坚固城垒，清除城外，使辽军既攻不下城池，又得不到物资。这其实是面对强敌的消极抵抗方式，也反映出宋太宗此时的心态已与当年两次北征截然不同。定州监军、判四方馆事袁继忠担心如此一来，辽军将长驱深入，对宋朝产生更大的打击，所以慷慨激昂地对部下说："契丹在近，今城中屯重兵而不能剪灭，令长驱深入，侵略它郡，谋自安之计可也，岂折冲御侮之用乎！我将身先士卒，死于敌矣。"众人纷纷拜服。朝廷派来的人还打算执诏书阻止。当年在君子馆战役中因为没有支援刘廷让而备受指责的都部署李继隆站了出来，视死如归地说："阃外之事，将帅得专焉。往年河间不即死者，固将有以报国家耳！"于是与袁继忠一起，出兵与辽军大战。李继隆率领的军队是骁勇果敢的易州静塞骑兵，他们的妻子以前被辽军掠走，因此对辽作战中无不抱着死战之决心。这样一来，

辽军南伐受到一次重挫。《续资治通鉴长编》称："契丹骑大溃，追击逾曹河，斩首万五千级，获马万匹。"这里的数目恐有夸大之辞。但无论如何，因为有了袁继忠、李继隆在唐河一线的积极抵抗，辽军此次南征最远也只是波及白沟以南 75 公里的新乐。

统和七年（989 年）正月二十一日，辽圣宗、韩德让率大军进攻易州。遂城的宋军前往救援，辽圣宗派铁林军迎击，活捉宋军五位指挥使。次日，辽军大举进攻，将易州攻克，然后将易州军民迁到燕京。二十三日，辽圣宗临幸易州，御临五花楼安抚晓谕吏民。

易州，曾被后周柴荣攻取，之后又纳入宋朝的版图，此次战役后，易州重新回到辽朝的疆域。《辽史·地理志》专门有"易州"的词条，称："统和七年攻克之，升高阳军。有易水、涞水、狼山、太宁山、白马山。"

至此，此次御驾亲征开始圆满收幕。六天后，辽圣宗驻扎南京，六军解除戒严状态。二月一日，辽圣宗在元和殿接受百官朝贺。在对有功将士进行封赏时，赏赐最重的便是韩德让，他由原来的楚国公晋升为楚国王。两年后，"以韩匡嗣私城为全州"，就是朝廷允许韩匡嗣把全州作为自己的私城，可是韩匡嗣已死多年，所以实际上是让韩德让建立私城。所谓私城，即头下军州。《辽史·地理志》记载："头下军州，皆诸王、外戚、大臣及诸部从征俘掠，或置生口，各团集建州县以居之。横帐诸王、国舅、公主许创立州城，自余不得建城郭。”由此可见，这是一种非同寻常的特权。

耶律休哥也得到了特殊的赏赐。统和七年（989 年）三月，萧太后赐予耶律休哥红珠筋线，并命其入内神帐行再生礼。辽朝制度，只有皇帝和太后可以行再生礼，耶律休哥得以行此礼，称得上是莫大的荣耀。

两场局部战役

62

辽圣宗御驾南征后，有两次战役虽然是局部的，也不是萧太后、辽圣宗亲自出马，但对于辽宋之间的攻守关系很有影响。这两场战役，一场记载于《辽史》，一场记载于《续资治通鉴长编》。

第一场战役发生在统和七年（989年）暑期。当时，宋朝派刘廷让等人乘暑热攻打易州。刘廷让此次铆足了劲，所率军队也很是生猛，令辽朝诸多将领很是忌惮。耶律休哥却没有丝毫胆怯，他率领手下锐卒，逆击宋军于沙河之北，杀伤数万，获得辎重不计其数，然后将这些战利品奉献给朝廷。

对于此次胜利，萧太后大力嘉奖了有功将士，并授予耶律休哥上朝免拜、不名的特权。此次战役还有一个重大意义，按照《辽史·列传第十三》

的原文就是：自是宋不敢北向。时宋人欲止儿啼，乃曰：“于越至矣！”于越，就是指耶律休哥。

宋朝边境民众虽然害怕耶律休哥，但并不怎么仇恨，因为整体而言，耶律休哥保护了很多宋民。史载：“休哥以燕民疲弊，省赋役，恤孤寡，戒戍兵无犯宋境，虽马牛逸于北者悉还之。远近向化，边鄙以安。”

耶律休哥在辽军中堪称战神，具有至高的威信。正如《辽史》中概括：耶律休哥“智略宏远，料敌如神。每战胜，让功诸将，故士卒乐为之用。身更百战，未尝杀一无辜”。不过，发生在统和七年的一场战役，却让耶律休哥吃了大亏，而且引出了一个似乎比耶律休哥更牛的“黑面大王”。

有一天，耶律休哥通过间谍得知，宋军由定州路都部署李继隆发镇、定大军护送数千车的辎重，运送给威虏军。这块肥肉，耶律休哥自然不会放过，更何况他早就想要拿下威虏军呢。因此，他迅速召集大军，率数万精锐铁骑火速出发。此时，耶律休哥堪比瞄准了目标的狼王，对于路途中的其他宋军并不感兴趣。所以，当宋朝崇仪使、北面缘边都巡检尹继伦率领千余步骑按行塞上，正挡在耶律休哥前进的道路上时，耶律休哥压根没有理睬，而是直接穿过，径直前往袭击大军。这种行径，可把尹继伦气坏了。

尹继伦对手下说：“他们视我等如同鱼肉。如果他们南出得

胜，便会乘胜驱逐我辈北去；如果他们败了，也会泄怒于我，我们照样无法活下去。倒不如我们现在卷甲衔枚紧跟在他们后面。他们的锐气在前面，心里轻视我们，不会想到我们去袭击他们。说不定我们还真能成功。如果不成功，即便我们战死，仍然不失忠义，是堂堂正正的汉子。”最后，他奋力激励大家：“我们岂能为边地鬼乎！”众将一听，个个斗志勃发，皆愤激从命。于是，尹继伦令军中喂养好军马，乘着夜色，派人手持短兵器悄悄地紧跟在辽军后面。

行数十里，到了唐河、徐河之间时，天还未明，辽军距离宋朝护送辎重的大军还有四五十里路。彼时，辽军刚刚用过早饭，即将进攻作战。没想到尹继伦的队伍出其不意，突然间急速攻击过来，迅速杀掉一员辽将，打了辽军一个措手不及。辽军顿时惊乱起来。就连还没有吃完饭的耶律休哥，也赶紧丢下碗筷，打算迎战。哪料到一个短兵器已将其手臂击中，创伤很重。耶律休哥被迫乘马逃遁。紧接着，辽军看到更多的宋军冲杀过来，顿时大乱，自相踩踏致死的人不计其数。

尹继伦与镇州副都部署范廷召乘胜追击辽军，直追到过了徐河十余里的地方，俘获甚重。此后，定州副都部署孔守正又在曹河之斜村，与败退的辽军打到一处，杀死辽军将领大盈相公等三十余人。

此次战役的重大意义，按照《续资治通鉴长编》的记载，就是："敌自是不敢大入寇。以继伦面黑相戒曰：'当避黑面大王。'"

从上述两场战役可知，雍熙北伐后，辽朝在军事上占据了一定的优势，由被动转为主动，然而并不能占太多的便宜，而且，宋朝内部治理相当稳定，军事武器相当先进，宋军在野战中虽然吃亏，但在防御方面有着相当的能力。再者，辽朝经济实力较弱，经不起不断的大战，而内部还有很多事情需要梳理和整顿，耶律休哥也在战役中负伤……这些都使得萧太后在之后十年时间没有再发动大规模南征。当然，这并不等于萧太后不再打算南征了，她其实还在酝酿着一盘大棋，而这场大棋要么不下，要么就要在机会真正到来之时倾全力去做——这需要长时间的准备！

西夏前身——夏州党项风云

63

辽宋两国角逐的时候，在华夏大地上，还有一个政权正在崛起，引人注目，它就是夏州党项。

党项位于辽朝的西南、宋朝的西北，曾有众多的部落，而夏州党项的崛起，使得党项内部的大多数力量得到了统一，具有相当的实力。雍熙北伐前，宋太宗曾经试图全面收纳夏州党项，萧太后也曾经通过西征的方式进行压制，但夏州党项仍然顽强地存在着，其内部也发生着风云变幻。

西夏石雕力士志文支座
（宁夏银川西夏陵区出土）

公元982年，夏州

党项主动向宋太宗示好。担任留后的李继捧进京，将其所辖的银、夏、绥、宥、静五州之地献给了北宋。这一事件顿时激起巨大的波澜。夏州党项名义上一直臣服于中原王朝，但实际上，他们在其割据势力范围内自行任命官吏，自行征收赋税，是一个独立王国。

李继捧向宋朝献地后，宋太宗大喜过望，马上令李氏亲族入京，同时重新任命知州，要将党项经营200余年的五州之地，全部由宋王朝直接管理。没想到此举激发了一场大的变故。

李继迁是李继捧的族弟，当他接到宋朝护送李氏亲族入京的诏书，这才知道，五州之地已归宋朝。愤怒的火焰在心中燃烧，年轻的李继迁打算做最激烈的武装对抗。然而，他的力量太弱小了。这种情况下，李继迁与他的数十位部下，伪装成送葬队伍，将兵器藏于灵柩之内，直奔地斤泽。

地斤泽，在今内蒙古鄂托克旗的东北，离夏州300余里。那里也是党项人的聚居地。李继迁的目的非常明确，就是借助地斤泽党项人的力量，与中原王朝对抗。他随身携带了一张曾祖拓跋思忠的画像，那也是李继迁唯一的信物。

拓跋思忠在党项族中拥有极高的威望。唐朝末年，黄巢起义爆发，唐王朝面临灭顶之灾。拓跋氏首领拓跋思恭纠集了夏州党项及其他党项数万人，有力地帮助了唐王朝。因协助镇压黄巢起义有功，拓跋思恭被晋爵为“夏国公”，赐予李氏皇姓。

从此，拓跋思恭以统万城为治所，割据夏、绥、银、宥、静五州之地，形成远高于以前的强大合心力。党项人的生活水平明显提高，一个独立王国基本成形。然而，在与黄巢起义军的激烈战斗中，拓跋思恭的弟弟拓跋思忠战死，大队人马战败后不得不返回夏州。整个党项部一度沉浸在悲愤的氛围中，他们为战死的拓跋思忠复仇，获得大胜。拓跋思忠的威望更加深入人心。

李继迁没有出示曾祖的画像之前，地斤泽的党项人对他一点都不重视。但在李继迁拿出拓跋思忠画像后，他就立马成为拓跋思忠的精神代言人。此后，恢复党项人自己的家园——五州之地，使全体党项人免于被宋朝廷吞并，成为最有力的号召。

在强烈的民族情绪当中，李继迁的部队迅速扩大，他们四处出击，先后占领王庭镇、银州、会州等地。可是，正当李继迁兴奋的时候，他的驻地地斤泽却被宋军突袭。李继迁虽然逃了出来，他的母亲、妻子却均被俘虏。李继迁再次陷入了困境。他需要强大的外援，不得不重新审视当时的天下格局。

俗话说得好：“敌人的敌人，可能就是非常好的朋友。”尽管辽与党项也发生过多次战争，但在新的局面下，联盟未尝不可以产生。

统和四年（986 年），就在宋朝即将发动雍熙北征、辽朝面临巨大压力之时，李继迁前来归附辽朝，表示愿意永远做辽朝的辅佐藩国。

萧太后马上接受，任命李继迁为定难军节度使、银夏绥宥等州观察处置等使、特进检校太师、都督夏州诸军事。由此，辽、夏建立起联盟。

这样一来，整体局势随之发生变化。萧太后曾耗费很多兵力西征党项，在对付大规模的宋军北伐时，也需要着重提防党项部。李继迁的归附，则使需要分心的人，即刻从萧太后转移到宋太宗身上。

河西甘陇一带，本来是宋的“右臂”，现在却成了辽的臂膀了。李继迁得到辽朝的支持后，迅速恢复力量，对夏州发动了进攻。宋太宗不得不采纳赵普的建议，让李继捧返回夏州，招抚李继迁，之后又派出大批军队援助夏州。可以说，李继迁分散了宋朝的力量，对辽朝相当有利。

同年十月，李继迁亲自到上京朝觐萧太后与辽圣宗，接着又向辽朝求婚。为加强这一联盟，统和七年（989 年）三月，萧太后将王子帐耶律襄之女封为义成公主，下嫁李继迁。统和八年（990 年）三月，《辽史》中便有了“李继迁遣使来贡”的记载；九月，又有“李继迁献宋俘”的记载。十一月，辽朝遣使，册封李继迁为夏国王，进一步支持李继迁对付宋朝。统和九年（991 年）二月初五，李继迁派使者奏报伐宋取得大捷；七月二十二日，李继迁又派使者奏报，收服了绥、银二州……

可以说，在辽朝不再发动大规模南征之时，李继迁的部队仍在西北为宋朝不断地制造麻烦，让宋朝君臣颇为头疼，而这些对辽朝却是颇为有利的。

当然，萧太后很清楚：作为党项势力的重要代表，李继迁可为我用，但不能完全信任。如何拿捏好这个分寸，需要相当的政治智慧。

在李继迁不断强大之时，宋太宗也想方设法拉拢李继迁。统和九年（991 年），宋廷授予李继迁银州观察使的封号，赐姓名为赵保吉。当年十月初七，李继迁派使者到辽朝，送上宋朝授予他的敕令。这应该是表明他对辽朝的忠心。然而到了十二月份，李继迁便暗中归附宋朝。对此，辽朝廷焉能不知？招讨使韩德威马上持皇帝诏令去见李继迁，对他晓以利害。两个月后，韩德威上奏，因李继迁托故不与他见面，所以率军到灵州抢掠一番。十几天后，夏国王李继迁派使者前来奏报，韩德威在夏国境内纵兵抢掠。对此，萧太后、辽圣宗并没有辩驳李继迁，而是下诏安抚。这样，既以韩德威警告了李继迁，又为其继续附属辽朝留下了余地。事实证明，这样的举措是正确的。

李继迁虽然出现过反复，向宋朝上表归附，但其目的是为了夺回党项族曾经占领的五州之地。双方在实质问题上矛盾重重，所以始终谈不拢，彼此之间的战争便持续不断。李继迁的军队多次大败宋军，让宋太宗头疼不已，试图多方拉拢或制约，但终宋太宗一朝，李继迁的问题始终没能解决。不仅如此，等宋太宗的儿子宋真宗即位后，李继迁的队伍更加强大，最终攻破灵州，改名西平府，建都西平府……

在这个过程中，萧太后视李继迁政权为第二个北汉政权，使其有效地成为对辽有益、对宋不利的地方政权。

宋朝君臣的复盘

64

雍熙北伐时，无论从整体的军事实力还是经济实力，宋朝均高于辽朝，可是竟落了个大败而回，劳民伤财，对宋朝是一个重大打击。此后，萧太后、辽圣宗的两次报复性南征，进一步加大了对宋朝的逼压，使得以宋太宗为首的宋朝君臣不得不对以往的战役进行全面的复盘，以便部署新的对辽策略。

复盘，本是围棋术语，也称“复局”，指对局完毕后，棋手将博弈过程重复一次，以便找出对弈过程中的优劣与得失。这个方法很好，所以被变通地运用到方方面面。

雍熙北伐后，宋太宗明显低调起来，甚至下罪己诏，检讨自己的错误。宋端拱元年（988 年，辽统和六年）三月，宋太宗又下诏征求直言，称：

"至于政教之堙郁，典章之阙漏，国蠹民瘼，悉当上言，无有所隐。"第二年正月，宋太宗下诏，令文武群臣各陈备边御戎之策。为鼓励大家知无不言，宋太宗厚赏第一位直言的官员温仲舒。此后，敢于直言的奏议纷涌而来。其中最为有名的，是张洎、王禹偁、田锡的奏议。

张洎时为户部郎中，在他的奏议中，将宋军失利的主要原因归结到三个方面：一是失地利，"今自飞狐以东，重关复岭，塞垣巨险，皆为契丹所有。燕蓟以南，平壤千里，无名山大川之阻，此所以失地利，而困中国也"。二是兵力分散，"今河朔郡县，列壁相望，朝廷不以城邑小大，咸浚隍筑垒，分师而守焉。及乎贼众南驰，长驱深入，咸婴城自固，莫敢出战"。三是"将从中御，士不用命"，"元戎不知将校之能否，将校不知三军之勇怯，各不相管辖，以谦谨自任"。就此，张洎提出了"缘边建三大镇，各统十万之众"，授予军队元帅绝对的斩杀大权等建议。但整体而言，张洎还是希望宋朝与辽和好，"请陛下稍抑至尊，举通和之策，彼若归仁悔过，奉大国之欢盟，结好息民，以宁宇县，固邦家之望也"。

右拾遗、直史馆王禹偁则将自己的"备边之策"概括为"外任其人，内修其德之道"，然后从"外"和"内"两个方面陈述了自己的建议。在"外备"方面，他有与张洎类似的建议，认为"兵势患在不合，将臣患在无权"是造成战争失利的重要原因，请国家在缘边要害之地，建立三支各十万人的军队，互相救援，责以成功。此外，他还提出“侦逻边事，罢用小臣”，“行间谍以离之，因衅隙以取之”，“以夷狄伐夷狄”，“下哀痛之诏以感激边民”等四条“外备”之策。在“内强”方面，他也提出五条建议，分别为：“并省官吏，惜经费”，“艰难选举，抑儒臣而激武臣”，“信用大臣，参决机务”，“不贵虚名，戒无益”，“禁止游惰，厚民力”。最后则称：“若军运劳于外，游惰耗于内，人力日削，边用日多，不幸有水旱之灾，则寇不在外而在乎内也。惟陛下熟计之。”对此，无论《续资治通鉴》还是《续资治通鉴长编》的记载，都称宋太宗阅览后，深加叹赏。宰相赵普尤其器重。

不过，叹赏归叹赏，有些建议可以采纳，而对二人都提到的在边防建立各十万大军的三大军事重镇、大力提高军队将领权力的重要建议，宋太宗无法采纳。因为这与宋朝立国的宗旨相违背。宋朝之所以能够摆脱五代周期律的困扰，就是因为根除了自中唐以来的藩镇割据，根除了地方军队权力太大的弊病。如果采纳，岂不又要政权不稳。对此，宋太宗的选择是：“国家若无外忧，必有内患。外忧不过边事，皆可预防。惟奸邪无状，若为内患，深可惧也。”

由于宋太宗鼓励大家直言，知制诰田锡在奏疏中直接指出宋太宗本人的毛病。这是众多将领都领教过、却又不敢明言的苦衷——那就是宋太宗对自己的军事才能有点过分自信，总喜欢以预先设定的方案或者阵图遥控战场上的将领。

本来，战争形势瞬间万变，临敌将帅应该有绝对的临机应变的权力。所以自古以来就有“将在外，君命有所不受”的成例。宋太宗偏偏就要打破这个规则。

早在辽景宗在世时的满城之战中，宋太宗便以阵图授予诸将，令将兵分为八阵。等辽军逼近时，满城守将崔翰便按照宋太宗的“锦囊妙计”按图布阵，没想到不布阵还好，一布阵，军队瞬间分散，令军士疑惑畏惧，斗志全无。幸亏右龙武将军赵延进勇于担当，坚决反对，并说：“主上将边事委托给我们，就是想让我们克敌。现在军士分散，如果敌人攻击，如何互保？不如合而击之，可以决胜。这样，虽然违背了主上的命令，但还是胜利了，这不远胜失败辱国吗？”崔翰等人自然同意赵延进的说法，但不敢答应，说：“万一不胜，怎么办？”赵延进说：“倘若失败，我赵延进一个人担责任。”可即便如此，因为宋太宗亲授阵图，崔翰等人还是不敢违背，害怕担负擅改诏旨的责任，那可是欺君大罪！好在镇州监军、六宅使李继隆也说：“兵贵适变，安可以预料为定！违诏之罪，继隆请独当之。”这样，崔翰等才将军队合为二阵，取得胜利，他们也因此受到朝廷的奖励。可是，如果他们没成功呢，后果可想而知！

在雍熙北伐中，宋太宗同样如此。按理说，在作战经验方

面，他哪比得上身经百战的曹彬，可他偏偏就要干涉曹彬的作战方案。最后，北伐失败后，曹彬也就成了宋太宗的替罪羊。这样的例子还有很多。

田锡在奏疏中虽然没有点宋太宗的名字，但已经直截了当地说："今之御戎，无先于选将帅，既得将帅，请委任责成，不必降以阵图，不须授之方略，自然因机设变，观衅制宜，无不成功，无不破敌矣。"又说："若以社稷之大计，为子孙之远图，则在乎举大略，求将相，务帝王之大体也。设如人欲理身，先理心，心无邪则身自正；欲理外，先理内，内既理则外自安。臣谓边上动，由朝廷动之，边上静，由朝廷静之。任贤相于内，则百职举而纪纲正。委良将于外，则四夷静而边鄙安。"

这些奏章中的很多建议都是切中时弊的，但也有不切实际的幻想。比如王禹偁奏章中提到了萧太后，称："臣风闻契丹中妇人任政，荒淫不法，谓宜委边上重臣，募边民谙练蕃情者，间谍蕃中酋长，啖以厚利，推以深恩。蕃人好利而无义，待其离心，因可取也。"这里提到的"妇人任政"，是中原人士无法认同，也是百般诋毁的，因为与他们男人主政的价值观完全不合。可是，他们对萧太后的真实情况又有多少了解呢？不过，诋毁归诋毁，他们都认为此时不宜再与辽朝打仗了。

雍熙北伐失败后，宋太宗虽然嘴上没说，而且还曾装模作样地做出再次北伐的打算，但其内心早已有了厌战心理，决定采取守势了。这种厌战情绪在宋朝君臣中相当普遍。

因此，不久之后，宋朝便在河北平原上疏通、挖掘河道，使西起沉远泊（今河北保定北）、东到泥沽海口（今天津塘沽南）的九百里之地，遍布河水塘泊；沉远泊以西，则大量种植榆柳林木，广设寨、铺，派兵把守，以防辽军南下。

与此同时，宋朝君臣在国内治理上下足功夫，有效地提高了宋朝的经济实力与文化水平。他们也不断加强着对辽朝的侦探活动，希望得到像辽穆宗时期那样的辽朝内乱情报，可是在这些方面，以萧太后为首的辽政权总是让他们失望。

谏议大夫马得臣

65

谏议大夫是中国古代的一种官职，秦朝时即设立，专掌谏诤议论。中国历史上最有名的谏议大夫，当数唐朝的魏徵。而在辽朝，最有名的谏议大夫当属马得臣。

马得臣，辽朝南京（今北京）人，好学深思，博通古事，善于写文章，尤其擅长作诗。辽保宁年间（969—979年），历任政事舍人、翰林学士，经常参与朝议，以正直著称。乾亨初期，宋军屡次侵犯辽朝边境，皇上任命马得臣为南京副留守，又拜他为翰林学士承旨。

辽圣宗即位，萧太后临朝称制，让马得臣兼任侍读学士。辽圣宗阅览唐高祖、唐太宗、唐玄宗三位皇帝的本纪，马得臣便摘录其中可以效法的言行故事进呈给皇上。

随从辽圣宗伐宋时，马得臣曾进言：“不可以杀害投降的宋朝将士，也不必去追杀逃走的，至于那些二三其德、背弃盟约的人则另当别论。”这些对于宋军有利的建议，辽圣宗竟然采纳，马上发令下去，不知有多少宋人因此免除灾难。不久，马得臣兼任谏议大夫，知宣徽院事。

辽圣宗有一个嗜好，就是特喜欢打马球，没有节制。这件事如果放在以前，任何人不敢提出异议。打马球是契丹人的传统，如果不会打马球，简直就称不上一个男子汉。不仅如此，很多契丹女子也从小就学会了打马球。契丹将士还将打马球作为军事训练，风行全国。

然而，统和七年（989年）四月十四日，马得臣却以谏议大夫、侍读学士的名义上书辽圣宗，劝阻他以后不要再打马球了。这件事看似微小，实则意义重大，被郑重其事地记载到《辽史》当中。

奏疏前面的部分，马得臣并没有提及马球之事，而是从唐朝明君、名相的故事着笔，倡导辽圣宗要以孝治国，并且研习笃行中国古代的经史治学。笔者把这些文字翻译为现代汉语，即为：

> 臣曾经私下里研究房玄龄、杜如晦，他们是隋朝末期的书生，如果没有遇到唐太宗这样的明君，怎能成为一代名相？臣虽然没什么才能，但陛下在东宫时，臣便有幸列为

侍从，现在又得以陪伴圣上读书，可惜对您的圣明没有多少补益。陛下曾经以唐朝贞观、开元时期的事情向臣询问，臣请求大略向您陈述。

臣听说唐太宗侍奉太上皇，宴饮结束后会亲自挽辇车到内殿；唐玄宗则与兄弟们欢饮，以此尽家人之礼。陛下继承祖先之国祚，亲身侍奉太后，实在是至孝。臣更希望皇上能在早晚向太后问安之外，还要与六亲和睦相处，加倍爱敬，那么陛下亲爱亲人之道，就可以和唐太宗、唐玄宗二帝媲美了。

臣又听说唐太宗、唐玄宗二位皇帝喜好经史，长期熏陶，多次引公卿讲学，一直讲到日暮。所以当时天下蔚然风气，文治兴隆。现在陛下醉心于经典古籍，分析解答章句之学，臣祝愿陛下研究经理，深加研习，笃诚实行，那么，像唐朝二帝那样的治世也就不难实现了。

奏疏的最后部分，马得臣才重点劝谏辽圣宗不要贪恋马球。他说："臣又听说唐太宗射野猪，唐俭谏阻；唐玄宗带鹰打猎，韩休劝谏。二帝没有不乐于听从的。现在陛下以击马球为乐，愚臣想来，有三不宜，所以不避刑罚向陛下陈说。窃以为君与臣一同游戏，免不了会有争夺，为君者得胜则为臣者羞愧，彼方败了此方高兴，这是一不宜。在飞驰腾跃的马上挥杖，纵横驰骋，不顾上与下的分别，争先取胜，有失人臣之礼，这是二不宜。使万乘之主的尊贵变轻，只是贪图一时的快乐，万一出现什么闪失，那么将致社稷、太后于何地？这是三不宜。”这里面提到的唐俭、韩休，都是唐朝有名的谏臣。尤其是唐俭劝阻唐太宗不要进行射野猪的危险游戏，还暗含着一句名言。

《新唐书·唐俭传》记载：当唐太宗一边拔剑把野猪砍断，一边笑着对唐俭说：“天策长史没见过上将击贼吗？何惧之有？”唐俭则郑重地对答：“汉祖以马上得天下，不以马上治天下。陛下神武定四方，难道还要以打死一个野兽来寻求快感?!”唐太宗一听，马上听从了唐俭的谏议，从此再不狩猎。

马得臣用这个典故，就是提醒辽圣宗不能马上治天下。同时也在暗示辽圣宗，你不是想当唐太宗那样的明君吗？那你就应该立即听从我的这个建议。

然后，他才讲了君主不应该参加马球游戏的“三不宜”。“三不宜”中有一个不宜，就是不要惹皇太后惊惧。这也可以看出萧太后在辽朝大臣眼中的绝对权威的位置。

等这些话阐述完毕后，马得臣的最后一句话非常明确地说出自己的意图：“臣望陛下念继承之重，止危险之戏!”

辽圣宗看过这一奏折后，十分嘉赏，良久地感叹，决心采纳。此后，我们在《辽史》中再见不到辽圣宗击鞠的记载了。不久，马得臣去世，辽圣宗特赠其太子太保的荣誉，诏令有关部门资助安葬。

为什么辽圣宗会对马得臣看似不痛不痒的一个谏议会如此上心？

因为这个建议可以引出萧太后、辽圣宗战后治理国家的策略与方向，是当时的辽朝国策所需要的——既然契丹政权不愿意像众多游牧民族政权那样短命，那么，他们就要汲取中国治国文化中的精华与智慧，不能马上治天下，而要更加重视文教、礼仪，还要提高国内汉人的地位，让他们发挥更重要的作用。

在这些方面，无论是萧太后还是辽圣宗，他们都是开明的。

66 提高汉人的归宿感

统和七年（989 年）三月初一，辽朝境内发生了一件新鲜事。宋朝十七位进士竟然携家带口前来归顺。

在以前，宋朝百姓归顺辽朝，辽朝百姓逃往宋境，双方各有越境者，都不算什么稀罕事儿。但这一次，宋朝高端文化人组团来投，似乎足可以从侧面说明：咱辽朝的政治文化环境也有长进了！

这不能不让萧太后、辽圣宗感到惊喜，于是马上回应：诏令有司考其中第者，补国学官，授予其他人县主簿、县尉的职务。

辽朝历代最高统治者对汉人都不排斥。当年耶律阿保机建立契丹国之前，便是以汉城起家、受到汉人的帮助才得以立国的。所以，契丹建国后，与回鹘、突厥等游牧民族政权不同，他们很重视汉人，而且分设了辽官、汉官两大官僚系统，采用因俗而制、“以国制治契丹，以汉制待汉人”的“一国两制”政策。这些政策的实施，使辽朝出现了诸如韩延徽、韩知古、韩匡嗣、韩德让、高勋、刘景等众多汉人名臣。这也是辽朝政权得以长久存在和发展的一个重要原因。

不过，在萧太后之前，历代统治者多把目光集中在拉拢各族群体中的上层人士。汉族、奚族、渤海族的上层都被纳入国家政权，成为统治阶级。

辽散乐图（河北宣化壁画）

至于普通汉人，在辽朝的地位要低于契丹人。每每契丹人与汉人出现纠纷甚至殴打致死时，官府对当事人的惩罚明显不公平，这便造成了很多社会问题、法律问题乃至政治问题，影响着辽朝的发展。

萧太后意识到这个问题的重要性，并逐步解决。

《辽史·刑法志》："圣宗冲年嗣位，睿智皇后称制，留心听断，尝劝帝宜宽法律。帝壮，益习国事，锐意于治。当时更定法令凡十数事，多合人心，其用刑又能详慎。先是，契丹及汉人相殴致死，其法轻重不均，至是一等科之。"

统和十二年（994年）六月庚午，辽圣宗下达诏令："契丹人犯十恶，亦断以律。"本来，辽朝的契丹人违法犯罪，依照契丹人旧的传统惩处；对于汉人，则沿用唐朝的律令处理。而这个诏令一下，契丹人的处理方式竟然也要依照汉人的律令了，不能不说是一个巨大的转变。相应地，汉人的地位得到了质的提升。

辽圣宗的法律理念与萧太后一脉相承，同时又随着时代而改进。到了太平六年（1026年），那时候萧太后早已去世，而辽圣宗依然沿着既定的方向发展，特下诏令：

> 朕以国家有契丹、汉人，故以南、北二院分治之，盖欲去贪枉，除烦扰也。若贵贱异法，则怨必生。夫小民犯罪，必不能动有司以达于朝，唯内族、外戚多恃恩行贿，以图

苟免，如是则法废矣。自今贵戚以事被告，不以事之大小，并令所在官司按问，具申北、南院覆问得实以闻；其不按辄中，乃受请托为奏言者，以本犯人罪罪之。

诏令中出现的“贵贱异法，则怨必生”，岂不就是“法律面前人人平等”的立法根源？

在这种理念的探索与统领下，萧太后、辽圣宗治理下的辽朝，汉人的地位逐步提升。

科举取士作为一项重要制度，被持续地开展起来。虽然辽太宗时期，汉人居住的燕云地区便开了科举，以笼络汉族士人，然而在辽朝早期，这种制度向来没有受到重视，也没有人能够通过科举晋升为重要官员。而萧太后、辽圣宗时期不同，从统和六年（988年）开始，科举取士便在全境实施，基本上每年都有，并不断产生重要的官员。

例如，统和七年（989年）的进士高正，曾担任政事舍人、枢密直学士，出使高丽后升迁为工部侍郎，最高职务为北院枢密副使。统和十二年（994年）的进士吕德懋则官位更高，最终成为了辽朝的宰相。统和十四年（996年）的进士张俭，称得上萧太后摄政时最有名的状元，深得萧太后、辽圣宗器重，后来不仅当了宰相，而且受辽圣宗遗诏辅立了辽兴宗，成为直接影响辽朝最高统治权的顾命大臣，有“功著两朝，世称贤相”的美誉。

此外，萧太后、辽圣宗还通过其他途径，积极提高汉人的地位，任用各类人才，努力让他们融入契丹国的治理当中。这样的事情在《辽史》中多有记载。例如：

> 统和九年正月戊子，选宋降卒五百置为宣力军。秋七月乙巳，诏诸道举才行、察贪酷、抚高年、禁奢僭，有殁于王事者官其子孙。是岁，放进士石用中一人及第。
>
> 霸州民李在宥年百三十有三，赐束帛、锦袍、银带，月给羊酒，仍复其家。武定军节度使韩德冲秩满，其民请留，从之。
>
> 统和十二年十一月，诏诸部所俘宋人有官吏儒生抱器能者，诸道军有勇健者，具以名闻。庚戌，诏郡邑贡明经、茂材异等。己未，官宋俘卫德升等六人。
>
> ……

由于这些措施，辽朝的许多汉人有了从未有过的归宿感，参与治理辽朝的积极性被不断地调动起来，农耕文明与游牧文明也更好地融合起来，形成这个王朝的蓬勃生机，使其综合国力迅速提升。

67

通州延芳淀——萧太后的狩猎场

2019年12月20日，阳光明媚，笔者专程前往北京通州博物馆，看看有没有什么关于辽朝的文物。

拾级而上，进入博物馆，发现那儿的文物并不多，辽朝文物更是少之又少。然而，给我意外收获的是，一进第一个大厅，我便看到巨幅的“辽代通州”图，图内以延芳淀为中心，并在右边一个木制牌匾上赫然写着：“萧太后的狩猎场”。我心中一喜，光是这些，就让我感到不枉此行了。

延芳淀就位于北京通州张家湾南。辽朝的时候，这里方圆数百里内，烟波浩渺，芦苇密布，物产丰美，景色宜人。春天暖和一点的时候，它是天鹅、大雁等众多鸟类的天堂，也是鹿、羊、野猪、野兔的聚集地；到了夏天和秋天，则是另一种景象，到处都是映日荷花、飘香果实……而这个地方之所以赫赫有名，更因为它是辽代皇家临幸打猎的地方。《辽史·地理志》记载：

> 漷阴县，本汉泉山之霍村镇。辽每季春，弋猎于延芳淀，居民成邑，就城故漷阴镇，后改为县。
>
> 在京东南九十里。延芳淀方数百里，春时鹅鹜所聚，夏秋多菱芡。

辽代通州图（摄于通州博物馆）

国主春猎，卫士皆衣墨绿，各持连锤、鹰食、刺鹅锥，列水次，相去五七步。上风击鼓，惊鹅稍离水面。国主亲放海东青鹘擒之。鹅坠，恐鹘力不胜，在列者以佩锥刺鹅，急取其脑饲鹘。得头鹅者，例赏银绢。

国主、皇族、群臣各有分地。户五千。

对于延芳淀，笔者早已留意，而且注意到北京市于 2016 年年末就决定在这里重建一片 1480 公顷的大型湿地，力图再现当年天下第一皇家狩猎场水清草肥的景象。只是参观通州博物馆时，没想到他们以“萧太后的狩猎场”来描述此地。

一开始有点意外，但再一琢磨，觉得这样可能更好一些。

首先，将世人皆知的萧太后作为代言人，可以让大家迅速记住这个地方，在自然景色中加入浓厚的人文气息，可以增添亲近感。

其次，如果从历史角度来看，《辽史》中记载“临幸延芳淀”从圣宗朝开始，而且颇为频繁，那时候也正是萧太后称制的时候，而且辽朝还将辽景宗、萧太后的石像树立于此，所以称其为“萧太后的狩猎场”，即便放在辽朝也不会有什么异议。

第三，这附近还有萧太后河以及萧太后桥。萧太后河确实是萧太后在世时为了输送军粮特地开发的，全长 20 多公里，与凉水河连通后能直接到达辽朝南京城，一千多年来一直惠及沿岸百姓；萧太后桥其实与萧太后本人没有关系，而且是在明朝时建造的，然而当地百姓仍习惯上称其为萧太后桥，由此可见很多年以来，萧太后在通州这一带颇有声望。

由“萧太后的狩猎场”很容易就能联想到辽朝的狩猎业，联想到辽金元时代的顶级捕鹅神雕——海东青。通州博物馆正有一只凌空悬挂着的海东青标本，并有文字说明如下：

雕出辽东，最俊者谓之海东青。海东青属于大型猛禽，体重健壮。雌性比雄性还大，最重可达6公斤。身高1米左右，两翅展开2米多长。头部羽毛白色，缀有褐斑，上体均呈暗灰色；胸部褐红色，缀有褐斑，尾部纯白色；嘴较厚长，跗蹠只上部被羽，雌雄同色，喙爪像铁钩一样硬，飞得既快又高，能捕天鹅、野鸭、兔、狍等禽兽。因此，辽代的皇帝，每年春天在鸭子河（今松花江）附近放海东青捕天鹅，捕到第一只天鹅，要摆宴庆贺，名曰“头鹅宴”。金、元时期女真族和蒙古族的贵族也有用海东青捕猎的习俗。体现了捺钵文化在历史上的民族融合性。

这里面提到的“捺钵文化”，笔者在本书一开始就提及过。捺钵，契丹语，就是皇帝的行营、行在之意。辽朝虽有都城，但以皇帝为核心的中央政权在都城的时间并不多，即便到了萧太后、辽圣宗时代，仍旧按照契丹人“转徙随时，车马为家”的游牧传统，实行春夏秋冬在不同地方生活、打猎的四时捺钵

制度，并由此形成独特的捺钵文化。延芳淀，便曾是辽朝的捺钵。

海东青标本（摄于通州博物馆）

说来也巧，就在参观完通州博物馆两天后，我又在北京史记研究会的会议中开了一次眼界。

那次会议中，考古学家宋兆麟向大家展示了一幅辽代的狩猎图，正好十分直白地展示了辽朝捺钵狩猎的场景，尤其是中间三个狩猎者与三只海东青共同对付三只鹅的场景，与前面《辽史·地理志》中的文字相对照：“国主春猎，卫士皆衣墨绿，各持连锤、鹰食、刺鹅锥……国主亲放海东青鹘擒之。鹅坠，恐鹘力不胜，在列者以佩锥刺鹅，急取其脑饲鹘。”是不是可以非常清晰地明了其中的细节？

宋兆麟先生向大家介绍辽代狩猎图

此外，笔者还在萧太后河文化馆见到瓷器上的臂鹰打猎图以及宰鹿图等等，更在各种古籍中看到描述辽人狩猎的文字，看得多了，便会不由自主地感慨狩猎业在辽人生活中的重要地位。

“平沙软草天鹅肥，胡儿千骑晓打围。皂旗低昂围渐急，惊作羊解凌空飞。海东健鹘健如许，鞲上风生看一举。万里追奔未可知，划见纷纷落毛羽。”这首南宋诗人姜夔所写的“契丹歌”，生动地描述了契丹人捕捉天鹅的情形。

行营到处即为家，一卓穹庐数乘车。

千里山川无土著，四时畋猎是生涯。

这首苏颂所写的《契丹帐》，更是概括介绍了畋猎是辽人的主要生活方式。

还有一段文字是专门解释猎人诱鹿、射鹿的技巧——“哨鹿”：“哨鹿之说，《辽史》已有之，但未详其法。今特志之：每岁于白露后三日，猎者衣鹿皮，戴鹿头，天未明，潜伏草中，吹木筒作声，牡鹿闻之，以为求其偶也，遂踊跃至，至，则利镞加焉，无得脱者。”由此可见，辽人在打猎中积累了非常丰富的经验和办法。

契丹的猎神叫“麃鹿神”，《辽史》记载：“麃鹿神：辽俗好射麃鹿，每出猎，必祭其神，以祈多获。”《辽史》还记载：“辽国尽有大漠，浸包长城之境，因宜为治。秋冬违寒，春夏避暑，随水草就畋渔，岁以为常。”其中的“畋渔”，除了打猎，还有捕鱼。

没错，捕鱼也是契丹重要的生活方式。翻阅《辽史》，我们会发现“捕鱼”“钓鱼”乃至“叉鱼”的不少文字，然而，更多的地方用“钩鱼”二字。

什么叫钩鱼呢？这与捕鱼工具有关。用叉子时，称之为叉鱼；同样，用钩时，称之为钩鱼。辽朝皇帝钩鱼，多在土河（老哈河）、鸭子河（松花江）、达鲁河（洮儿河）等处，且在冬季结冰之后。

如何钩鱼呢？宋人程大昌曾引用《燕北杂录》的记载，详细描述过凿冰钩鱼的全过程：

达鲁河东与海接，岁正月方冻，至四月而泮。其钩是鱼也，虏主与其母皆设帐冰上，先使人于河上下十里间以毛网截鱼，令不得散逸，又从而驱之，使集冰帐。其床前预开冰窍四，名为冰眼，中眼透水，旁三眼环之不透，第斫减令薄而已。薄者所以候鱼，而透者将以施钩也。鱼虽水中之物，若久闭于冰，遇可出水之外，亦必伸首吐气。故透水一眼，必可以致鱼，而薄不透水者将以伺视也。鱼之将至，伺者以告虏主，即遂于斫透眼中用绳钩掷之，无不中者。头鱼既得，遂相与出冰帐于别帐作乐上寿。

辽代瓷器上的臂鹰打猎图
（萧太后河文化馆藏）

辽代瓷器上的宰鹿图
（萧太后河文化馆藏）

凿冰钩鱼，也被称为罩鱼。宋绶《上契丹事》中记载：“蕃俗喜罩鱼。设毡庐于河冰之上，密掩其门，凿冰为窍，举火照之，鱼尽来凑，即垂钓（钩）竿，罕有失者。”

据说，凿冰钩鱼是契丹人的创造，直到现在还被北方不少民族继续沿用。我们也可以想到，在萧太后、辽圣宗两次南征后的十年休养生息的时间里，辽朝的捕鱼业得到了很大的发展。

68

“其富以马，其强以兵”

每一个契丹人都与马结下了不解之缘。《辽史·仪卫志》记载：“契丹故俗，便于鞍马。随水草迁徙，则有毡车，任载有大车，妇人乘马，亦有小车，贵富者加之华饰。禁制疏阔，贵适用而已。”《辽史·食货志》记载：“契丹旧俗，其富以马，其强以兵。纵马于野，弛兵于民。有事而战，彍骑介夫，卯命辰集。马逐水草，人仰酪，挽强射生，以给日用，糗粮刍茭，道在是矣。”

早在辽太祖统治时期，便有战马万匹。虽然经过残酷的内战，出现过士兵们煮马驹、采野草为食，新生牲口十之七八死于道路，然而没过多长时间，契丹羊马又遍布全国了。述律太后便说：“吾有西楼羊马之富，其乐不可胜穷。”

契丹国内，除了汉人和原属渤海国的一部分人外，契丹人、奚人、室韦人等各民族都是长期过着游牧生活，在畜牧业方面非常发达。等契丹国经过穆宗朝之后，在辽景宗、萧太后、辽圣宗的治理下，畜牧业得到更好的发展，并通过夏国、敌烈、阻卜、回跋、曷苏馆、蒲卢毛朵、越里笃、剖阿里、奥里米、蒲奴里、铁骊等部朝贡获得很多良马，还在战争中获得更多的马匹。例如，统和四年（986年）辽军讨伐女真以后，耶律斜轸、萧勤德便带回二十余万匹马，这些马分别放牧在水草便地，因畜牧得法，几年后所增马匹不可计算。这个时候，也正是萧太后停止南征、努力提高国力的时候。当时的马匹之富，即便赐予大、小鹘军万余匹，也不会感觉减少。

辽代骑马狩猎图
（局部，萧太后河文化馆藏）

契丹历代统治者均十分重视畜牧业，并专门设置了管理国家群牧的机构，建立了相应的制度。所谓群牧，就是在草原上建立国有牧场，由政府统一管理。早在辽太祖统治时，便以群牧组织“因民之利而利之，群牧蕃息，上下给足”。辽太宗时，北面官中设立了管理皇家牧群的群牧使司，设置群牧太保、侍中、敞史、都林牙等职。萧太后的父亲萧思温，年轻时便担任过群牧都林牙之职，这使得萧太后对畜牧业更加熟悉。《辽史·后妃列传》中称：“辽以鞍马为家，后妃往往长于射御，军旅田猎，未尝不从。”而在所有的后妃中，萧太后无疑是这方面的佼佼者。

契丹畜牧业的发达，深受南方宋人的羡慕。出使契丹国的宋朝使者苏颂亲眼见到契丹人放牧的情形：“羊以千百为群，纵其自就水草，无复栏栅，而生息极蕃。”“契丹马群，动以千数，每群牧者，才二三人而已。纵其逐水草，不复羁绊，有役则旋驱策而用，终日驰聚而力不困乏。”

最令宋朝羡慕和忌惮的，还是契丹的战马。所谓“其富以马，其强以兵”，便是畜牧业与军事互相促进，使得契丹铁骑无敌于天下。辽国的军事制度规定，凡是年满十五岁以上、五十岁以下的百姓，都属于兵籍。每一名正军，配备三匹马以及筹集粮草、守护营铺的家丁各一人。

宋人也想大力发展畜牧业。尤其是雍熙北伐失败后，痛定

思痛，宋太宗希望不惜代价提高战马的数量和质量，国子博士李觉也专门上书，谈及“夫冀北、燕、代，马之所生，胡戎之所恃也，故制敌之用，实资骑兵为急”，并提出相应策略，然而，宋朝的战马终究无法与契丹战马相抗衡。

69

麦子熟了

笔者写这段文字的时候，正是六月麦子熟了的时候。这总是容易让人联想到收获的幸福感。

通州区现在已成为北京的副中心，到处都是高楼大厦，不过，为了给大家一片安静、休闲的绿色地带，通州区梨园镇竟然保留了一大片田地，每年都是先种麦子，等麦子收了以后便种上玉米。我很喜欢去那儿，觉得充满了生机勃勃的气息。有时也会乘兴将麦田的照片发到微信朋友圈，多数朋友便以为我又回农村了。

闻着麦香行走的时候，我还会冒出很多念头。比如，我会想：这块土地，说不定最早还是萧太后时期开垦的呢！这当然没有史料可考。然而，《辽史》中有确切记载：统和七年（989年）六月十二日，诏燕乐、密云二县荒地许民耕种，免赋

税十年。统和十三年（995 年）六月十一日，诏许昌平、怀柔等县诸人请业荒地。

不难推测，密云、怀柔、昌平等地的很多荒地，最早就是在萧太后、辽圣宗的鼓励下开垦的。荒地开垦好以后，便种上了小麦、粟、高粱等作物，便有了与畜牧业不同的新的综合国力增长点。

虽然畜牧业在辽朝占据主要地位，然而，随着渤海国、燕云十六州等适于农耕的土地纳入辽朝，随着掌握农耕先进技术的汉人不断增加，农业已变得越来越重要。

萧太后无疑十分重视农业。在她与辽景宗共同治理辽朝时，农业生产出现了明显的提升。保宁九年（975 年）三月，由于北汉求援，辽朝向其提供了二十万斛粟。如果没有相当的农业实力，如何能提供这么多的粟?!

除了在辽朝南京奖励垦荒外，萧太后、辽圣宗还于统和十年（992 年）、统和十二年（994 年）一再遣使分阅苗稼，诏令诸道劝农。统和十五年（997 年），又诏品部旷地令民耕种，并募集民众耕滦河荒地，免其租赋十年。这还只是《辽史》中有明确记载的。

保护农业的政策也相继发布。统和四年（986 年）八月，韩德让奏宋兵所掠州郡，其逃民禾稼，宜募人收获，以其半给收者，从之。诏令军中无故不得驰马。统和七年（989 年）三月，禁止以放牧伤害禾稼。统和十四年（993年）十一月，诏诸军官不得非时畋猎妨害农业……

与此同时，萧太后、辽圣宗还赈济灾民，设置义仓。《辽史·食货志》记载："统和六年（988年），霜旱，灾民饥，诏三司，旧以税钱折粟，估价不实，其增以利民。又徙吉避寨居民三百户于檀、顺、蓟三州，择沃壤，给牛、种谷。十三年，诏诸道置义仓。岁秋，社民随所获，户出粟仓，社司籍其目。岁俭，发以振民。十五年，诏免南京旧欠义仓粟，仍禁诸军官非时畋牧妨农。"

以上这些，都发生在萧太后称制期间，可以视为萧太后农业、畜牧业并重的新的治国理念与实践。其重视灾民救助、设置义仓的措施，则促进着辽朝向更加文明的方向发展。

之后，辽圣宗继承发扬了母亲萧太后的这些理念与实践。开泰元年（1012年），在萧太后逝世两年多以后，辽圣宗下达诏令："朕惟百姓徭役烦重，则多给工价；年谷不登，发仓以贷；田园芜废者，则给牛、种以助之。"

国号与国旗

70

你知道辽朝的国号和国旗分别是什么吗?

“辽朝的国号自然是辽了。”有人会这样回答。没错，很长时间内，辽朝的国号都是“大辽”，不过还有很长时间叫“大契丹”。据史料以及碑刻等文物资料分析，辽朝的国号曾在“辽”与“契丹”之间交替，或者出现过两者并用的时期。

最早的辽太祖耶律阿保机时代，国号为“契丹”。辽太宗耶律德光时代，大部分时间的国号也是“契丹”，直到契丹大军于会同十年（947年）攻入汴京后，耶律德光才把国号改为“大辽”。这些都在《辽史》中有明确记载。

《契丹国志》则称:“太宗嗣圣皇帝，讳德光，元名耀屈之，太祖第二子。丙戌岁即位，丁亥改元天显，丁酉改元会同，国号改大辽。”按照这一说法，“大辽”的国号在会同元年（938年）已有，比《辽史》中的记载要提前9年。

对于这两种不同的记载，笔者更认同《辽史》。宋人叶隆礼所撰的《契丹国志》虽有重要的参考价值，但在细节上有很多错误，运用起来不能不多加谨慎。

此后的《辽史》中不再有国号改复的记载。《契丹国志》中则记载：“圣宗天辅皇帝，讳隆绪，景宗之长子。癸未岁即位，改元统和，宋太平兴国八年。癸丑统和三十一年改元开泰，复改国号大契丹。”（此处的“统和三十一年”的说法有误，《辽史》中“统和二十九年”之后便为“开泰元年”。）如果按照这一说法，开泰元年（1012年）方有改回“大契丹”国号的事情。那么，萧太后在世时，其所用国号仍为“大辽”。

不过，按澶渊誓书中“大契丹皇帝谨致书于大宋皇帝阙下”的说辞看，澶渊之盟签订那一年（1004年），辽朝使用过“大契丹”的国号。这就又有矛盾了。我们便不能不进一步分析。

整体而言，《辽史》中只有一次提到修改国号，而《契丹国志》则提到过多次，包括后来辽道宗又把国号复改为“大辽”。

而在景爱所著《历史上的萧太后》一书中，还提到《东都事略》以及多个墓志上的提法，认为“辽朝至少九改九复国

号”。我想，这样的提法是有合理性的。

不过，笔者也有一个新的猜测：辽朝统治者不一定像宋人那样把国号看得很重。更多的可能是，辽朝的历史上曾出现两个国号并用的情况。

就像在萧太后时代，因为《辽史》《契丹国志》中都没有变更国号的说法，我们可以基本上认定其国号仍然沿用“大辽”。而澶渊誓书上辽圣宗用“大契丹皇帝”的名号，则可能是由于合约的对象是中原王朝，所以在“大辽”和“大契丹”二者之间选择了“大契丹”这一称呼。

说完“国号”，再说“国旗”。“国旗”也是代表一个国家的重要标志，十分重要。尤其是战场上，将“国旗”插在某个领地，往往象征着这块土地已被此国或此军所占领。《辽史》曾记载：“迭剌部耶律阿保机建旗鼓，自为一部，不肯受代，自号为王，尽有契丹国。”此外还常常可见“将南伐，祭旗鼓”这样的词句。可见，“旗鼓”在辽朝是极受重视的。然而，辽朝的国旗究竟是什么样子呢？对此，笔者的脑海中一直很是模糊。

直到参观萧太后河文化馆时，张苏先生指着一张他收藏的辽代人物画说：“那不就是辽朝国旗吗？”我一看，果然，一幅绘着日月图的旗帜正在契丹官员的身后迎风招展。这让我精神一振。再一次感受到文物对于历史研究的重要性。

辽代官员巡视图（萧太后河文化馆藏）

遍查《辽史》，只有《萧特烈传》中提到："金兵望日月旗，知天祚在其下，以劲兵直趋奋击，无敢当者，天祚遁走。"那是唯一一次涉及辽朝国旗内容的文字。可是，按照其中"日月旗"三字，无论如何想不出具体的样子。而有了这幅辽画，则一目了然，大有百闻不如一见的感受。

而且，这还不是孤例。萧太后河文化馆的一个瓷器上，也同样发现绘有日月的旗帜。只不过已不是方形，日月的颜色也有了变化，而不变的是"上日下月"的基本形态。由此，笔者基本认定辽朝的国旗是“日月旗”了，而且马上联想到这样的旗帜曾经在更加广袤的土地上飘扬。

辽代白釉瓷瓶（萧太后河文化馆藏）

71 新一代战神

萧太后时代，辽朝的军队中出现过几位威名显赫的统帅，将士们视其为“战神”。

最有名的当属耶律休哥和耶律斜轸。他们的功绩，前文中已有介绍，此处不再赘述。

现在要提醒大家的是，随着时光的流逝，这两位战神均逐步年老，身经百战时留下的多处枪伤箭伤，也使得他们的身体不比以往。

这让雄心犹在的萧太后不能不早做筹谋，选拔新一代战神。

如何选拔呢？真正的战神必然产生于真正的实战。

新一代战神本来应该是萧恒德。统和十年（992 年）十二月，以东京留守萧恒德为主帅，再加上萧挞凛等人所率部队，发动了对高丽的讨伐。

为什么讨伐高丽呢？因为担心高丽与宋联合，成夹攻之势，对辽不利。当年宋太宗发动雍熙北伐前，曾给高丽国王送去自己的亲笔信，要求高丽出兵配合。高丽正与女真关系紧张，害怕自己出兵，女真会乘虚而入。因此，高丽成宗王治对宋太宗采取了拖延战术，但终究还是让辽朝忌惮。那时候，辽朝便曾打算东征高丽，只是由于天时不利，道路泥泞，没能进讨，后来转而讨伐女真，获得大胜，也震慑了高丽。紧接着，辽军便不得不全力迎战宋军，根本无暇对付高丽。幸亏辽军在对宋战争中很快就取得胜利，否则，保不定高丽会从侧面进攻。所以，无论如何，与高丽的关系，是一个必须解决的问题。

这一次，萧恒德、萧挞凛等人率大军出发后，高丽君臣十分紧张，除诸边城军镇部署军力抵御外，特遣侍中朴良柔为上军使、内史侍郎徐熙为中军使、门下侍郎崔亮为下军使，率三军出战，成宗王治则亲征督战。与此同时，高丽派使者向宋朝求救。只是宋太宗已没有了以往的雄心，只想与辽朝和好，因此，对于高丽的使者，除了表面功夫——热情的接待外，其他一概不管。此后，高丽不再向宋朝朝贡。

再说战场之上，辽军来势很猛，不到一个月，在高丽大军刚刚进抵安北府时，辽军已攻克蓬山郡，俘虏高丽先锋军使尹庶颜。王治见势不妙，赶紧转变态度，派遣朴良柔向辽朝请罪求和。萧太后此次发兵，就是为了让高丽服软称臣，见目的已经达到，便爽快地答应高丽的请求，不仅如此，还十分大方地将女真在鸭绿江东的数百里地赐给高丽，使其得到了战争中无法得到的利益。紧接着，高丽便开始了向辽朝进贡。

这次战争中，功劳最大的，自然是主帅萧恒德，萧挞凛次之。

本来，萧恒德是萧太后一直想扶持的大将。大家别忘了，萧恒德还是萧太后的驸马。然而，选战神也是一件十分残酷的事情，无论是萧太后还是三军，大家要的是百战百胜（即使败，也是虽败犹荣）的灵魂人物。统和十四年（996 年）四月，萧恒德等五位将领因讨伐兀惹不利，被削去官职，萧恒德已失去成为战神的机会。不仅如此，萧恒德还在越国公主（萧太后女儿，萧恒德妻子）生病时，与萧太后派去服侍公主的宫女私通，导致越国公主病重身亡。萧太后得知此事后非常愤怒，下令赐死萧恒德。

契丹文为“驸马都尉”的金狮钮印

（张苏收藏，引自《辽代金银器粹珍》）

当萧恒德在战争中失手乃至被杀之时，萧挞凛继续在战争中赢得荣光。

早在统和四年（986 年），萧挞凛便跟随耶律斜轸南征，大败宋军，而且在朔州擒获了宋朝大将杨业，那时候他的威名就已经树立起来。统和六年（988 年），萧挞凛扈从萧太后南征，攻打沙堆驿时，英勇杀敌，力战受伤，萧太后亲自探望；统和十一年（993 年），萧挞凛与萧恒德东征，收拾了女真，又收拾了高丽，威名更盛。

统和十二年（994 年），当皇太妃领命领西北路乌古等部兵及永兴宫分军抚定西部的时候，萧挞凛被任命为西北路招讨使，征伐不听命的阻卜。

阻卜，是辽人对鞑靼的称呼，大部分居住在今蒙古国境内，过着游牧生活。

皇太妃则是萧太后的姐姐胡辇，也是女中英豪。她对萧挞凛十分信任，令其负责总督军中事务，凡军中号令，一并委派。

萧挞凛不仅能征善战，而且善于发现人才，虚心请教。他了解到一位名叫耶律昭的人十分博学，而且善于写文章，只是因为受到兄长的牵连而被流放到西北，于是专门上奏，免除了耶律昭的徭役，然后登门请教。

萧挞凛问："如今军旅刚刚结束，我辽朝三边都很安定，只有阻卜伺机而动。如果讨伐，存在路远难至的问题；如果放纵，边境的民众会被他们掳掠；如果增加边境戍守的军兵，又存在馈饷不给的问题。想要得到短时间的安定还可以，但想要长期保持不变，就很难了。对此，你有什么计策?”

耶律昭回答得很有技巧。他首先说一个总则，就是“窃闻治得其要，则仇敌为一家；失其术，则部曲为行路。”提醒萧挞凛：你要想治理好，就必须抓住要害，治众如治寡。

然后，他也没有回答萧挞凛如何治理阻卜的问题，而是分析西北诸部共同存在的问题。原话为：“夫西北诸部，每当农时，一夫为侦候，一夫治公田，二年给纠官之役，大率四丁无一室处。刍牧之事，仰给妻孥。一遭寇掠，贫穷立至。春夏赈恤，吏多杂以糠秕，重以掊克，不过数月，又复告困。且畜牧者，富国之本。有司防其隐没，聚之一所，不得各就水草便地。兼以逋亡戍卒，随时补调，不习风土，故日瘠月损，驯至耗竭。”言外之意，也不是这些部族想反叛，而是被那些不习风土的官员折腾得贫困枯竭，无法生活了，所以才有反叛。

耶律昭直接将矛头指向了辽朝的官员，当然会看萧挞凛的反应。他见萧挞凛能听进话去，这才说出自己的策略：

第一，“为今之计，莫若赈穷薄赋，给以牛种，使遂耕获。置游兵以防盗掠，颁俘获以助伏腊，散畜牧以就便地。期以数年，富强可望。”就是要帮助这些部族富起来。

第二，“然后练简精兵，以备行伍，何守之不固，何动而不

克哉?”就是要训练出自己的精兵。

第三,“然必去其难制者,则余种自畏。若舍大而谋小,避强而攻弱,非徒虚费财力,亦不足以威服其心。”就是要打就打那些难驯服的。

随后,耶律昭总结一句:“此二者,利害之机,不可不察。”

对于这些策略,萧挞凛听得非常认真,连连点头。

为报答萧挞凛对自己的知遇之恩,耶律昭还说了一段非常重要的话:

> 昭闻古之名将,安边立功,在德不在众。故谢玄以八千破苻坚百万,休哥以五队败曹彬十万。良由恩结士心,得其死力也。阁下膺非常之遇,专方面之寄,宜远师古人,以就勋业。上观乾象,下尽人谋;察地形之险易,料敌势之虚实。虑无遗策,利施后世矣。

这些话就像经世名言一样,点拨萧挞凛成为像耶律休哥那样文武双全、深得人心的战神。萧挞凛全都牢记在心。

此后,萧挞凛再展神威,将那些难治的阻卜军兵打得落花流水,还诱捕了包括酋长阿鲁敦在内的六名反叛者将其斩首,同时安抚西北诸部民众。军队凯旋后,萧挞凛因战功加兼侍中,封兰陵郡王。

统和十五年(997 年),敌烈部人杀掉辽廷任命的敌烈都详稳后,逃遁于西北荒野,萧挞凛率轻骑逐之,并进一步征讨了阻卜中未服的将士……

最终，萧挞凛成为西部各强悍民族敬畏的战神，完全稳定住西部的局面。他也采取了一些有益于西北民众的惠民政策，使其愿意臣服辽朝。正如《辽史》记载：“诸蕃岁贡方物充于国，自后往来若一家焉。”为了嘉奖萧挞凛的奇功，辽圣宗专门赐诗嘉奖，并命林牙耶律昭作赋，以述其功。

这样，辽朝的北部和西部都十分稳定了。萧太后进一步采取惠民政策，鼓励诸道民众种树，鼓励富民出钱资助贫民，免除兀惹、乌昭度等属国大部分的鹰、马、貂皮等进贡，使政权更具向心力。所有这些，都为萧太后再次倾力南征提供了必要的基础与后盾。

宋太宗驾崩

72

统和十五年（997年）三月发生的一些事情，值得玩味。

《辽史·圣宗本纪》记载："乙丑朔，党项来贡。戊辰，募民耕滦州荒地，免其租赋十年。己巳，夏国破宋兵，遣使来告。己卯，封夏国王李继迁为西平王。壬午，通括宫分人户，免南京逋税及义仓粟。甲申，河西党项乞内附。庚寅，兀惹、乌昭度以地远，乞岁时免进鹰、马、貂皮，诏以生辰、正旦贡如旧，余免。二十九日，宋太宗驾崩，其子赵恒嗣位，即宋真宗。三十日，皇太妃献西边捷。"

这里面包含着重要的信息：对于宋朝而言，宋太宗死了，新旧更替，新皇帝比不得旧皇帝经验丰富，而且势必出现过渡时期的薄弱环节。对于辽朝而言，这件事提供了再次发动南伐的好机会。思路很简单，就像当年宋太宗选在辽景宗去世后发动雍熙北伐——所谓以其人之道还治其人。

而且这一年，夏国军打败了宋军，夏国王李继迁被辽圣宗封为西平王。河西党项也乞求附属辽朝了，北边的兀惹、乌昭度已经内附，皇太妃又在西边的战事中打了胜仗，西部的统治更加稳固。

不仅如此，辽朝的畜牧业、农业、手工业均得到全面的发展，已重视慈善等事业，辽朝真是步步向全盛时期靠拢。

更有意思的是，统和十四年（996 年）四月，辽政权还把大安山凿开，找到了五代军阀刘守光所藏的大批财物。刘守光所藏财物，自然包括其父刘仁恭的。因为刘仁恭正是在大安山被刘守光击败并囚禁的。

刘仁恭担任卢龙节度使时，为非作歹，不仅在幽州的大安山上兴筑宫殿，遴选美女居住其中；又与道士炼丹药，以求长生不死；还百般搜刮百姓钱财，藏于山中。这些不义之财最终落于辽朝手中，正好充实军费。

宋太宗在世时，为了大宋江山的太平，最终舍下面子，于统和十二年（994 年）两次派使者向辽朝求和，可是，萧太后均没有允许。这件事也很容易理解。国与国之间就像人与人之间一样，作为主持辽朝国政的萧太后完全可以这么想：

凭什么你宋太宗就可以随意毁掉以前的合约，断然吞并辽朝的附属国北汉？

凭什么你在吞并北汉后还要向辽朝发动进攻？

凭什么在我的丈夫辽景宗去世、我儿子还很小的时候，你就又发动大规模的北伐？

那么现在，你又想要和好了，凭什么？

这些只是笔者的猜测，不可以作为真实的史实。不过，读者朋友们可以设身处地地想想，这些猜测有没有道理？

当然，我们进一步推测，治国不是过家家。萧太后即便有前面的那些想法，但作为卓越的政治家，她不可能陷入这些纠缠当中，而是必然以王朝的根本利益作为出发点来处理事情。

因此，她虽然没有答应宋太宗的求和，却通过归还边境掳掠的宋人，表达一些善意。而另一方面，她既定的大方针并没有任何变化。

记载于史册的事实是：十年间，萧太后一直没有大规模地南伐。而到了宋太宗一死，44 岁的萧太后认为机会来了，于是开始部署，重启战事。

73 老帅相继逝去

宋太宗驾崩后的第二年五月七日，萧太后、辽圣宗祭祀白马神；三天后，祭祀木叶山，告诉山神来年南伐之事。

中国的山神崇拜自古就有，秦始皇当年便拜过多次山神，直到如今，青藏高原的很多民众依然保持着纯朴而虔诚的山神崇拜。在辽朝，每逢大事，都要祭祀木叶山。

契丹萨满仪式图（局部，萧太后河文化馆藏）

祭祀山神的典礼结束后，辽朝上下便开始了战争前的准备工作。

辽国兵制规定，凡是年满十五岁以上、五十岁以下的百姓，都属于兵籍。每一名正军，配备三匹马以及筹集粮草、守护营铺的家丁各一人。每名正规的士兵，要配备铠甲等九件用品，马的鞍鞯、辔头、护身，用皮还是用铁，根据各自的能力而定。要自己配备四张弓，四百支箭，长短枪、斧、钺、小旗、锤子、锥子、火刀石、马盂、干粮袋、搭钩、厚布伞各一,一斗干粮，二百尺套马绳。官方不供应人和马粮草。由筹备粮草的家丁每天骑马四处掳取掠夺来供应。铸造金子装饰的鱼形符节，以此调动兵马。有二百个银牌，用来调动军马和传达军令。军队驻扎的地方，配备远探拦子马，专门在晚上听敌军人马的声音，了解敌军的动静。

由此可以推测，大战前的准备工作是非常费事的，并不是说打就打那么简单。

客观地讲，在萧太后时代，包括辽景宗、辽圣宗两代，大部分的战争都是宋朝挑起来的，但辽朝经过两次重大的胜利，掌握了主动权。不过，以往的南伐，基本上还是以攻为守，打消宋朝北伐的念头，这一次则不同，经过十年的蛰伏后，萧太后要雄心勃勃地展开新一轮南伐，为辽朝获取以往从未有过的利益。由此可以推测，即便沉稳的萧太后，此时也不免有些兴奋。

然而，就在准备南伐的统和十六年（998 年）十二月初一，萧太后得到一个不幸的消息——功勋卓著的宋国王耶律休哥病逝。

多年来，无论是面对宋军的第一次北征还是第二次北征，耶律休哥都起到了至关重要的作用。是他，让宋太宗受伤逃跑，据说后来宋太宗之死也与第一次北征时所受箭伤有关；是他，让曹彬的大军不胜其扰，最终落败；是他，让宋人在哄孩子的时候，都要说“于越来了”，让孩子不敢再哭……耶律休哥还在辽军中享有无上的威严，《辽史纪事本末》记载：“休格（哥）智略宏远，料敌如神。每战胜，让功诸将，故士卒乐为之用。身更百战，未尝多杀无辜。”

耶律休哥的死，对辽军无疑是一个打击，也让萧太后、辽圣宗很是悲哀，特地以“辍朝五日，诏立祠南京”这样最高规格的国之大礼，表达对耶律休哥的尊崇。

更让萧太后郁闷的是，统和十七年（999 年）九月二十四日，辽军举行“射鬼箭”的仪式后，便正式南伐了。然而就在这个时候，另一位军中战神突然病逝，他就是耶律斜轸。

对于萧太后而言，耶律斜轸甚至比耶律休哥还要重要。在萧燕燕刚刚成为太后时，是耶律斜轸与韩德让一起出力，稳定住了大局，此后更是屡立功勋。在军队中，耶律斜轸的威望不

比耶律休哥低。耶律休哥还有失手的时候，而耶律斜轸几乎就是百战之神，而且从耶律沙增援北汉被击败后开始，耶律斜轸便总是率领辽军将士败中脱险、弱中取胜的无敌英雄。根据《辽史纪事本末》的记载，耶律斜轸死后，“太后亲为哀临，仍给葬具”。

虽然耶律休哥、耶律斜轸的逝去，不可能改变辽军南伐的既定方针。但为萧太后敲响警钟，提醒她把握好南伐的节奏。

74 试探性的南伐

统和十六年（998 年），耶律休哥去世后，萧太后的二儿子耶律隆庆被封为梁国王、南京留守，顶替了耶律休哥的位置。耶律隆庆比辽圣宗小两岁，时年 15 周岁，但在当时契丹人的心目中，这已经是成年人了。

耶律隆庆和他大哥的性格不大相同，更喜欢武功。幼时和小伙伴们玩耍，就喜欢做伍战阵法，指挥意气，小伙伴们没有敢违背的。其父辽景宗又是奇怪又是高兴，说："此吾家生马驹也。"萧太后对这个儿子，也是因材施教，着重于武功方面。所以，耶律隆庆年龄稍长，便擅长骑射，骁捷如风。

同时升迁的还有萧太后的三儿子耶律隆裕，他被晋升为吴国王。这个三儿子又比二儿子小两岁，

时年不过13周岁，在我们看来还是个懵懂的少年，可是萧太后却认为这个儿子也可以担当一些事情了。

不知是天性如此，还是萧太后有意识地以不同方式培养三个儿子，使他们各有特长，能够互相补益，而不是日后互相争夺。耶律隆裕的特点是：性沉毅，美姿容。自少时即喜欢道教，见道士则喜。

统和十七年（999年）耶律斜轸病逝后，他的职权也空了出来，萧太后便让韩德让兼知北院枢密使事，集军政大权于一身。韩德让有很多优点，尤其是在位高权重的时候，不会膨胀，而是度量更大，也更能容忍了。他讲究任贤去邪，有人以直言触犯了他，他却更能看到对方的优点而加以重用，这一点深受萧太后的重视，称赞其“进贤辅政，真大臣之职”。所以，无论从公从私，萧太后赋予韩德让大权，都是放心的。

做好这些调整后，萧太后、辽圣宗于当年九月发动南伐时，任命耶律隆庆为先锋，韩德让则陪伴在萧太后、辽圣宗身边，随时参与大政方针的决策。

此次南伐，开始时并不顺利。十月二十四日，辽军大举进攻遂城，但出兵不利，没有攻克。《辽史》对此一笔带过，《续资治通鉴》中记载：“辽师攻遂城，城小无备，众恟惧。杨延朗集丁壮护守，时沍寒，延朗命汲水注城外，及旦，冰坚不可攻，辽师解去。”这就是中国军事史中有名的遂城之战。杨延朗，即杨业之子杨六郎。他借助天寒地冻，一夜之间让遂城成为一座冰城，让辽军有力无处使，只好进攻其他地方。

萧继先受到了重用，被派去进攻狼山镇石砦。萧继先既是萧太后的弟弟，也是萧太后的女婿，很受萧太后喜欢。《辽史》记载萧继先："幼时颖悟，叔思温命为子，睿智皇后尤爱之。乾亨初，尚齐国公主，拜驸马都尉。"就是说，萧继先本来是萧燕燕伯父的儿子，年幼时转继给萧思温当儿子，后来还娶了萧太后的长女齐国公主，拜为驸马都尉。这是典型的甥舅联姻、近亲结婚，我们现在感到不可思议，但在当时的辽朝显然是很正常的。

攻打狼山镇石砦时，萧继先指挥有方，作战英勇，很快攻克了宋营。令萧太后感到高兴的是，平日里因为性格疏简而被别人诟病的耶律铎轸，这一次却穿戴非常显眼的甲胄，在战场上奔驰冲锋，格杀甚重，很是鼓舞了辽军的士气。萧太后远远望见，特地把他召到身边，面带喜色地说："卿勠力如此，何患不济！"予以厚赏。

此后，辽军先头部队由耶律隆庆率领，转战瀛州。先是在瀛州西南生擒宋将康昭裔、宋顺，缴获兵器甲仗无数。接着到达瀛州，见宋将范廷召列方阵对战，耶律隆庆问诸将："谁愿出战？"有位叫萧柳的大将应声说道："若得骏马，则愿为之先。"耶律隆庆马上授以甲骑。萧柳揽住马辔，对众将说："敌阵若

动，诸君急攻。”然后飞驰向前冲了过去。宋军很快就有了稍微的退却。耶律隆庆见势大喜，马上指挥大军冲锋上去。宋军因此大乱。战争中，萧柳身中流矢，仍带伤作战，众皆披靡。此一仗，打出了辽军的气势。

紧接着，辽军拔乐寿县，又在遂城城外纵骑兵冲突，几乎将临水抵御的宋军杀戮殆尽。

对于这次南伐，萧太后并没打算搞多大，基本上是试探性的，以便从中发现问题。所以，统和十八年（1000年）正月，辽军便班师返回。

然而，在撤退的时候，辽军吃了一些亏，尤其是在莫州之战中。莫州之战，《辽史》没有记载，《续资治通鉴》记载了宋朝方面的情况，称：“范廷召遣使告捷，言大破契丹于莫州，夺还所掠老幼及鞍马兵仗无算。”

辽军返回南京，萧太后、辽圣宗对有功将士加以奖励，对不听从命令者进行惩罚，然后令诸军各还本道，予以修整。

75 新皇后，新战役

统和十八年（1000年），辽朝没有什么大事，也没有南伐。

统和十九年（1001年），萧太后再次决定南伐。但在南伐前，她在宫廷里处理了一件大事，就是为儿子换了一位皇后。

这件事的内情究竟如何，我们无法知道。史料中，我们甚至无法知道被换掉的那位皇后究竟是谁家的闺女，而只知道她也姓萧。

不过，我们可以想到，这等大事会牵扯到多少关系！

有直接关系的，除了太后、皇帝、旧皇后、新皇后，还有韩德让。

《辽史·圣宗本纪》记载：三月二十日，皇后萧氏因罪被降为贵妃，赐大丞相韩德让名“德

昌”。也就是说，这是同一天发生的事情。而且，韩德让已经成大丞相了。

此后不到两个月，也就是五月十五日，册封另一位萧氏为新皇后，即齐天皇后。

齐天皇后是萧太后族弟萧隗因的女儿，也是韩德让的外甥女，十二岁时选入宫中，又美丽又有才华，等旧皇后获罪降位后，马上成为新皇后。在这简单的文字后面，我们不难推测，辽朝宫廷之内必然也是明争暗斗。只不过有萧燕燕这位绝对权威的太后主持，宫廷内不会掀起太大的风浪。

这个时期，萧太后还密切地关注着宋朝的动向。宋朝的新一任皇帝宋真宗，生于968年，成为皇帝时已是29岁，所以不存在什么主少国疑的问题。不过，宋真宗长于深宫，不习军马，在这方面根本无法跟萧太后相提并论。这或许是萧太后之所以再次发动南伐的一个重要原因。

当然，宋朝内部的治理相当稳固，经济实力远强于辽朝，军队战斗力虽然比辽军弱一些，但人数众多，而且出现杨延昭之类的大将，始终非常警惕地防备着辽朝，不惜余力地增加军费，增强军队的力量，提高兵器的杀伤力，尤其是防城兵器，这些都是萧太后不能不重视的。所以，她虽然决意南伐，但相当谨慎。

西夏李继迁方面传来的消息，坚定了萧太后继续南伐的决心。按理说，李继迁向辽朝称臣，实力远远比不了辽军，但在和宋军的对抗中，则屡屡获胜。统和十九年（1001年）六月十八日，李继迁又发来奏章，汇报已经攻下了宋朝的恒、环、庆等三州，萧太后、辽圣宗很是高兴，赐诏褒奖李继迁之余，也决定尽快发动新一轮南伐。

经过一番准备后，到了十月初一，辽军正式南伐。这一次仍然由耶律隆庆当先锋，而让耶律隆裕留守京师。当月十六日，辽军与宋军再次在遂城交战，获得胜利。只是到了二十八日的时候，道路泥泞，不便于作战，于是班师回京，准备下一轮的南伐。

统和二十年（1002）三月十八日，萧太后派北府宰相萧继先等人率军南伐。为了提高战斗力，萧太后将西北的萧挞凛召回，任命为南京统军使。

萧挞凛加入南伐队伍后，果然不同凡响，很快在泰州击败宋军。

第二年四月，萧挞凛与南府宰相率军到达望都，一场大战后擒获宋朝定州路副都部署王继忠。王继忠是一个很特殊的人物，将对辽宋之间的关系起到重要作用。

善待王继忠

76

“王继忠，不知何郡人。仕宋为郓州刺史、殿前都虞候。”《辽史》的这段文字，说明辽人对王继忠在宋朝的情况并不熟悉。

要想了解王继忠的情况，还要看《宋史》的记载。《宋史》称：“王继忠，开封人。父琉，为武骑指挥使，戍瓦桥关，卒。继忠年六岁，补东西班殿侍。真宗在藩邸，得给事左右，以谨厚被亲信。即位，补内殿崇班，累迁至殿前都虞候，领云州观察使，出为深州副都部署，改镇、定、高阳关三路钤辖兼河北都转运使，迁高阳关副都部署，俄徙定州。”这里面有句话很关键：“真宗在藩邸，得给事左右，以谨厚被亲信。”说明在宋真宗赵恒还没有当皇帝之前，王继恩就以行事谨慎厚道受到赵恒的器重，被视为亲信，所以日后能一路高升。

直至王继忠在战场被俘，《宋史》中也没有一句贬义，而是描述了一段英雄事迹：

> 咸平六年，契丹数万骑南侵，至望都，继忠与大将王超及桑赞等领兵援之。继忠至康村，与契丹战，自日昳至乙夜，敌势小却。迟明复战，继忠阵东偏，为敌所乘，断饷道，超、赞皆畏缩退师，竟不赴援。继忠独与麾下跃马驰赴，服饰稍异，契丹识之，围数十重。士皆重创，殊死战，且战且行，旁西山而北，至白城，遂陷于契丹。

在这里，王继忠和他的手下，面对辽师，均是毫不畏惧、英勇杀敌，乃至从白天战到晚上，最终把辽军打退。第二天，因辽军断了送粮饷的道路，导致王超、桑赞等宋将畏缩退兵，王继忠和他的部下则被辽军重重包围，而即便如此劣势，王继忠仍与辽军展开死战，且战且行到白城后，方被辽军擒获。

也许是王继忠在战场上的表现令辽人也为之尊重，也许是由于辽朝对宋军被俘官员基本上都采取厚遇的态度，也许是萧太后对王继忠的身份有着较多的了解，总而言之，王继忠被俘后，受到辽朝极高的礼遇，又是给他高官，又是为他娶亲。《辽史》称："太后知其贤，授户部使，以康默记族女女之。"王继忠十分感动，于是情绪高昂、十分尽力地为辽朝办事。

而宋朝那边，宋真宗本来以为王继忠已经战死，又是震惊

又是哀悼，特地加赠其大同节度使官位，加倍赠与办丧事的费用，而且让他的四个儿子都成了官员，可谓待遇极高。更奇的是，等知道王继忠没死，而且开始在辽朝担任重要官员，宋真宗也没有翻脸。

如此一来，同时受到了辽、宋两朝厚恩的王继忠非常希望两朝和好。他曾从容地劝萧太后与宋和好，说：“窃观大朝与南朝为仇敌，每岁赋车籍马，国内骚然，未见其利。孰若驰一介，寻旧盟，结好息民，休兵解甲！为彼此之计，无出此者。”

对于王继恩的建议，萧太后能听进去，她也认为和好才是辽宋两国未来的美好前景。

不过，在她看来，中原王朝占领了本属于辽朝的关南之地，宋朝两次趁辽朝之危大举北征，这等事岂能没个交代就轻易过去？如果那样，辽朝的尊严和利益何在？

更何况，宋廷一直对幽云十六州有觊觎之心，这个问题需要彻底解决；而辽军现在正掌握战争的主动权，如果不趁现在解决，难道要在失去主动权后再解决吗？而且，多年的准备和经营都需要得到回报，这也是对整个王朝的一个交代。

也许就是因为这些主要原因，萧太后决定趁着自己还能骑马打仗的时候，再拼一次，以最有力的出征谋求辽宋之间长期的和平，以对宋朝的最强大的压力为辽朝谋取最大的利益。

77 开启辽宋大决战

统和二十二年（1004 年）九月初八，萧太后决定大举南下，与宋朝做一了断，并将这个消息通知高丽。

二十五日，萧太后、辽圣宗临幸南京。二十六日，设祭品祭祀太宗皇帝庙。

萧太后、辽圣宗虽然已信奉佛教，但对契丹的萨满教依然崇奉。尤其是在大战前夕，一定要举行祭拜山神、祭祀祖先的活动。对于祭祀哪位祖先，也是有讲究的。辽世宗南伐前曾祭祀过让国皇帝耶律倍，没想到不仅南伐没有成功，辽世宗也被部属陷害。由此很容易给人一个印象：南伐前显然不应该祭祀让国皇帝，而应该祭祀拿下中原的辽太宗。

祭祀完毕后，萧太后令北院大王磨鲁古、太尉

老君奴分别统领北、南王府军队；三天后又命令三儿子耶律隆裕留守京师。

闰九月初八，萧太后、辽圣宗亲自率领二十万余大军，令萧挞凛为先锋，由辽朝南京道出发，首先进入宋朝的河北西路（今河北省境内），向宋朝发动了最大规模的战争。与此同时，命令数万军队组成西路军，由辽朝西京道南下，向宋朝的河北东路朔州道等地（今山西朔州、原平一带）发动进攻，以配合萧太后率领的主力部队。

此次辽军声势浩大，主要采用的仍然是辽军传统战术，即《辽史·兵制》所言“大军经过当道的州城，如对方防守牢固，无法攻破，便领兵绕过。为避免敌人出城拦阻，便围着州城射箭呐喊，装成攻击的样子。敌方关闭城门固守，前方道路畅通，则领兵前进，分兵包抄分割，使敌方各处州城隔绝孤立”。

宋军的防御抵抗相当强劲。辽军前锋首先攻向宋威虏军、顺安军，宋将魏能、石普等帅兵抵御。魏能斩杀辽朝一偏将，获印及旗鼓、辎重。辽军又攻北平寨，被宋将田敏等人击走。再向东进攻保州，仍然没有攻克。不过，这些均不能打击辽军的士气。十五日，辽军与宋军在唐兴交战，终于迎来了首次胜利。十六日，萧挞凛与宋军在遂城交战，再次获胜，擒获宋朝守将王先知，辽军士气因此高涨起来。萧太后、辽圣宗的大军也随之而来，与萧挞凛军队合并一处，攻打定州。宋将王超接到宋真宗诏书，只是固守，按兵不出，辽军气势更加盛大。

此次萧太后出兵的一个重要目标就是属于关南之地的瀛州（后改为河间府），所以亲自率大军，于十月六日抵达瀛州，指挥军队昼夜攻城。没料到宋军有着非常充分的准备，防守也非常顽强。知州李延渥率领州兵、壮丁，又集合了贝、冀巡检史普所率将士一起据守，当辽军在震天战鼓催动之下，大设攻城器械进攻时，城中垒石、巨木不断抛来，辽军将士应声坠下。连攻数日不下，萧太后亲自擂鼓助威，令辽军急攻，瀛州城守军也不示弱，万箭齐发，密集如猬，辽军死伤惨重。双方进入胶着状态，但明显对辽军不利。而西路军方面也传来了出兵不利的消息，为萧太后增加了压力。

不过在这个时候，有个人承受的压力似乎比萧太后还要大，他就是宋朝皇帝宋真宗。

当时辽军深入，急奏文书一个晚上就有五封，但宰相寇准扣下不发，饮笑自如。第二天宋真宗上朝，有官员向他汇报，宋真宗的反应是“大骇”，赶紧问寇准怎么回事。寇准仍从容自若，说：“陛下欲了此事，不过五日就可以了。”宋真宗忙问有何计较，没想到寇准直接请宋神宗御驾亲征，前往澶州。听到寇准此话，宋真宗还没有反应的时候，与寇准同列的官员已是满脸惊惧，打算退后。宋真宗也是面有难色，支吾着要返回宫内。寇准大声说：“陛下一入，则臣等不得见，大事去矣！请毋

还而行。”这相当于关键时候的一句警告。宋真宗对寇准十分看重，听了这句警告，这才与朝臣们一起议亲征之事。

此前，参知政事王钦若上密奏，请皇帝退往金陵（今南京）。王钦若是江南人，故有这个建议。佥署枢密院事陈尧叟则请皇帝前往成都。陈尧叟是四川人，故有这个建议。由这两个建议可以看出，当时在汴京的宋朝官员已是人心惶惶，所以竟有了迁都之意，而宋真宗则犹豫不定。

对此，寇准已有所知，说：“谁为陛下筹划这等下策，罪可斩也！如今天子神武，将帅和协，如果御驾亲征，敌人自当逃遁。即便不能，也要出奇策以干扰地方的谋划，坚守作战让敌军疲惫。一劳一逸，我军尽得胜算。既然如此，为何要委弃宗社，逃亡远处的楚、蜀之地？”就这样，在寇准的坚决主持下，宋真宗才有了御驾亲征的打算。

寇准像

然而，对宋真宗而言，这仍旧是一个从未有过的挑战——他不是一个昏君，上任后能够任用贤能、发展国力，不过，他毕竟没有经历过战争，就连自己的父亲都多次败给契丹，自己又有几分把握？所以，他在内心里特别希望和平！而令他没有想到的是，这个时候，他竟然收到了一封来自契丹的特别书信。

原来，萧太后虽然举兵南下，但最终目的是“以战求和”，所以采取了一手硬、一手软的战略战术。在辽军与宋军激烈对战的同时，萧太后令王继忠给宋真宗写密信，然后派小校四人将密信送到宋朝莫州部署石普手上，让其快速上达宋廷。

宋真宗展开一看，见到王继忠的亲笔文字：“臣尝念昔岁面辞，亲奉德音，唯以息民止戈为事。况北朝钦闻圣德，愿修旧好，必冀睿慈，俯从愚瞽。”宋真宗对王继忠是十分熟悉，也是相当信任的，这封表达萧太后希望和好的信件着实让宋真宗高兴了一阵，然而，高兴之余又不免产生疑虑，这怎么可能呢？最后，与辅臣商量后，宋真宗亲自写了一封回信，同样令石普转交给王继忠，信中称：“朕丕承大宝，抚育群民，常思息战以安人，岂欲穷兵而黩武！今览封疏，深嘉恳诚，诏到日，卿可密达兹意。果有审实之言，即附边臣闻奏。”由此，宋真宗想要求和的心愿也便由王继忠转达给萧太后。

等萧太后率军围攻瀛州时，王继忠又有来信，告诉宋真宗：“辽已领兵围攻瀛州，盖关南乃其旧疆，恐难固守，乞早遣使议和好。”宋真宗由此知道：萧太后此次南征，其目的是得到关南之地，那是包括瀛州、莫州二州的一大片土地，后晋石敬瑭献

给辽太宗后成为辽朝的土地，但后周柴荣又从萧太后父亲萧思温手中夺得，划入中原王朝的版图。对此，萧太后一直是耿耿于怀的。但宋真宗不可能以割让土地为代价换来和平，只是对辅臣说："瀛州已有备，非所忧也。欲先遣使，固亦无损。"然后便派殿直曹利用出使辽营。

此时的瀛州，正如宋真宗所言，防备非常充分，没有什么可担忧的。宋军虽然在野战方面有所欠缺，但在守城防御，尤其在兵器方面相当先进。冰冻三尺非一日之寒，萧太后所率的辽军虽然强劲，但无法在短期内攻下瀛州，反而死伤数目达三万之巨。最终，萧太后不得不重新面对这个现实，离开瀛州，这虽然对辽军士气有所打击，好在很快就传来萧挞凛轻松拿下祁州的消息。原来，祁州的宋军士卒大多选择了投降，这无疑重新鼓舞了辽军的士气。萧太后、辽圣宗则马上赏赉投降兵士，并用酒脯祭祀天地，然后继续率军南下，采取快速深入的战略，攻洺州、陷德清，于十一月二十二日进抵澶州（今河南濮阳）。

澶州位于黄河下游，距宋朝汴京不远，号称"北门锁钥"，非常重要。此城一旦失守，则汴京危殆，所以在辽军三面包围澶州时，宋朝大军也是集结力量、严阵以待，辽宋两军由此进入最后的决战。

78 战和之间

就在萧太后进驻澶州城下时，宋真宗也已出京亲征了。临行前，东京留守王旦深感战事凶险，特地将宰相寇准叫到真宗面前，问："如十日之内收不到捷报，该如何处理？"宋真宗沉默良久，回答："立皇太子！"

大军行至韦城（今河南滑县东南），群臣中又有人开始劝皇帝南下金陵避开敌锋，宋真宗心有所动，便把寇准找来询问。寇准愤愤然回答："群臣怯懦无知，不异于乡村老妇人之言。现在敌骑迫近，四方危心，陛下只可进尺，不可退寸。河北诸军日夜盼望皇帝的銮舆，一旦见到，士气当百倍。如果现在銮舆退回数步，则军心不稳、万众瓦解。那时候，敌军乘机在后，我们即便想去金陵也不可能了。"即便这样，宋真宗还是没有决

断。寇准出，正好遇到殿前都指挥使高琼，就对高琼说："太尉受国恩，如何报答？"高琼回答："我是武人，愿效死。"寇准于是带着高琼去见真宗，说："陛下如果不认可臣说的话，请试问一下高琼。"然后对着高琼，重新回到刚才的话题。高琼仰头奏道："寇准所言甚是！"又说："随皇上出征的军士，他们的父母妻子都在京师，必定不肯抛弃而南行，说不定到了中途就离去了。愿陛下马上临幸澶州，臣等效死，契丹不难破！"寇准见真宗听了进去，马上趁热打铁，说："机不可失，宜马上前行！"当时有位名叫王应昌的人正带着器械陪侍在真宗身边，真宗转而看他，王应昌说："陛下奉将天讨，所向必克！若逗留不进，恐敌势益张。"这样，宋真宗再次坚定了驾临澶州的信念。

然而，等宋真宗到达澶州南城后，又有了新一轮的争执。当时的澶州分南北二城，南城在黄河南岸，北城在黄河北岸，中有浮桥相连。因一河之隔，南城相对安全，而北城则是辽宋两军对峙处，一旦出现危急，想要撤退也很难了。因此，不少大臣以保护皇帝安危为由，力阻宋真宗渡河。这也正合宋真宗的心意。可是，如果这样，又怎么能够达到御驾亲征的目的？怎么可以鼓舞士气呢？寇准坚决请求宋真宗临幸北城，高琼也在旁边督促，态度十分坚决。旁边的佥署枢密院事冯拯在旁边呵斥高琼无礼，高琼怒喝："你以文章晋升两府，但如今敌骑如此充斥，你为何不用一首诗退敌呢？！"说着，指挥卫士簇拥着皇帝的车辇前进。而到了浮桥以后，御辇又停了下来，由此可见宋真宗的迟疑。最后，还是高琼鞭打辇夫后背，催促："为什么不赶快行动！现在已到了这儿，还有什么可犹豫的?!"这样，宋真宗才命令御辇过河。等宋真宗登上澶州北城门楼、张开黄龙旗后，果然如寇准所言，宋军士气大增，诸军皆呼万岁，声闻数十里，气势百倍。然而，即便如此，我们不难想到，宋真宗仍然希望与辽和解。

此时的萧太后正处于非常不好的情绪当中。这次最大规模的南征，新一代战神萧挞凛已成为辽军的灵魂人物，屡战屡胜，达到了无人能够取代的位置。然而，辽军到达澶州城下，萧挞凛带着轻骑视察地形时，正好被宋军的床子弩击中额头。

弩是宋军克制骑兵、长程远射的利器，《武经总要》记载："若乃射坚及远，争险守隘，怒声劲势，遏冲制突者，非弩不克。"床子弩则是弩箭兵器中的登峰造极之作，它以绞车拉弦，射程可达千步，如果一步以 0.8 米计算，千步便有 800 米之远。其杀伤力更是了得，能轻松地穿透重铠甲。而萧挞凛便不幸被床子弩射杀。

消息传出，辽军士气顿时低落不少。萧太后为之恸哭，辍朝五日。《辽史》称："将与宋战，挞凛中弩，我兵失倚，和议始定。或者天厌其乱，使南北之民休息也。"这样的形势，加速了辽宋间的议和步伐。

两难处境中的选择

每个人的生命旅途中，都会遇到十字路口，都会有两难的处境，一旦处理不妥、选择不当，便会影响重大，甚至影响所有的前程乃至生命。

澶州城下，萧挞凛之死，实际上就把萧太后置于了两难的处境。一方面，她自然希望打下澶州城，以获取更大的筹码，可是情况已没有那么乐观了。而且，辽朝二十万大军深入敌境，时间稍长，粮草供应就会成为很大的问题，对辽军十分不利。另一方面，如果辽军现在撤退，则必将对辽朝产生多方面的消极影响，这更是萧太后无法接受的。所以，权衡之下，萧太后率领的辽军依然以强悍的进攻姿态驻守在澶州城下。

“澶渊之役，亲御戎车，指麾三军，赏罚信明，将士用命。”这是《续资治通鉴》对萧太后这段时间的评价。萧挞凛之死，虽然对辽军产生不小的消极影响，但太后在大战之中尚敢辍朝五日来祭奠萧挞凛，此等从容，如定海神针般稳定着二十万军心。

辽圣宗、大宰相韩德让无不镇定如常，尤其是韩德让，在宋太宗第一次北伐到燕京时，便承受过常人难以承受的压力而最终赢得了胜利，有他在身边，对萧太后无疑是巨大的支持。

萧挞凛死后的空缺，被其子萧排亚迅速填补。萧排亚（史书中也有称其名为“排押”“悖野”的）也是一员悍将，多智谋，善骑射，屡立军功，在辽军中的威信只是略逊于萧挞凛。早在统和四年（986年）岐沟关大败宋军后，萧排亚便统领弘义宫兵马和南、北皮室以及舍利、拽剌四军奔赴应、朔二州界，对山西辽军统帅耶律斜轸以有力的支援。尤其是当年冬天，当萧太后率大军南征宋朝时，萧排亚隶属耶律休哥，在围攻满城时一马当先，勇冠三军，受到耶律休哥的器重，也赢得了萧太后的关注。后来，升任南京统军使，萧排亚与耶律休哥等人一起参与军国要事。尤其是统和六年（988年）九月南征时，当辽军攻破涿州，而萧挞凛、萧恒德均受伤时，萧排亚与耶律斜轸率军追击，大败宋军，紧接着又攻破沙堆驿，证明自己可以担当像父亲那样的重任。统和七年（989年），萧挞凛特地为儿子萧排亚向皇室请婚，萧太后将自己的小女儿卫国公主下嫁给萧排亚，萧排亚因此成为萧太后的半个儿子，官拜驸马都尉，加

同政事门下平章事。此次，父亲萧挞凛之死，萧排亚自然很难受，然大敌当前，他很快重新恢复战时状态，有力地控制着辽军的动态，支持着萧太后。

此时的澶州城，宋真宗的主心骨是寇准。宋真宗虽然冒死亲征，已经显示出他的勇气，但毕竟没上过战场，在澶州城住下后仍然担惊受怕、顾虑重重。寇准生怕宋真宗后退，那样一来，军心就又不稳了。为此，他想了一个办法，每天晚上都与知制诰杨亿一起痛饮，而且悠闲自在地唱歌打趣，以至于府中喧哗非凡，通宵达旦。宋真宗派人探听寇准的动静，知道这些事后，心中一块石头落地，说："寇准如此，我有什么可忧虑的？"不过，即便如此，见到城下辽军的滚滚铁骑，宋真宗仍然心里打鼓，只盼着赶紧结束这场战争。

因此，在剑拔弩张的紧张局势中，辽宋双方的最高主事者都在想着同样的一件事——和谈。

这样一来，很多事就好办了。一条和谈的秘密通道迅速进入实质运行阶段。

80 澶渊之盟

与故去的老对手宋太宗相比，萧太后南征时展现出相当成熟的政治家魅力，充满了前瞻性，处理事情时也更加富有弹性，这使得她到了两难处境时仍能拓展出有利于自己也有利于对手的第三条道路——那就是输与赢之外的和解。

大规模南征之前，萧太后便取得了王继忠的忠心。南征刚刚开始时，萧太后也通过王继忠进行两国和好的预热，牢牢把握了主动权。之后，即便在双方激烈交战的过程中，萧太后仍能向宋真宗释放和解的善意。当宋将张皓奉石普之命，将王继忠回复宋真宗的信件带往汴京时，被辽军俘获，萧太后与辽圣宗十分亲切地慰劳了张皓，并通过张皓再次向宋真宗抛去橄榄枝，督促南朝（宋）使者曹利用尽快到北朝（辽），免致缓

误……正因为有了这些前期的工作，所以萧太后在澶州城下再次向宋真宗提出和谈建议时，宋真宗已不再怀疑。他很乐意与辽和谈，马上派曹利用前往辽营。

此前，辽圣宗便派曹利用出使辽营，只是当曹利用行至天雄军的驻地大名时，正赶上辽军铁骑由北而来。经过激战后，辽军未能攻下大名，便绕道南下，进攻德清军。为防止大名的天雄军从后面袭击，辽军在狄相寺设下伏兵。结果，天雄军果然追了上来，由于没有心理准备，竟然完全进入辽军的埋伏圈。辽军趁势掩杀，天雄军被歼一半以上。这样一来，天雄军首领便对辽方的谈判诚意产生了怀疑，扣下了曹利用。直到宋真宗了解到原委，令天雄军首领速放曹利用后，真正的和谈才以出奇的速度迅速展开。

曹利用到达辽军营寨后，见萧太后与宰相韩德让同处一车，辽圣宗与其他大臣另外坐在一边，礼仪装饰均十分简朴。有一长木横在车轭，上面放置食器，曹利用则被邀请坐在车下，还被馈赠食品。然后，双方便开始共议和好事宜。

第一次当然不可能得出和议结果，彼此知道各自的主要意图后，萧太后便派左飞龙使韩杞持辽圣宗书信，与曹利用一起前往澶州城内。

十二月初一，韩杞在宋朝行宫拜见宋真宗，奉上辽圣宗的国书，并转达萧太后对宋真宗的问好。辽圣宗的国书中，还是请宋朝归还关南故地。

宋真宗对辅臣说："我一直顾虑的就是这件事情，现在果然如此，该怎么办？"

辅臣们的意见是："关南之地早已属于宋朝，这件事没有商量。如果每年馈赠对方金帛，助其军费，以稳固双方的欢盟，这倒是可以谈的。请陛下裁度。"

宋真宗便说："朕守祖宗基业，不敢失坠。所言归地事极无名，如辽方必若邀求，朕当决战尔！现在之所以谈判，实念河北居人，重有劳扰，倘若每年以金帛济辽朝不足，对于我朝廷之体也没有什么伤害。我们的回复不必把这些写上，只令曹利用与韩杞口述就可以了。"

然后便让赵安仁以宋太祖时的国书体式，写了一封回复辽朝国主的正式书信。并赐韩杞袭衣、金带、鞍马、器币等物。

等曹利用再次前往辽营谈判时，宋真宗特地嘱咐："如果对方要土地，坚决不同意；如果对方要求货物财富，就可以答应。"

曹利用询问每年给辽的钱币底线是多少。

宋真宗回答："百万以下的数目都可以答应。"

曹利用刚出大殿，就被寇准叫去，对他说："虽然有皇上的许诺，但如果你答应契丹的数目超过三十万，我就杀你的头。"

曹利用此人很有胆识，也很有辩才，他再次前往辽营后，

清晰地表达了宋真宗不可能割地，而只能每年馈赠钱财的意图。

辽朝一位大臣说：“这次引众而来，就是想收回关南之地，如果不能达到这个目的，无法跟本国人交代。”

曹利用不给对方任何余地，十分坚决地回答：“我禀承皇命，只能馈赠钱财。你们一定要我服从，我只能死。如果那样，北朝不仅无法得到土地，双方兵祸也不容易消除。”

萧太后、辽圣宗清楚宋真宗的底线后，也就不再纠缠这件事了。萧太后虽然非常希望得到曾在父亲萧思温手上失去的关南之地，然而，她毕竟是一位能够审时度势的成熟的政治家。在她的亲自指挥下，辽军不遗余力地攻打关南的瀛州城，瀛州城依然无法攻克，由此可见宋方下了多大的血本。宋朝对关南之地，绝不低于辽朝对幽云之地的重视，而这两处地方，均是历史留下的问题，只有互让一步，承认现有局面，和谈才有可能进行下去。既然萧太后已意识到了这一点，后面的事情就好谈了。

最终，双方约定：宋每年馈赠辽朝白银10万两，绢20万匹，双方互守疆界，互不相扰。

这个约定，对于辽朝而言，是在辽军不利的情况下谋取的重大而长久的利益。既兵不血刃地获得了每年定期的巨大财富，而且让宋朝完全承认了幽云十六州属于辽朝土地，确实起到了“以战促和”的效果，基本达到了南征的预期目标，萧太后对此功不可没。

而对于宋朝来说，也很划算。其每年馈赠的钱物远远比不上抵御辽军所用的军费，甚至只是几十分之一，而且避免了辽军不时到宋境掳掠乃至影响到整个宋王朝的安危，宋朝百姓的压力因此大大降低。因此，和约能够成功，宋真宗也是非常高兴。

紧接着，为了显示两国之间的平等，辽圣宗特派王继忠会见曹利用，称："南北通和，实为美事。国主年少，愿兄事南朝（即宋朝）。"同时，又考虑到宋朝有时沿缘边境开移河道，广浚壕堑，别有举动之意，请彼此立誓。对此，宋真宗爽快地答应，并愿意称萧太后为叔母。

很快，宋真宗的誓书便送达辽营，全文为：

维景德元年，岁次甲辰，十二月庚辰朔，七日丙戌，大宋皇帝谨致誓书于契丹皇帝阙下：共遵诚信，虔守欢盟，以风土之宜，助军旅之费，每岁以绢二十万匹，银一十万两，更不差使臣专往北朝，只令三司差人搬送至雄州交割。沿边州、军，各守疆界，两地人户，不得交侵。或有盗贼逋逃，彼此无令停匿。至于垄亩稼穑，南北勿纵骚扰。所有两朝城池，并可依旧存守，淘濠完葺，一切如常，即不得创筑城隍，开掘河道。誓书之外，各无所求。必务协同，庶存悠久。自此保安黎献，谨守封陲，质于天

地神祇，告于宗庙社稷，子孙共守，传之无穷，有渝此盟，不克享国。昭昭天鉴，当共殛之。远具披陈，专俟报复，不宣。

辽圣宗的誓书，是在宋真宗誓书的基础上略作修改而成。全文为：

维统和二十二年，岁次甲辰，十二月庚辰朔，十二日辛卯，大契丹皇帝谨致书于大宋皇帝阙下：共议戢兵，复论通好，兼承惠顾，特示誓书："以风土之宜，助军旅之费，每岁以绢二十万匹、银一十万两，更不差使臣专往北朝，只令三司差人搬送至雄州交割。沿边州、军，各守疆界，两地人户，不得交侵。或有盗贼逋逃，彼此无令停匿。至于垄亩稼穑，南北勿纵骚扰。所有两朝城池，并可依旧存守，淘濠完葺，一切如常，即不得创筑城隍，开掘河道。誓书之外，各无所求，必务协同，庶存悠久。自此保安黎献，谨守封陲，质于天地神祇，告于宗庙社稷，子孙共守，传之无穷，有渝此盟，不克享国。昭昭天鉴，当共殛之。"某虽不才，敢遵此约，谨告于天地，誓之子孙，苟渝此盟，神明是殛。专具咨述，不宣。

这就是历史上著名的澶渊之盟，它结束了辽宋之间无休止的战争。双方互称南、北朝，结为兄弟之邦。

从此，中华大地的主要地区出现了一百多年的稳定与和平，让这片土地上的芸芸众生得以休养生息、繁荣发展。

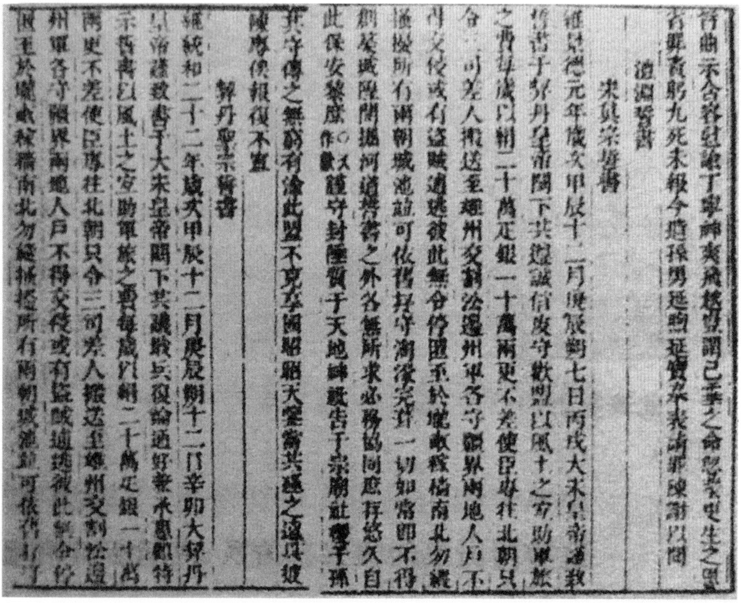

宋辽澶渊之盟书

礼尚往来

81

辽宋和好后，萧太后班师率军北返，一路顺风返回燕京，然后大饷将士，论功行赏。

澶渊之盟未定之前，宋将杨延朗曾上奏："敌顿澶渊，去境北千里许，人马罢乏，虽众易败，凡所剽掠，悉在马上。愿饬诸军扼要路掩杀，其兵歼，则幽、易数州可袭取也。"等澶渊之盟签订后，宋真宗立即下诏，抄录契丹誓书颁布河北、河东诸州军队，昭告两国和好，如此，杨延朗等宋将便也不能再袭击辽军了。不仅如此，为表达和平诚意，宋朝将威虏军改为广信军，将静戎改为安肃，将破虏改为信安，将平戎改为保定，将宁边改为永宁，将定远改为水静，将定羌改为保德，将平虏改为肃宁。紧接着，宋真宗又担心边将挑事，破坏两国的和平，特地选择"有武干善镇静者”作为河北守臣。

作为回应，萧太后也严格法令，不允许辽人侵扰宋境。同时，逐步恢复了一些榷场，为两国军民提供交易市场，互通有无，彼此利之。

时间过得很快，萧太后的生日很快又要到了。而统和二十三年（1005 年）的这个生日，意义非同凡响，已经和好的宋朝也借此机会表达了最大的诚意。据《资治通鉴长编》记载：“癸卯，命开封府推官、太子中允、直集贤院孙仅为契丹国母生辰使，右侍禁、合门祗候康宗元副之，行李、傔从、什器并从官给。时议草国书，令枢密、学士院求两朝遗草于内省，悉得之。凡所与之物，皆约旧制而加增损。国母书外，别致书国主，问候而已。自是至国母卒，其礼皆然。”也就是说，自此以后，每逢萧太后生日，宋朝廷都会特别重视，派出契丹国母生辰使，并致送国书、赠送丰厚的礼品。这件事成为两国和平交往中的一件大事，一直延续到萧太后去世。

萧太后也是个讲礼数的人。人家敬我，我必回报之。因此，当宋朝使者到了辽朝境内后，受到了空前的礼遇：“其刺史皆迎谒，又命幕职、县令、父老捧卮献酒于马前，民以斗焚香相迎，门置水浆盂杓于路侧，接伴者察使人中途所须，即供应之。具蕃汉食味，汉食贮以金器，蕃食贮以木器。所至民无得鬻食物受钱，违者全家处斩。国主每岁避暑于含凉淀，闻使至，即来

幽州，屡召仅等宴会张乐，待遇之礼甚优。仅等辞还，贶以器服及马五百余匹，自郊劳至于饯饮，所遣皆亲信、词礼恭恪者，以致勤厚之意焉。”这等礼遇，令宋朝使者实在承受不起。经过和好的交涉后，各种接待礼仪均加以调整，使其得体中度，以后再接待其他使者时便遵循此例。

到了九月，在宋真宗生日即将到来之际，萧太后也特地派遣太尉阿里、太傅杨六带礼品前往祝贺。辽朝的使者自然得到隆重的接待，而且得到更为丰厚的礼品。

十月份，宋朝根据澶渊之盟的和约，将岁币送到雄州交接。此后岁以为常。

辽代乐器上的女子舞袖图（萧太后河文化馆藏）

十一月，萧太后派太师盆奴、政事舍人高正出使宋朝，祝贺大年初一正旦。

十二月，宋真宗派出使者祝贺辽圣宗的生日——千龄节……

辽宋之间的和好就这样长久地持续下去。

微妙的和谐

82

20世纪40年代末，朱自清、叶圣陶、吕叔湘编了一本《文言读本》，里面选了一篇《雄州北城》的短文很有意思，内文为：

> 李允则守雄州。北门外民居极多，城中地窄，欲展北城。而以辽人通好，恐其生事。门外旧有东岳行宫，允则以银为大香炉，陈于庙中，故不设备。一日银炉为盗所攘，乃大出募赏，所在张弦，捕贼甚急。久之不获，遂声言庙中屡遭寇，课夫筑墙围之，其实展北城也。不逾旬而就，虏人亦不怪之。则今雄州北关城是邪。大都军中诈谋，未必皆奇策，但当时偶能欺敌而成奇功。时人有语云："用得着，敌人休；用不着，自家羞。"期言诚然。

这件事就发生在澶渊之盟后不久，当时李允则被任命为辽宋边境雄州的父母官。李允则是为赞成和约的宋朝官员，曾上书给宋真宗，说："朝廷不想让军民困厄，所以屈己议和。虽然签约后所费国费甚多，但与用兵相比，其所获利益是用兵不能相比的。所以，任用边将时一定要选择那些谨守誓约的人，对于那些认为和好没有利益的人，请一概斥去。"宋真宗看后高兴地说："这就是朕的意思。如果边将都能这样，朕怎么可能还有北顾之忧呢？"不过，就是这位谨守和约的人，为了拓宽雄州北城，还是做了一些小动作，通过庙中银炉被盗贼偷去为名，拓展了北城，辽军对此并没有深究。

水至清则无鱼。虽然辽宋之间有了和解的誓约，但涉及某些具体问题时还需灵活处理，避免小问题升级，以此保持微妙的和谐。

例如，对于间谍，宋真宗曾下达这样的诏令："朝廷虽与彼通好，减去边备，彼之动静，亦不可不知，间谍侦候，宜循旧制。又虑为其所获，归曲于我，朕熟思之，彼固遣人南来伺察，自今擒获，当赦勿诛，但羁留之，待彼有词，则以此报答可也。"由此可见，双方的情报工作都有保留，只是比战时肯定要缩编很多。处理方式也与以前截然不同：宋朝不再杀掉辽朝的间谍，而辽朝也不会再把宋朝的间谍拿来"射鬼箭"了。

两国的使者常常兼负了解对方国情的使命。有一年，辽朝派遣左领军卫上将军耶律元出使宋朝，到汴京后听到战鼓之声，

便问："馆中白天听到战鼓声，难道是练习战阵吗？"有人怕引起误会，就回答："不是练兵，只不过是俳优演戏而已。"这件事上报给宋真宗后，宋真宗就对宰相说："不如把实情告诉对方。我们的军队并没有征战的意思，只不过是阅兵习武艺，这也是国家常事。而且这样坦然告诉对方，也可以显示出我们并没有什么隐晦。"

赵延祚是宋朝边境雄州大姓家族的代表人物，在宋太宗时期便拿出家财交接辽朝的豪杰，打听对方的动静，然后将情报源源不断地报告给雄州守将，他也因此被任命为机宜司官员。机宜司，相当于现在美国的情报局。签订澶渊之盟后，赵延祚被召到宫廷，询问边防事宜。赵延祚称："现在与北戎修和，先启诚意，国家动守恩信，理必长久。"对两国的长久和平抱有乐观态度。他还透露了一个关于辽朝上层的信息，称："萧太后的妹妹齐妃，对姐姐有意见。因我朝给对方的金帛，全部归于国主和他的母亲，其他人都没有。希望以后在榷场贸易中稍微给他们些利益，他们必然倍感欣慰。"赵延祚提供的信息基本属实，不过，他把萧太后的姐姐胡辇误认为萧太后的妹妹。辽景宗时，胡辇的丈夫罨撒葛被授为齐王，胡辇自然也被称为齐妃，但到澶渊之盟后，昔日的齐妃早已经是辽朝的皇太妃了。宋真宗听从了赵延祚的建议，但认为已经与契丹通好，就不适宜再设置机宜司了，而改称巡检。

83 最后的恩怨情仇

在国内建设方面，营建中京大定府（今内蒙古宁城西大名城）称得上萧太后执政时所做的最后一件重要事情。

《辽史》记载：统和二十五年（1007 年）春正月，建中京。统和二十六年（1008 年）五月，“遣使贺中京成”。统和二十七年（1009 年）夏四月，“驻跸中京，营建宫室”。由此可见，辽朝用了一年多的时间将中京建成，此后又陆续营建宫室。这里成为萧太后、辽圣宗接见宋朝使者的地方。

统和二十六年（1008 年）出使的宋朝官员路振，在其《乘轺录》中这样记载中京初建后的情景：

（中京大定府）外城高丈余步，东西有廊，

幅员三十里，南门曰朱夏门，凡三门，门有楼阁。自朱夏门入，街道阔百余步，东西有廊舍，约三百间，居民列廛肆庑下。街东西各三坊，坊门相对，虏以卒守坊门，持梃击民，不令出观。……

三里，第二重城，城南门曰阳德门，凡三间，有楼阁，城高三丈，有睥睨，幅员约七里。自阳德门入，一里而至内门内阊阖门，凡三门。街道东侧，并无居民，但有短墙，以障空地耳。阊阖门楼有五凤，状如京师，大约制度卑陋。东西掖门，去阊阖门各三百余步，东西角楼相去约二里。

辽中京遗址外城南墙遗址

《乘轺录》中更是写了不少关于辽宫的内幕，尤其对萧太后与韩德让的关系显示出异常的兴趣，所以不惜笔墨，把听到的看到的猜测的都写了下来：

萧后幼时，尝许嫁韩氏，即韩德让也，行有日矣，而耶律氏求妇于萧氏，萧氏夺韩氏妇以纳之，生隆绪，即今虏主也。耶律死，隆绪尚幼，袭虏位。萧后少寡，韩氏世典军政，权在其手，恐不利于孺子，乃私谓德让曰："吾尝许嫁之，愿谐旧好，则幼主当国，亦汝子也。"自是德让出入帷幕，无间然矣。既而鸩杀德让之妻李氏，每出弋猎，必与德让同穹庐而处，未几而生楚王，为韩氏子也。萧氏与德让尤所钟爱，乃赐姓耶律氏。

这些内容显然是路振听到的，有真有假。

还有一些内容是路振亲眼所见并进行猜测的："二十六日，持国信自东掖门入，至第三门，名曰武功门，见虏主于武功殿，设山棚，张乐，引汉使升。虏主年三十余，衣汉服，黄纱袍，……东偏汉服官三人，首大丞相晋王韩德让，年约六十。次曰前都统相公耶律氏。……""二十七日，自西掖门入，至第三门，名曰文化门，见国母于文化殿，设山棚，张乐，引汉使升，番汉官坐者如故。国母约五十余，冠翠花……有童子一人，年十余岁，胡帽锦衣，嬉戏国母前，其状类韩丞相，盖国母所生韩氏子也。"

显然，在路振眼中，韩德让不仅地位煊赫，而且已让萧太后为他生孩子了。

那个十几岁的童子当然不是韩德让的儿子。然而，无论如何，萧太后与韩德让的恩情确实已是无以复加了。

据《辽史》记载，澶渊之盟后，在辽军刚刚班师回到南京，萧太后便赐大丞相韩昌德（即韩德让）姓耶律，并由齐王转为

晋王。第二年十一月，萧太后又进一步让大丞相耶律德昌出宫籍，属于横帐，位在亲王之上。

经过多年来一系列不断地加封，韩德让不仅是掌握辽朝军政大权的大宰相，而且拥有了自己的私城（头下州）和军队，其地位与权力仅次于太后与皇帝……这既与韩德让本人有关，更与萧太后的重情重义分不开——她显然非常重视与韩德让之间的恩情，而且将韩德让视为完全可以信任的男人了。

不过，如果看到这些就认为晚年的萧太后已经变得性情温和，心里只念着恩情，那就大错特错了。这个女人，即便已经衰老的时候，依然施展了非同寻常的狠辣手段。

以前，当她的二姐想要毒死她的时候，她毫不犹豫地毒死二姐；这一次，她对付的是她的大姐——皇太妃胡辇。

统和年间，萧太后曾给予皇太妃很大的权力，让她带着辽朝铁骑抚定西部，开拓出广远的疆土，投降附属的人也是非常多。皇太妃因此建立了自己的功业，拥有极高的权威。

统和二十二年（1004 年），皇太妃上奏朝廷，在西北的古可敦城（今蒙古国布尔干省青托罗盖古城）建立镇州，选诸部族二万余骑充屯军，专捍御室韦、羽厥等国，凡有征讨，不得抽移。与此同时，又以渤海、女直、汉人配流之家七百余户，分居镇、防、维三州。如此一来，她更成为西北辽阔土地上的女王。

就在这样的情况下，皇太妃产生了新的想法，甚至连宋朝的间谍都知道她与萧太后有了矛盾。

姐妹俩的激烈矛盾首先是由皇太妃的西部情人引起的。《契丹国志》记载："(皇太妃)领兵三万屯西鄙驴驹儿河，尝阅马，见番奴挞览阿钵姿貌甚美，因召侍宫中，后闻之，絷挞览阿钵，抶以沙囊四百而离之。逾年，齐妃请于后，愿以为夫，后许之。"显然，最终是萧太后做了让步，但即便如此，因为萧太后毒打了大姐的情人，限制了大姐的自由，姐妹之间由此有了裂痕。这是第一阶段。

契丹文为"国妃"的金包玉瑞兽钮印
(张苏收藏，引自《辽代金银器粹珍》)

第二阶段，是在皇太妃抚定西部、迫使鞑靼等部投降后，谋划集结军队篡夺萧太后的大权。这样，双方的矛盾就走到了

极端。其他事情都好说，可一旦到了篡权夺位的地步，便成了你死我活的斗争。于是便有了萧太后囚禁皇太妃的事件发生。

《契丹国志》记载：“后知之，遂夺其兵，命领幽州。”《辽史》记载：“(统和二十四年五月)幽皇太妃胡辇于怀州，囚夫人夷懒于南京，余党皆生瘗之。”这中间必定发生了很多事情，但我们无从知道其中的细节。我们只知道，别看皇太妃远在西北，似乎都成西北女王了，而实际上，萧太后始终牢牢地把握着关键力量，她雷厉风行地扼制了皇太妃的反叛，并将夫人夷懒囚禁在南京，而其他余党均处以活埋的酷刑。

同年十月初一，皇帝率群臣为萧太后上尊号为睿德神略应运启化承天皇太后，群臣为皇帝上尊号为至德广孝昭圣天辅皇帝，然后大赦。

次年六月，皇太妃被赐死。

如此，萧太后的两位姐姐都被她除掉了，这中间有多大的恩仇!

虽然都是两位姐姐先向萧太后下杀手，但萧太后的狠辣依然让人惊心。

正因为如此，《契丹国志》在给萧太后做整体评价时，一开始便说她“天性忮忍，阴毒嗜杀”。不过，却又不能不紧跟着称扬其“神机智略，善驭左右，大臣多得其死力”。

总之，萧太后给世人留下的印象是多样的、复杂的。

84 萧太后之死

统和二十七年（1009 年）十一月初一，萧太后归政于辽圣宗，行柴册礼。

十二月初五，辽圣宗南幸的时候，萧太后突然病重不起。

六天后，也就是十二月十一日，萧太后崩于行宫，享年五十六岁。

在当时的辽朝，如果是普通的老百姓，五十六岁也就算比较高寿了。可是以国母之尊，造就了最大的功业，家事国事样样顺心，尽享着人间无比的荣华富贵和最好的医疗保健，这个年龄就去世，实在是显得太年轻了。当年述律太后那么能折腾，晚年还被囚禁，仍然活了 75 岁。萧太后的大姐胡辇死时，也已经在 60 岁之上。这使得人们对萧太后突然死去感到惊讶。尤其是一个多月之

前，整个辽朝仍然是由萧太后主持。

只有辽圣宗、韩德让等少数几个人知道：在耀眼闪亮的背后，萧太后承受过太多的苦难，由于年轻时不断地生儿育女和操劳国事，常年以非凡的毅力解决王朝难题，而且亲率大军南伐面对恶劣的环境……所有的这些，都为萧太后的身体埋下了隐患。

萧太后病逝后，辽圣宗极为悲痛。《契丹国志》记载：

> 亲政后方一月，太后暴崩，帝哀毁骨立，哭必泣血。番汉群臣上言山陵已毕，宜改元。帝曰："改元吉礼也。居丧行吉礼，乃不孝子也。"群臣曰："古之帝王，以日易月，宜法古制。"帝曰："吾契丹主也，宁违古制，不为不孝之人。"终制三年。

由此可见，萧太后确实培养出一个非常孝顺的儿子和一个以孝治国的皇帝，这与以前的辽朝皇帝是不同的。

更让人惊叹的是，从辽圣宗当皇帝开始，在长达 27 年的时间里，萧太后都没有归政于他，他却没有任何怨言，即便母亲去世后仍然敬守孝道，基本上按照母亲制定的国策继续下去。这种事如果放在别的皇帝身上，早就受不了了。不要说皇帝，就是太子都会受不了。历史上太子反皇帝、皇帝换太子的事不是有很多很多吗！如此一对比，可以很容易地推测出萧太后非常好地处理了自己与儿子的关系，也非常好地处理了太后与皇帝之间的关系。

萧太后病逝的第二天，辽圣宗便派天平节度使耶律信宁为告哀使，驰马告知宋朝。耶律信宁还没到汴京，消息已由宋各地政府派人快马加鞭报到宋廷。

宋真宗得知后，非常重视，以最高的规格向萧太后致哀，下诏废朝七日，令礼官详定服制，内出开宝礼为蕃国发哀仪，下辅臣使参择而行。接着又命太常博士王随等人为祭奠使，太常博士王曙等人为吊慰使，赙以衣五袭、绫罗帛万疋。

等辽朝告哀使耶律信宁到达汴京后，宋真宗诏令在开宝寺设位奠哭，中书门下、枢密院、三司使、学士、知制诰以上全部到都亭驿吊唁。

此后，宋真宗又亲自披麻戴孝，在内东门为萧太后发哀。

恐怕萧太后都不会想到，她大半辈子都在与宋朝打仗，死后却得到宋朝君臣如此待遇，真正是前不见古人，后不见来者！

统和二十八年（1010 年）三月，辽圣宗为萧太后上谥号为圣神宣献皇后。四月，萧太后安葬于乾陵。

《辽史》对萧太后的整体评价为："后明达治道，闻善必从，故群臣咸竭其忠。习知军政，澶渊之役，亲御戎车，指麾三军，赏罚信明，将士用命。圣宗称辽盛主，后教训为多。"

诸暨“中国历代名媛馆”中的萧太后像

85 韩德让之谜

辽朝的历史中，有很多令人不可思议的事情。韩德让的事情便是其一。

他不仅在萧太后在世时权倾朝野，而且在萧太后死后，仍然受到辽圣宗的厚待，仍然当辽朝的大丞相，其他待遇一律不变。

只是不知为何，统和二十八年（1010年）四月，在安葬萧太后的那一天，辽圣宗赐大丞相耶律德昌名为“隆运”。

为什么这么改呢？笔者做一推测：耶律德昌的名字容易让人联想到辽太宗耶律德光。而耶律隆运的名字就会让人马上想到辽圣宗的名字为耶律隆绪、辽圣宗另外两个弟弟的名字分别是耶律隆庆与耶律隆裕。这样改名，是不是辽圣宗觉得应该让韩德让与自己同辈？

这件事发生后的下一个月，高丽发生宫廷政变，大臣康肇将原国王王诵囚禁并杀害，拥立王诵的堂弟王询即位。辽圣宗对此深为不满，并借此机会发兵东征。韩德让跟随出征。

笔者看过一部韩国的电视剧，有段情节正是韩德让劝说辽圣宗不要讨伐高丽，但被辽圣宗拒绝。不过，这只是电视剧里的故事，表明韩国人可能对韩德让还是有好感的。而真实的史书上没有这方面的记载，我们无从得知韩德让当时的态度。

我们只知道，在这次东征中，辽军渡过鸭绿江，打了不少胜仗，但在次年春班师回朝时，已投降的诸城重新反叛，辽军还遇上了连日大雨，马驼皆疲惫，甲帐多遗弃，损失惨重。等大军回到东京不久，韩德让便一病不起，支撑没几日，即于统和二十九年（1011年）三月病逝，享年七十一岁。

按照常理，韩德让作为萧太后没有名分的男人，在萧太后死后，其子辽圣宗指不定会怎样对待韩德让呢。然而，我们在史书上所看到的是：在韩德让病重时，辽圣宗和皇后亲奉汤药。韩德让死后，辽圣宗不仅赠其尚书令，谥号文忠，官给葬具，建庙乾陵侧，而且和皇后、诸王、公主以下及大臣都以制服行丧。更让人惊讶的事，韩德让的葬礼遵照了承天太后的规格。灵车启动时，辽圣宗亲自挽拉灵车哭送。这就不能不让我们多想，韩德让与萧太后一家究竟是什么样的关系和感情？

《辽史》对这方面的内情没有任何介绍。《契丹国志》则写道："丞相耶律隆运，本汉人，姓韩，名德让，太后有辟阳侯之幸，赐姓耶律，改名隆运。寻拜大丞相，封晋王。景宗崩，太后临朝，隆运私事之。是时，太后年方三十，诸子尚幼，外无亲援，雄杰角立，帝登大宝，皆隆运力也。帝念其功，父事之。隆运薨，帝为制，服其终始，眷遇如此。"这里将韩德让之所以受到辽圣宗的厚待，归结到当年辽圣宗当上皇帝全靠韩德让之力，然而，仅仅是这些吗？

如果我们带着这个问题，再继续翻阅《辽史》，我们会发现这样的记载：韩德让没有儿子，所以也就没有后嗣。然而，过了圣宗朝、兴宗朝两个朝代，到了辽道宗清宁三年（1057年）的时候，皇帝却点名让魏王贴不的儿子耶鲁作为韩德让的后嗣。更奇怪的是，辽道宗的孙子天祚帝（也是辽朝的最后一位皇帝）继位后，还将皇子敖卢斡作为韩德让的后嗣……

把这所有的信息合并到一起，不免让人产生疑问：萧太后是不是真的生育了韩德让的儿子？

如果再想到她的最后一个儿子是韩八，而且八个月就夭折了，这件事隐藏了什么信息？

也许，韩八就是萧太后与韩德让的孩子。当年的辽景宗、萧皇后、韩德让或许还因此产生过一段复杂的情感纠缠而最后得以化解。

这当然只是一种猜想，不足以揭开韩德让之谜。姑存之。

总之，汉人韩德让后来成了契丹的皇族成员，像萧太后一样，受到各方人士的普遍尊崇。宋真宗对他的评价是：“德让颇智谋，专任国事。今既丧国母，德让又死，臣僚中未闻有其比者。”

86 萧太后身后的辽朝

在辽朝的历史中，无论是辽太祖、辽太宗还是辽世宗、辽穆宗，每一位皇帝的死，都会引起辽朝上层激烈的斗争，唯独萧太后在世以及去世后，辽朝政权一改往日的动荡，变得稳定了。

萧太后虽然与自己的两位姐姐斗得你死我活，然而，她的儿女们相处得十分融洽。即便她去世以后，辽圣宗和他的姐弟们都能和谐相处，感情融洽。这自然得益于萧太后这位母亲的教导与安排。

辽圣宗对母亲的思念是无限的。开泰九年（1020年），与萧太后一样尊崇佛教的辽圣宗，特地在母亲的故里（今辽宁省锦州市义县），建造了一座规模宏大的皇家寺庙，它就是咸熙寺（后改称奉国寺，俗称大佛寺、七佛寺）。经过千年的沧

桑，还经过地震、战争等灾害，周围的建筑均已坍塌，这座寺庙内最主要的建筑大雄宝殿却始终巍然屹立，闪耀着无可比拟的魅力。著名建筑学家梁思成盛赞其为“千年国宝、无上国宝、罕见的宝物”。尤其是大殿内供奉着的彩绘泥塑“过去七佛”毗婆尸、尸弃、毗舍浮、拘留孙、拘那含牟尼、迦叶和释迦牟尼，每尊佛像均宝象庄严，令人油然而生敬仰之情。只是不知其中有没有一尊佛像，就像武则天当年一样，也以萧太后的容貌雕塑……

萧太后去世后，辽圣宗又当了22年的皇帝，他继续沿着母亲在世时的既定方针治理国家，理冤滞，举才行，察贪残，抑奢僭，辽朝的国力达到巅峰。《辽史》对辽圣宗的评价为：“辽之诸帝，在位长久，令名无穷，其唯圣宗乎！”

倒是辽圣宗身后，在他的儿子辽兴宗继位后，萧太后两位儿媳妇的矛盾激烈到无法收拾了。这两位儿媳，一位是我们前面提到的齐天皇后（韩德让的外甥女），另一位是辽兴宗的生母萧耨斤。

史书记载，齐天皇后美貌而多才，堪称“设计达人”。她曾用草茎制成宫殿式样，让有关部门建造清风、天祥、八方三殿，造成后令人惊叹不已，她也因此更受宠幸。此后，她又在乘坐的车上设置了黄金装饰的龙首鸱尾，还制造了以白金为伞顶的九龙辂、诸子车，均体现出奇妙的构思与设计。夏秋时节，齐天太后一行在山谷间行动时，花木如锦绣，与车乘、美服相互映衬，人们远远望见，以为是神仙下凡。只是天意弄人，齐天太后生了两个儿子都夭折了。之后，宫女萧耨斤生了一个儿子，取名耶律宗真，齐天太后很喜欢，将这个孩子领养到自己身边，视如己出。萧耨斤则母以子贵，被封为妃。她对齐天皇后领养自己的儿子很是恼恨，实际上却采取了隐忍的态度。耶律宗真在齐天皇后的悉心培养下，文武双全，不仅擅长骑射，而且喜好儒家学说，通晓音律。长大后，耶律宗真被册封为皇太子，父亲驾崩后成为辽兴宗，生母萧耨斤被尊为皇太后，齐天皇后则成了齐天太后（齐天太后是习惯的称呼，当时并没有被尊为太后）。

辽兴宗即位时还未满 15 岁，萧耨斤以皇太后身份摄政，掌控了朝政。她见辽兴宗与齐天太后的感情超过了自己，十分嫉恨，于是令护卫冯家奴、喜孙等诬告北府宰相萧浞卜、国舅萧匹敌谋逆，然后牵连到齐天太后。

萧耨斤也有强大的背景，她是述律太后族弟萧阿古只的五世孙。前面我们提到，述律太后的家族势力非常强大，辽太宗曾无奈地说："太后族大如古柏之根，不可移也。"萧太后、辽圣宗在世时，这个家族的行事还是比较规矩的，而且由于和萧太后家族有着千丝万缕的亲戚关系，很多成员受到了重用。然而，当萧太后、辽圣宗都不在的时候，这个家族迅速成为萧耨

斤的支撑，帮助萧耨斤兴风作浪。

原先的北府宰相萧浞卜、国舅萧匹敌被赐死，齐天太后也被囚禁起来。辽兴宗希望能善待齐天太后，说：“皇后侍奉先帝四十年，亲自将我抚育成人，本该奉为太后尊养。现在不仅没有这么做，反而拿她治罪，行吗？”萧耨斤不听，说：“此人若在，恐为后患。”辽兴宗还想继续争取，说：“皇后无子而老，虽在，不会有什么作为。”萧耨斤仍然不听，先将齐天太后迁到上京，接着又派使者火速前去加害。齐天太后对使者说：“我实无辜，天下共知。让我沐浴后再死，行不行？”使者同意，退出门外，等再返回后，齐天太后已死。

此后，萧耨斤继续以皇太后的身份亲政，不断安插自己的势力。她对辽兴宗始终念念不忘齐天太后深感愤怒。三年后，当辽兴宗 18 岁的时候，萧耨斤竟试图废黜辽兴宗，立自己的第二个儿子耶律重元为皇帝。这个计划的成功率极低，耶律重元得知消息后，主动将母亲的图谋第一时间告诉了兄长辽兴宗。辽兴宗终于不再忍耐，亲率卫士，以迅雷不及掩耳之势将萧耨斤控制住，紧接着又把她迁往庆州七括宫，变相地软禁起来。

辽兴宗成功解除了生母对自己的威胁，却无法消除生母背后树大根深的家族势力，以至于处理朝政时受到很大的压力。重熙六年（1037 年），21 岁的辽兴宗改变对生母的态度，亲自奉迎回来，以尽孝道。辽政权内部重新得到平衡。

辽兴宗在位23年（1031—1055年），在宋军主力长期被西夏牵制时，以宋朝在边境地区备战违背了澶渊之盟为借口，打算南征收回关南之地，宋朝赶紧派出使者谈判。最终，双方在澶渊之盟的基础上签订新的和约，主要内容为：再次确认兄弟关系；辽朝再次明确放弃对关南十县的领土要求；宋朝将岁输辽朝的绢由二十万匹增加到三十万匹，银由岁输十万两增加到二十万两。如此，辽兴宗又为辽朝获取了丰厚的收益。而辽宋之间的和平一直保持到辽朝将近灭亡。

萧太后之后，辽朝之于宋朝，在政治、军事上始终略占上风。然而，在经济、文化方面则始终不如。尤其是文化，总是从高向低流动。萧太后在世时，即对中原的先进文化颇为推崇，所以在很多方面都以汉人经典教育辽圣宗，并教导他一些汉人的统治方法。辽兴宗时期，这种推崇有增无减。辽兴宗的儿子耶律洪基更是十分仰慕中原文化，在他当太子期间，曾瞒着父亲装扮成辽使前往宋境，目睹了中原的高度文明。通过情报机构，宋仁宗知道了耶律洪基的情况，马上将其接入宫中，促膝长谈，迅速成为“忘年交”。耶律洪基曾发出这样的感慨：“愿后世生于中国（中原）。”这恐怕是对宋朝文化最高的评价了。耶律洪基就是后来的辽道宗，在位时间达四十六年（1055—1101年）。

辽道宗死后，他的孙子耶律延禧即位，这便是辽朝末代皇

帝天祚帝。天祚帝是个只会享受的败家玩意，在位时“拒谏饰非，穷奢极侈，盘于游畋，信用谗谄，纲纪废弛，人情怨怒”，以至于内讧不断，叛乱不断，危机四伏。他还偏偏最信任一位更糟糕的“黑参谋”萧奉先。萧奉先是天祚帝元妃的兄长，位居枢密使要职。此人精于钩心斗角，为谋立元妃之子，策划了宫廷冤案，搅得辽廷乌烟瘴气，人心离乱；他还目中无人，女真首领完颜阿骨打桀骜不驯，天祚帝都能看出不杀此人必有后患，而萧奉先根本不以为意，反而劝说天祚帝不必和这种粗人计较，结果完颜阿骨打回去后便开始集结部队，迅速成为辽朝的大敌；萧奉先还是“以小害大”的能手，他的弟弟萧嗣先率军出征，被女真打得大败，手下将士也多逃离，萧奉先担心弟弟被诛杀，便劝天祚帝：“如果不赦免逃兵，恐怕他们啸聚山林作乱。”天祚帝听了萧奉先的话以后，导致了“作战有罪、逃遁无事”的怪事，军心由此涣散，大的叛乱也在酝酿。正因为如此，数十倍于女真军的辽军竟被完颜阿骨打的军队打得一塌糊涂，辽朝的江山迅速被天祚帝断送，取而代之的是金朝。

保大五年（1125 年），天祚帝在应州被金兵俘虏，长达 219 年的辽朝灭亡。然而，辽太祖的八世孙耶律大石通晓契丹、汉文两种文字，文武双全，堪当大任。就在辽朝即将灭亡前的 1124 年，耶律大石率领二百铁骑前往北部，以复辽为旗帜，在镇州集结军队。

镇州，正是萧太后时期建立的军事要地。戍守在那儿的将士听说辽朝灭亡的消息后，正不知该往何处。耶律大石给他们带去了希望。由于有萧太后、皇太妃、萧挞凛等人打下的基础，当地七州十八部均忠心于辽朝，而且拥有强大的力量。耶律大石的军队迅速发展到精兵万人，战马万匹。他自称王，依照辽朝制度设立了南北面官署，积蓄力量，以图收服故国。然而，由于种种原因，耶律大石无法南下与金争锋，他转而向西，行程数万里，开拓新的疆域。

公元 1132 年，耶律大石在叶密立（今新疆维吾尔自治区额敏县）正式称帝，采用突厥汗号——菊儿汗，意思是“大汗之汗”，同时采用汉尊号——天佑皇帝。耶律大石的政权仍然自称为辽，只不过世人已习惯上称其为西辽了。在大败塞尔柱王朝后，耶律大石建立起一个可以与原来的辽朝相媲美的新王朝。其疆域之大，东起土拉河、西至咸海、北至巴尔喀什湖，南尽阿姆河、兴都库什山、昆仑山，领土面积远超南宋、西夏。更重要的是，耶律大石还巧妙地运用了契丹文化与汉文化的智慧，结束了中亚地区长期的战乱，给当地民众带去了稳定、团结、和平、发展，深受当地民众的爱戴。西辽一直延续到公元 1218 年，有近百年的国祚。如果把西辽与辽的时间加在一起，长达 300 年以上，比后来的明朝、清朝都要长寿。

辽朝，一个神奇而长寿的王朝，而其中最杰出的人物中，萧太后的功勋堪与开国皇帝耶律阿保机相比。

《辽史》对辽朝的整体评价中有这样的文字："圣宗以来，内修政治，外拓疆宇。既而申固邻好，四境乂安。维持二百余年之基，有自来矣。"这不正是述说萧太后的伟业吗？

萧太后年谱

出生前

公元 907 年正月，耶律阿保机统一契丹八部。同年四月，朱温篡位，建立后梁，唐朝灭亡，中原进入五代时期。

公元 916 年，耶律阿保机称帝，史称辽太祖。契丹国建立。

公元 926 年，耶律德光即位。

公元 936 年，耶律德光册封石晋瑭为帝，建立后晋。幽云十六州归于契丹国。

公元 947 年正月，耶律德光率军入汴京，改国号为辽。四月，耶律德光北返途中病死，后称其为辽太宗。辽世宗随即继位。

公元 951 年正月，郭威建立后周。刘崇称帝于晋阳，建立北汉，为辽朝的附属国。九月，辽世宗在南伐途中被杀，辽太宗长子耶律璟即位，史称辽穆宗。

应历三年（953 年），零岁

五月出生，名绰，小字燕燕。父萧思温，宰相萧敌鲁族弟

忽没里的儿子，通书史，时任群牧都林牙；母耶律吕不古，燕国公主，辽太宗耶律德光长女。

应历四年（954年），一岁

正月，后周主郭威去世，养子柴荣继位，为后周世宗。

二月，辽助北汉攻打潞州，打败后周军队。

十一月，北汉主刘旻死，其子刘承钧嗣立，奉辽穆宗为父皇帝。

应历五年（955年），二岁

四月，后周入侵北汉，北汉遣使向辽朝求援。

应历六年（956年），三岁

十二月，南唐遣使浮海来辽朝乞兵。

应历七年（957年），四岁

萧燕燕早慧。

应历八年（958年），五岁

四月，担任南京留守的萧思温率军攻打后周北边州县。

十一月，北汉遣使告知辽廷：后周军队再次入侵。

应历九年（959年），六岁

四月，后周柴荣亲征北方，萧思温被任命为兵马都总管。在萧思温不抵抗政策下，益津关、瓦桥关、淤口关、莫州、瀛州守将相继投降，后周兵不血刃将关南之地全部拿下。柴荣突然重病，周军回师。

六月，柴荣身亡，其子柴宗训继位，只有七岁。

应历十年（960年），七岁

正月，后周殿前都点检赵匡胤废周自立，建立宋朝。

六月，北汉报告宋兵围攻石州，辽穆宗派大同军节度使阿剌率四部军兵前往增援，并诏令萧思温率三部兵援助。

七月二十三日，政事令耶律寿远、太保楚阿不等人谋反，被逮捕诛杀。

八月初三，辽穆宗用镇茵石狻猊击杀近侍古哥。

十月初十，李胡之子耶律喜隐谋反，供词牵涉到李胡，李胡被关后死于狱中。

应历十一年（961年），八岁

二月初二，辽穆宗释放耶律喜隐。

三月二十二日，萧思温奏称老人星出现，请求赦免犯人。

应历十二年（962年），九岁

二月初一，以御史大夫萧护思为北院枢密使。

应历十三年（963年），十岁

正月，辽穆宗昼夜酣饮九日。

三月，辽穆宗杀鹿人弥里吉。此后屡杀身边的奴仆与近侍。

萧思温从该年起转任侍中，有了更多的时间和女儿在一起。《辽史》记载："思温尝观诸女扫地，惟后洁除，喜曰：'此女必能成家！'"

应历十四年（964 年），十一岁

六月，辽穆宗在玉山打猎，竟月忘返。

十一月，辽穆宗开始昼寝夜饮。

应历十五年（965 年），十二岁

十月，辽军平定乌库部。

应历十六年（966 年），十三岁

十月，辽穆宗以北汉主有母丧，遣使赙吊。

应历十七年（967 年），十四岁

四月，辽境久旱不雨，辽穆宗射柳祈雨。

应历十八年（968 年），十五岁

十月初一，宋军围攻太原，辽穆宗派兵援救北汉。

应历十九年、保宁元年（969 年），十六岁

二月二十二日，辽穆宗酒醉后被近侍小哥等六人弑杀。萧思温与南院枢密使高勋、飞龙使女里等拥立耶律贤为新皇。耶律贤即为萧燕燕的丈夫辽景宗。

三月初九，任命萧思温为北院枢密使。十六日，逃亡沙陀的太平王罨撒葛入朝。十七日，任命北院枢密使萧思温兼任北府宰相。二十二日，封南院枢密使高勋为秦王。

四月初一，进封太平王罨撒葛为齐王，改封赵王喜隐为宋王。随后，萧燕燕大姐胡辇嫁给罨撒葛，成为齐妃。萧燕燕二姐嫁给喜隐，成为宋妃。

三四月间，萧燕燕被选为贵妃。

五月初二，萧贵妃被册封为皇后。萧思温加尚书令，封魏王。

保宁二年（970 年），十七岁

五月十三日，萧思温在盘道岭被贼所杀。

九月初三，查明国舅萧海只和海里谋杀萧思温罪状，将他们诛杀，将国舅之弟神睹流放到黄龙府。然而，萧皇后仍觉此案背后还有主谋。

本年，萧皇后生长女观音女。

保宁三年（971 年），十八岁

十二月，萧皇后生长子耶律隆绪（即后来的辽圣宗）。

保宁四年（972 年），十九岁

二月，北汉以皇子生，遣使来贺。

闰二月，齐王罨撒葛死，终年三十八岁。

三月初一，追封齐王为皇太叔，胡辇成为皇太妃。

四月，追封萧思温为楚国王。

保宁五年（973 年），二十岁

三月初一，追封皇后祖父忽没里为韩王，赠皇后伯父忽鲁古兼任政事令、尼鲁古只兼任侍中，而且处理朝政大事时，也总与萧皇后商量。

本年，萧皇后生次子耶律隆庆。

保宁六年（974 年），二十一岁

三月，宋派使者求和，辽景宗提升涿州刺史耶律昌术为侍中，与宋和谈。

四月，宋王喜隐因谋反被废。

保宁七年（975 年），二十二岁

正月初一，宋派使者来贺。

本年，萧皇后生三子耶律隆裕。

保宁八年（976 年），二十三岁

二月，辽景宗诏谕史馆学士："书写皇后言亦称'朕'暨'予'，著为定式。"

六月，任命耶律斜轸为北院大王。

七月初一，宁王只没之妻安只被诛杀。只没、高勋等人被除去名籍。

十月初，辽军助北汉打退宋军。

十月二十日，宋太祖赵匡胤驾崩。其弟赵光义继位，史称宋太宗。

十一月十四日，宋朝派使者来辽，通告宋太祖死讯。《辽史》对此事的记载："宋主匡胤殂，其弟炅自立，遣使来告。"

保宁九年（977 年），二十四岁

三月，北汉乞粮，辽景宗下诏，以粟二十万斛助北汉。

六月二十六日，以宋王喜隐为西南面招讨使。

十一月，遣使祝贺宋帝生辰。

本年，萧皇后生次女延寿女。

保宁十年（978 年），二十五岁

五月十九日，暗杀萧思温的幕后主谋女里、高勋最终被萧皇后查出，一个被赐死，一个被诛杀。

十月，辽宋互派使者。

乾亨元年（979 年），二十六岁

二月，宋太宗亲征北汉，辽军支援北汉。

三月十八日，辽军在白马岭被宋军打得大败，史称白马岭之败。

五月，北汉灭亡。

六月，宋太宗乘势攻辽，围攻辽南京，权知南京留守韩德让等坚守，捍卫城池，并能安定人心。

七月，辽援军到达南京，辽宋之间展开高梁河大战，辽军大胜。宋太宗逃到涿州，窃乘驴车逃遁。

八月，宋太祖之子赵德昭自杀。

九月，燕王韩匡嗣率大军南伐，败于满城。萧皇后为韩匡嗣求情。

本年，萧皇后生幼女长寿女。

乾亨二年（980 年），二十七岁

正月初一，耶律隆绪被封为梁王，耶律隆庆被封为恒王，耶律隆裕被封为郑王，观音女被封为齐国公主，延寿女被封为

越国公主，长寿女被封为吴国公主。

六月二十八日，喜隐再次谋反，被囚禁于祖州。

七月，萧皇后生皇子韩八,八个月后（次年三月）夭亡。

十月，辽景宗南伐。

十一月，辽军班师，返回南京。

十二月，耶律休哥以军功受赏，被拜为于越。

乾亨三年（981 年），二十八岁

五月，上京出现汉军叛乱，叛军劫立喜隐不成，伪立其子留礼寿，被上京留守除室击溃。

七月，留礼寿被诛杀。

十二月，以辽兴军节度使韩德让为南院枢密使。

本年，齐国公主观音女下嫁萧皇后之弟萧继先。

乾亨四年（982 年），二十九岁

四月，辽景宗亲自率军南伐，至满城，战不利，班师。七月，辽景宗遣使赐喜隐死。

九月二十四日，辽景宗死于焦山行宫，年仅三十五岁，在位十三年。留遗诏：梁王隆绪嗣位，军国大事听皇后命。

九月二十五日，耶律隆绪即位，成为辽圣宗。辽圣宗时年十二岁，母亲萧皇后奉诏摄政，诏谕诸道。

十月初三，群臣为新皇上尊号为昭圣皇帝，尊皇后为皇太后。萧太后重用韩德让、耶律斜轸、耶律休哥，稳稳地控制住辽朝局面。

统和元年（983年），三十岁

二月，将辽景宗安葬于乾陵，萧太后、辽圣宗前往乾陵置奠，命绘近臣图像于御容殿，赐山陵工人物品，以先帝遗物赐皇族及近臣。

二月二十七日，将皇女延寿公主下嫁给国舅宰相萧婆项之子萧恒德。

四月十六日，下诏赐西南路招讨使大汉尚方宝剑，对不听命令者可以先斩后奏。

五月初七，大汉请求增派援军讨伐西突厥诸部，萧太后马上派军支援。二十三日，大汉再次上奏，党项诸部归顺者甚多，萧太后予以褒奖。

七月二十三日，西南面招讨使韩德威传来捷报，并献上党项俘虏，其中还有党项军事首领夷离堇之子。五日后，萧太后赏赐西南面有功将士。

六月初十，辽圣宗率群臣为皇太后上“承天皇太后”的尊号，群臣为皇帝上“天辅皇帝”的尊号，大赦，改元统和。二十三日，萧太后对朝廷内外广施恩泽，文武官员各晋爵一级。

八月，辽圣宗与耶律斜轸在萧太后面前交换弓矢鞍马，约以为友。

九月，以东京、平州出现旱灾、蝗灾，下诏赈灾。萧太后认为已故的于越屋只有傅导功，应该录其子孙，于是任命其子泮泱为林牙。

统和二年（984 年），三十一岁

四月，萧太后亲自前往判决案件。

六月初一，萧太后亲自判决堆积的案件，至月终。

七月初五，萧太后举行再生礼。

九月二十四日，以辽景宗忌日，萧太后诏令诸道京镇遣官行香饭僧。

统和三年（985 年），三十二岁

六月初一，萧太后亲自审理积压案件。

七月初一，诏诸道修缮甲兵，以备东征高丽。

八月初一，因辽东沼泽低湿，停止征伐高丽。命枢密使耶律斜轸为都统、驸马都尉萧恒德为监军，率军讨伐女真。

统和四年（986 年），三十三岁

正月初五，林牙耶律谋鲁姑、彰德军节度使萧挞凛上呈东征俘获的战利品，赐诏奖谕。初七，枢密使耶律斜轸、林牙勤德等上呈征伐讨女真所获俘虏十余万、马二十余万及各种物品。

二月，党项李继迁投奔辽朝，封其为定难军节度使、银夏绥宥等州观察处置等使、特进检校太师、都督夏州诸军事。耶律斜轸、萧挞凛、谋鲁姑等族帅前来朝见，行饮至之礼，赏赉有差。

三月初六，耶律休哥上报：宋军分三路大举北伐。曹彬、崔彦进、米信出雄州道，田重进出飞狐道，潘美、杨业出雁门道。萧太后马上派出使者，征发诸部兵到前线。初七，萧太后、辽圣宗以亲征之事祭告陵庙、山川，紧接着统领精兵南下。

四月初一，萧太后与辽圣宗来到幽州北郊，辽军士气顿时高涨，反击战随之展开。十七日，耶律休哥等击败宋军。

五月初三，辽军在岐沟关大败宋军。追击至拒马河，宋军溺死者不可胜数。紧接着，辽军包围岐沟城。初五，以皇太后生日，将数万藏匿于岐沟空城中的宋朝后勤兵放生。

六月初九，耶律斜轸派人上报：已克服朔州，生擒杨业。杨业被擒后，疮发不食，三日死。杨业一死，宋朝守卫云、应各州的将士再无斗志，纷纷弃城逃遁。宋太宗雍熙北伐彻底失败。

九月十六日，辽圣宗娶皇后萧氏。二十九日，皇太后举行再生礼。

十月初二，皇太后再次举行再生礼，为皇帝祭神祈福。

十一月，耶律休哥计擒雍熙北伐的首倡者贺令图。

十二月，辽军在君子馆大败宋军，相继攻克莫州、冯母镇、刑州、深州、束城、文安等地。

统和五年（987 年），三十四岁

正月十五日，萧太后、辽圣宗结束南征，返回南京。十六日，大赏将士。

四月初五，皇帝率百官为皇太后上尊号“睿德神略应运启化承天皇太后”；礼毕，群臣为皇帝上尊号“至德广孝昭圣天辅皇帝”。

统和六年（988 年），三十五岁

四月九日，萧太后、辽圣宗临幸南京。十一日，贵族胡里室在马球赛中故意从侧面冲撞韩德让，使其堕马，萧太后怒而杀之。

九月十三日，萧太后临幸韩德让军帐，厚加赏赉，命令侍从大臣分组玩双陆游戏，尽情娱乐。

九月十九日，辽圣宗南征，韩德让陪同。

十月初二，攻下涿州，辽圣宗进城抚慰民众。初五，攻下沙堆驿。十七日，辽圣宗将归降的宋军命名为归圣军。

十一月，辽军先后攻克长城口、满城等地，对宋朝的降兵采取优待政策。

统和七年（989 年），三十六岁

正月二十一日，辽圣宗、韩德让率大军进攻易州。二十二日，辽军将易州攻克。二十三日，辽圣宗御临易州五花楼安抚晓谕吏民，结束此次南征。

三月初一，宋朝十七位进士携带家口归顺辽朝。萧太后、辽圣宗不断提高汉人的地位。

四月十四日，谏议大夫马得臣劝阻辽圣宗不要再打马球，获得萧太后、辽圣宗称赏。

六月十二日，下诏允许农民在燕乐、密云二县开垦荒地耕种，并免十年赋税。

本年暑期，宋将刘廷让乘热攻打易州，耶律休哥率辽军逆击宋军于沙河之北，杀伤数万，萧太后大力嘉奖有功将士。

统和八年（990 年），三十七岁

十二月，派遣使者封李继迁为夏国王。

统和九年（991 年），三十八岁

正月，枢密使、监修国史室昉等进《（辽史）实录》二十卷。

统和十年（992 年），三十九岁

十二月，派萧恒德、萧挞凛等率军讨伐高丽。

统和十一年（993 年），四十岁

正月十七日，高丽王治派朴良柔上表请罪。

统和十二年（994 年），四十一岁

二月初二，免除南京遭水灾者租税。初七，高丽前来进贡。

七月十四日，高丽派人带钱财吊唁越国公主之死。

八月初一，诏令皇太妃统领西北路乌古等部军队和永兴宫

分军，萧挞凛负责总督军中事务，征伐不听命的阻卜。初六，宋派使者前来求和，萧太后不同意。

九月，宋廷再次遣使求和，仍不答应。

统和十三年（995 年），四十二岁

正月初五，临幸延芳淀。延芳淀位于现在北京通州市，萧太后时期定为春捺钵。

三月二十二日，武清县一百多人窜入宋剽掠，萧太后下令将他们诛杀，并将其抢掠的人畜财物送还宋朝。

七月十三日，兀惹乌昭度、渤海燕颇等侵略铁骊，派遣奚王和朔奴等讨伐。

九月二十四日，辽景宗、萧太后石像被安置于延芳淀。

十月初二，设置义仓。初八，回鹘进贡。十一日，高丽进贡。十五日，兀惹归降。二十七日，鼻骨德进贡。

十一月初三，阿萨兰回鹘进贡。十九日，派使者册封王治为高丽国国王。二十六日，高丽派遣十名童子来学本国语。

统和十四年（996 年），四十三岁

三月初二，高丽王治上表请求与辽联姻，辽圣宗允诺将东京留守、驸马萧恒德之女嫁给他。

四月二十九日，辽军开凿大安山，获取刘守光山里所藏钱财。

十一月初八，诏令军官不要在规定时限之外打猎以免妨害农事。十九日，辽景宗与萧太后石像被安置于乾州。同月，阿萨兰回鹘派使者为儿子求婚，被拒绝。

本年，放榜录取进士张俭等三人。

统和十五年（997 年），四十四岁

三月二十九日，宋太宗驾崩，宋真宗即位。三十日，皇太妃进献西边俘虏。

八月初五，辽圣宗在平地松林打猎，萧太后告诫："前圣有言：欲不可纵。吾儿为天下主，驰骋田猎，万一有衔橛之变，适遗予忧。其深戒之！"

九月二十六日，萧挞凛传来讨伐阻卜的捷报。

十一月，高丽王治崩殂，其侄王诵派王同颖前来奏告。

十二月二十三日，派使者前往祭奠高丽王治，下诏让其侄权知国事。

统和十六年（998 年），四十五岁

五月初七，祭祀白马神。初十，祭祀木叶山，告以来年南伐之事。

十一月，派使者册封高丽国王诵。

十二月初一，耶律休哥病逝，辍朝五日。进封皇弟恒王隆庆为梁国王、南京留守，郑王隆裕为吴国王。

统和十七年（999 年），四十六岁

统和十七年（999 年）九月二十四日，辽军举行"射鬼箭"

仪式后，正式南伐。同日，北院枢密使魏王耶律斜轸薨，以韩德让兼知北院枢密使事。

十月二十四日，辽军大举进攻遂城，但出兵不利，没有攻克。萧太后派萧继先进攻狼山镇石砦，将其攻克。接着，辽军在瀛州与宋军作战，擒宋将康昭裔、宋顺，获得兵仗、器甲无数。然后又攻取乐寿县，返回遂州，将临水抵抗的宋军杀戮殆尽。

统和十八年（1000 年），四十七岁

十一月初一，任命西平王李继迁之子李德昭为朔方军节度使。

统和十九年（1001 年），四十八岁

三月二十日，皇后萧氏因罪被降为贵妃，赐大丞相韩德让名德昌。

五月十五日，册封另一位萧氏（韩德让的外甥女）为新皇后，即齐天皇后。

六月初五，任命被俘宋将康昭裔为昭顺军节度使。十八日，李继迁发来奏章，汇报已经攻下了宋朝的恒、环、庆等三州，萧太后、辽圣宗赐诏褒奖李继迁，并决定尽快发动新一轮南伐。

十月初一，辽军南伐。二十八日，因道路泥泞、不便于作战，班师回京。

统和二十年（1002 年），四十九岁

正月初四，临幸延芳淀。十七日，东方出现五色彩虹，下诏安抚西南面归顺诸部。

三月十八日，派北府宰相萧继先等南伐。

四月初九，南京统军使萧挞凛在泰州击败宋军。二十日，南征将领进献俘虏，辽圣宗下诏奖赏。

统和二十一年（1003年），五十岁

四月，耶律奴瓜、萧挞凛在望都擒获宋将王继忠。

五月二十八日，西平王李继迁去世，其子李德昭派使者禀报。

六月二十一日，赠李继迁为尚书令，派西上阁门使丁振前往吊唁慰问。二十七日，阻卜铁剌里率诸部归降。

十一月初六，已故于越耶律休哥之子道士奴、高九等谋反，被诛杀。

统和二十二年（1004年），五十一岁

六月初五，以可敦城为镇州，军为建安。

七月初二，派使者封夏国李德昭为西平王。初五，兀惹、蒲奴里、剖阿里、越里笃、奥里米等部前来进贡。

八月初四，党项前来进贡。初八，阻卜酋长铁刺里前来朝贡。十六日，铁剌里向辽求婚，没有得到允许。

九月初八，萧太后决定大举南下，与宋朝做一了断，并将这个消息通知高丽。二十五日，萧太后、辽圣宗临幸南京。二十六日，设祭品祭祀太宗皇帝庙。祭祀完毕后，萧太后令北

院大王磨鲁古、太尉老君奴分别统领北、南王府军队；三天后又命令三儿子耶律隆裕留守京师。

闰九月初八，萧太后、辽圣宗亲率二十万余大军，令萧挞凛为先锋，由辽朝南京道出发，向宋朝发动了最大规模的战争。与此同时，命令数万军队组成西路军，由辽朝西京道南下，配合萧太后率领的主力部队。十五日，辽军与宋军在唐兴交战，迎来了首次胜利。十六日，萧挞凛与宋军在遂城交战，再次获胜，擒获宋朝守将王先知。在继续南伐的同时，萧太后命王继恩给宋真宗写信，谋取和谈。此次萧太后虽然举兵南下，但最终目的是“以战求和”，所以采取一手硬一手软的战略战术。

十月六日，萧太后率大军抵达瀛州，指挥军队昼夜攻城。宋军防守非常顽强，萧太后亲自擂鼓助阵，但连攻数日不下，遂放弃攻打瀛州，继续南下。

十一月十七日，南院大王奏称宋派人给王继忠弓箭，秘密请求讲和。萧太后令王继忠与宋使相见，进行和谈的前期工作。二十二日，萧太后、辽圣宗所率大军进抵离宋都城不远的澶州。萧挞凛巡视地形时，被宋军床子弩射死，萧太后为之恸哭，辍朝五日。二十七日，宋派崇仪副使曹利用讲和，萧太后派飞龙使韩杞带国书回访。同月，宋真宗到达澶州城门，极大地鼓舞了宋军的士气。

十二月初一，韩杞在宋朝行宫拜见宋真宗，奉上辽圣宗的国书，并转达萧太后对宋真宗的问好。辽圣宗在国书中请宋朝归还关南故地，宋真宗不同意，谋求以钱物换和平。十二月初四，宋再次派曹利用到辽营讲和，辽派监门卫大将军姚柬之带书信回访。初九，双方达成协议：辽宋互称南、北朝，结为兄弟之邦。宋真宗称萧太后为叔母，每年馈赠辽银十万两、绢二十万匹。双方互守疆界，互不相扰。这就是历史上著名的澶渊之盟，结束了辽宋之间无休止的战争。此后，中华大地的主要地区出现了一百多年的稳定与和平。

十二月，辽军班师。萧太后赐大丞相齐王韩德昌姓耶律，徙为晋王。

统和二十三年（1005 年），五十二岁

正月初九，萧太后、辽圣宗回到南京。二十一日，大飨将卒，论功行赏。

二月初八，辽朝在振武军重新设置互市榷场。

五月初一，宋真宗任命孙仅为契丹国母生辰使，带着丰厚的礼品祝贺萧太后生辰。自此以后，每逢萧太后生日，宋朝廷都会派出契丹国母生辰使，并致送国书、赠送丰厚的礼品。这件事一直延续到萧太后去世。

九月，在宋真宗生日即将到来之际，萧太后派遣太尉阿里、太傅杨六带礼品前往祝贺。

十月份，宋朝根据澶渊之盟，将岁币送到雄州交接。此后岁以为常。

十一月，萧太后、辽圣宗派太师盆奴、政事舍人高正出使宋朝，祝贺大年初一正旦。

十二月，宋真宗派出使者祝贺辽圣宗的生日——千龄节。

统和二十四年（1006年），五十三岁

五月初一，萧太后将皇太妃胡辇幽禁于怀州，将夫人夷懒囚禁于南京，将她们的余党全部活埋。

十月初一，辽圣宗率群臣给皇太后上尊号为睿德神略应运启化承天皇太后，群臣给皇帝上尊号为至德广孝昭圣天辅皇帝。大赦天下。

统和二十五年（1007年），五十四岁

正月，修建中京。

六月，赐皇太妃胡辇死于幽所。

统和二十六年（1008年），五十五岁

四月初一，祠祭木叶山。

五月初一，回上京。十日，高丽派使者祝贺中京城建成。十一日，祭祀祖、怀二陵。

七月，增加太祖、太宗、让国皇帝、世宗谥号，仍为皇太弟李胡上谥号为钦顺皇帝。

十月初一，临幸中京。

统和二十七年（1009年），五十六岁

四月初一，萧太后、辽圣宗驻跸中京，营建宫室。

十一月初一，萧太后归政于辽圣宗，行柴册礼。

十二月五日，萧太后病重，十一日驾崩于行宫。

《辽史》对萧太后的整体评价为："后明达治道，闻善必从，故群臣咸竭其忠。习知军政，澶渊之役，亲御戎车，指麾三军，赏罚信明，将士用命。圣宗称辽盛主，后教训为多。"

统和二十八年（1010 年），萧太后逝后第一年

正月初一，辽圣宗不受贺。初四，辽圣宗前往乾陵。二十三日，辽圣宗奉安大行皇太后梓宫于乾州涂殿。

二月初六，宋派王随、王儒前来吊祭。十九日，高丽派魏守愚等前来吊祭。同月，辽圣宗派左龙虎卫上将军萧合卓将大行皇太后遗物赠予宋朝，派临海军节度使萧虚列、左领军卫上将军张崇济感谢宋朝的吊祭。

三月二十四日，辽圣宗为大行皇太后上谥号为圣神宣献皇后。同月，宋朝、高丽均派使者前来会葬。

四月十五日，辽圣宗葬太后于乾陵，赐大丞相耶律德昌（即韩德让）名为隆运。二十一日，辽圣宗赐给耶律隆运宅第和陪葬地。

本年，辽圣宗亲征高丽。

统和二十九年（1011 年），萧太后逝后第二年

正月初一，辽圣宗班师，高丽所降诸城再次反叛。返回途中，大雨连日，马驼皆疲，损失严重。

三月，大丞相耶律隆运病逝，遵照承天太后的规格为其举行葬礼。灵车启动时，辽圣宗亲自挽拉灵车哭送。

十月十五日，追赠大丞相晋国王耶律隆运为尚书令，谥为文忠。

太平三年（1031年），萧太后逝后第二十二年

六月，辽圣宗驾崩，享年六十一岁。其子耶律宗真即位，是为辽兴宗。

重熙二十一年（1052年），萧太后逝后第四十三年

改萧太后谥号为睿智皇后。

清宁元年（1055年），萧太后逝后第四十六年

辽兴宗驾崩，辽道宗即位。

乾统元年（1101年），萧太后逝后第九十二年

辽道宗驾崩，天祚帝即位。

保大五年（1125年），萧太后逝后第一百一十六年

天祚帝被金兵俘获，辽亡。

公元1132年，萧太后逝去第一百二十三年

耶律大石在叶密立（今新疆维吾尔自治区额敏县）正式称帝，采用突厥汗号——菊儿汗，意思是“大汗之汗”，同时采用汉尊号——天祐皇帝。耶律大石的政权仍然自称为辽，世人则习惯上称其为西辽。西辽一直延续到公元1218年，有近百年的国祚。

参考文献

（元）脱脱等撰:《辽史》，中华书局 2017 年版。

（宋）叶隆礼撰:《契丹国志》，中华书局 2014 年版。

（元）脱脱等撰:《宋史》，中华书局 1985 年版。

（宋）李焘:《续资治通鉴长编》，中华书局 2004 年版。

（清）毕沅撰:《续资治通鉴》，岳麓书社 1992 年版。

（清）李有棠撰:《辽史纪事本末》，中华书局 2015 年版。

（宋）薛居正等撰:《旧五代史》，中华书局 1976 年版。

（宋）欧阳修撰:《新五代史》，中华书局 1974 年版。

（宋）司马光编纂:《资治通鉴》，岳麓书社 1990 年版。

（元）脱脱等撰，陈述补注:《辽史补注》，中华书局 2018 年版。

（宋）钱若水修，范学辉校注:《宋太宗皇帝实录校注》，中华书局 2012 年版。

谭其骧主编:《简明中国历史地图集》，中国地图出版社

1996 年版。

谭其骧主编:《中国历史地图集》,中国地图出版社 1982 年版。

郭沫若主编:《中国史稿地图集》,中国地图出版社 1996 年版。

王伯祥主编:《二十五史补编》,开明书店 1936 年版。

赵永春辑注:《奉使辽金行程录》(增订本),商务印书馆 2017 年版。

杨树森:《辽史简编》,辽宁人民出版社 1984 年版。

景爱:《历史上的萧太后》,中国社会科学出版社 2013 年版。

顾宏义:《辽宫英后——细说萧太后》,上海人民出版社 2007 年版。

李丹林、李雪屏:《萧太后评传》,四川大学出版社 2000 年版。

张苏:《辽代金银器粹珍》,吉林摄影出版社 2015 年版。

宋德金:《辽金西夏衣食住行》,中华书局 2013 年版。

蔡美彪:《辽金元史十五讲》,中华书局 2011 年版。

孙进己、孙泓:《契丹民族史》,广西师范大学出版社 2010 年版。

蔡美彪、吴天墀:《辽、金、西夏史》,中国大百科全书出版社 2011 年版。

周一良、邓广铭、唐长孺、李学勤等编:《中国历史通览》,东方出版中心 1994 年版。

钱穆:《国史大纲》(修订本),商务印书馆 1996 年版。

柏杨:《中国历史年表》,人民文学出版社 2011 年版。

张泽咸:《五代十国史》,中国大百科全书出版社 2012 年版。

任崇岳主编:《中国社会通史·宋元卷》,山西教育出版社 1996 年版。

孔令纪等主编:《中国历代官制》,齐鲁书社 1993 年版。

张建安:《宋太祖赵匡胤传奇》,山西人民出版社 2000 年版。

纪录片《中国通史·契丹兴起》,张建安编剧,中央电视台 2013 年出品。

纪录片《中国通史·辽金文化》,张建安编剧,中央电视台 2013 年出品。

纪录片《中国通史·西夏兴亡》,张建安编剧,中央电视台 2013 年出品。

纪录片《中国通史·西辽建国》,张建安编剧,中央电视台 2013 年出品。

[日]竺沙雅章:《宋朝的太祖和太宗——变革时期的帝

王》，方建新译，浙江大学出版社 2006 年版。

［日］杉山正明：《游牧民族的世界史》，黄美蓉译，中华工商联合出版社 2014 年版。

［法］勒内·格鲁塞：《草原帝国》，黎荔、冯京瑶、李丹丹译，国际文化出版公司 2003 年版。

［美］巴菲尔德：《危险的边疆：游牧帝国与中国》，袁剑译，江苏人民出版社 2011 年版。

图书在版编目(CIP)数据

辽宫英后:萧太后/张建安著. —上海:上海人民出版社,2020
(细说后妃)
ISBN 978-7-208-16885-5

Ⅰ.①辽… Ⅱ.①张… Ⅲ.①萧太后(953-1009)-生平事迹 Ⅳ.①K827=461

中国版本图书馆 CIP 数据核字(2020)第 257768 号

责任编辑 郭立群
封面设计 陈酌工作室

细说后妃
辽宫英后——萧太后
张建安 著

出　版 上海人民出版社
(200001 上海福建中路 193 号)
发　行 上海人民出版社发行中心
印　刷 常熟市新骅印刷有限公司
开　本 890×1240 1/32
印　张 14
插　页 5
字　数 249,000
版　次 2021 年 3 月第 1 版
印　次 2021 年 3 月第 1 次印刷
ISBN 978-7-208-16885-5/K·3037
定　价 75.00 元